朝阳教育名师成长系列

CHAOYANG JIAOYU MINGSHI CHENGZHANG XILIE

詩

SHIPIN ZHONGGUO WENREN

诗品中国文人

李继朋◎著

中国文联出版社

图书在版编目（C I P）数据

诗品中国文人 / 李继朋著. -- 北京 : 中国文联出版社, 2022.12
ISBN 978-7-5190-4952-2

Ⅰ. ①诗… Ⅱ. ①李… Ⅲ. ①文化－名人－人物研究－中国②诗歌欣赏－中国 Ⅳ. ①K825.4 ②I207.2

中国版本图书馆CIP数据核字(2022)第167070号

著　　者　李继朋
责任编辑　刘　旭
责任校对　陈　雪
装帧设计　张　凯

出版发行　中国文联出版社有限公司
社　　址　北京市朝阳区农展馆南里10号　　邮编　100125
电　　话　010-85923025（发行部）　010-85923091（总编室）
经　　销　全国新华书店等
印　　刷　中煤（北京）印务有限公司

开　　本　710毫米×1000毫米　1/16
印　　张　24.75
字　　数　340千字
版　　次　2022年12月第1版第1次印刷
定　　价　78.00元

前　言

一条血脉系炎黄

尘封已久的往事，
写尽了他们的欢乐与忧伤。
性情各异的文人，
经了几多风雨沐了几许阳光。
他们以多姿多彩的生命，
为中华文苑增添了璀璨的光芒。

学派纷呈，百花竞芳。
不忘初心，声名留香。
得逍遥处便逍遥，
该担当时能担当。
华夏士子长相重，
凤凰涅槃任飞翔。

孔孟老庄长哲思，
李杜韩柳擅华章。
迁公忍辱著《史记》，
苏子扁舟一叶浮大江。
心中得存高志在，
七尺凡躯自坚强。

秦文汉赋雄风继，
唐诗宋词豪气扬。
散曲小说与杂文，
每一代文字都把心灵滋养。
文人古今归何处？
一条血脉系炎黄。

千载文墨足多，
开卷即见流光。
江水泱泱何其雄阔，
一苇亦可起航。
云山苍苍堪称辽远，
书剑在手何惧天高路长！

2022 年 2 月
北京朝阳

目　录

孔 孟

在儒家的传统中，孔孟总是形影相随，有至圣，则有亚圣。有《论语》，则有《孟子》。孔曰“成仁”，孟曰“取义”。司马迁在《史记》中说：“孟子序诗书，述仲尼之意。”意思是说，孟子为孔子的《诗经》《尚书》作序，传承他的思想。今人冯友兰则把孔子比作苏格拉底，把孟子比作柏拉图，更见其二人学说一脉相承的关系。基于此，孔孟所代表的儒家思想被后人合称为“孔孟之道”。

孔子比孟子早出生约 180 年，两人之间的传承关系为：孔子—曾子—子思（或谓“子思门人”）—孟子。

至圣先师

孔 子

道贯古今砺情操，
斯文丧尽徒思劳。[①]
周访列国身心苦，
遍干诸侯唇口焦。
崇德尚仁为木铎，[②]
有教无类育琨瑶。[③]

大成至圣孔夫子，④
长使后人仰山高。⑤

【注】

① 思劳：思虑劳累。

② 木铎：以木为舌的大铃，铜质。古代宣布政教法令时，巡行振鸣以引起众人注意。后来以“木铎”比喻宣扬教化的人。《论语·八佾》记载：“天下之无道也久矣，天将以夫子为木铎。”

③ 琨瑶：音 kūn yáo，美石，比喻杰出的人才。

④ 大成：孟子对孔子的评价，他说“孔子之谓集大成”，赞颂孔子达到了集古圣先贤之大成的至高境界。“至圣”则是说孔子是最高的圣人。

⑤《史记·孔子世家》载：“《诗》有之，‘高山仰止，景行行止’，虽不能至，然心向往之。”成语“高山景行”指值得效仿的崇高德行。

【记】

孔子三岁时，其父叔梁纥病逝，此后他的家境一度非常贫寒。孔子自言“吾少也贱，故多能鄙事”，意思是说“我小的时候很穷，所以很多粗活都能做”。难怪有人撰文抒发感慨：哪里有什么“天纵之圣”，只不过是不得不负重前行！

孔子青年时代曾做过管理仓库和牧场的小官，事无巨细均能做到近乎完美。51 岁时，孔子被任命为中都宰（大概相当于现在的首都市长），由于政绩显著，一年后升任司空（管建设工程的首长），后又升任大司寇（公检法司最高长官）。55 岁时又升任代理宰相，兼管外交事务。

孔子执政仅三个月，鲁国路不拾遗，夜不闭户，奸佞之人和刁民纷纷出逃。同时，孔子还通过外交手段，逼迫齐国归还了战争中侵略鲁国的大片领地。孔子杰出的执政能力让齐国倍感威胁，于是他们用美女良马等重礼麻痹鲁国君臣，为孔子在鲁国当政设置阻力。失望至极的孔子离开鲁国，带着弟子开始了长达 14 年的周游列国之旅。

孔子 68 岁时返回鲁国，专心从事教育及古典文献整理工作。孔子是当时社会上最博学的学者之一，他开创私学，打破了教育垄断，对后世影响深远，被誉为“天纵之圣”“天之木铎”“千古圣人”“万世师表”等。

孔子名句欣赏

1. 芝兰生于深林，不以无人而不芳；君子修道立德，不为穷困而败节。——《孔子家语・在厄》

2. 成事不说，遂事不谏，既往不咎。——《论语・八佾》

3. 君子有三戒：少之时，血气未定，戒之在色；及其壮也，血气方刚，戒之在斗；及其老也，血气既衰，戒之在得。——《论语・季化篇》

4. 益者三友，损者三友：友直、友谅、友多闻，益矣；友便辟、友善柔、友便佞，损矣。——《论语・季化篇》

5. 好学近乎知，力行近乎仁，知耻近乎勇。——《中庸》

6. 君子有九思：视思明，听思聪，色思温，貌思恭，言思忠，事思敬，疑思问，忿思难，见得思义。——《论语・季化篇》

7. 知者不惑，仁者不忧，勇者不惧。——《论语・子罕篇》

8. 与人交，推其长者，讳其短者，故能久也。——《论语》

9. 可与言而不与之言，失人；不可与言而与之言，失言。——《论语・卫灵公篇》

10. 躬自厚而薄责于人，则远怨矣。——《论语・卫灵公篇》

11. 多闻阙疑，慎言其余，则寡尤。多见阙殆，慎行其余，则寡悔。

言寡尤，行寡悔，禄在其中矣。——《论语·为政篇》

12. 今之孝者，是谓能养，至于犬马，皆能有养，不敬，何以别乎？——《论语·为政篇》

13. 君子惠而不费，劳而不怨，欲而不贪，泰而不骄，威而不猛。——《论语·尧曰》

14. 志于道，据于德，依于仁，游于艺。——《论语·述而篇》

15. 生而知之者上也；学而知之者次也；困而学之又其次也；困而不学，民斯为下矣。——《论语·季氏篇》

16. 子绝四：毋意，毋必，毋固，毋我。——《论语·子罕篇》

17. 非礼勿视，非礼勿听，非礼勿言，非礼勿动。——《论语·颜渊篇》

亚　圣

孟　子

幼时丧父家道贫，
师从子思出孔门。
家舍屡迁承母诲，
列国周流为庶民。[①]
力推兼爱尚德政，
首倡性善重人伦。
晚岁归家求平淡，
著书育才远侯君。

【注】

① 周流：周游；到处漂泊。

【记】

孔子死后大约 107 年，孟子出生。司马迁在《史记·孟子荀卿列传》一文中记载，孟子“受业于子思之门人”，子思即孔伋，孔子的嫡孙、孔子之子孔鲤的儿子。

孟子幼年和孔子一样，都是在母亲的教育下长大成人。孟母教子的故事史书上记载颇多，《三字经》中便有“昔孟母，择邻处；子不学，断机杼”的说法。赵岐在《孟子题辞》中有孟子“夙丧其父，幼被慈母三迁之教”的记载。（宿：早先，早年）

孟子一生的经历也很像孔子，过着长期私人讲学的生活。为了将儒家的政治理论和治国理念转化为具体的国家治理主张并推行于天下，中年以后他带着学生周游列国。随从的学生最盛的时候，“车数十乘，从者数百人”。据有关史料记载，孟子 40 岁时开始游说诸侯，历经齐、宋、薛、滕、梁等国，至 64 岁时返回邹国，前后共计 25 年。和孔子当年的遭遇一样，孟子的政治主张最终并没有被当权者接受。晚年他回到故乡，从事教育和著述事业。《孟子》一书即孟子与其弟子的言论汇编，与《论语》、曾子所作《大学》及子思所作《中庸》，合称“四书”。

孟子有言：“君子有三乐：父母俱在，兄弟无故，一乐也；仰不愧于天，俯不怍于人，二乐也；得天下英才而教育之，三乐也。”

孟子名句欣赏

1. 不挟长，不挟贵，不挟兄弟而友。——《孟子·万章下》

2. 乐民之乐者，民亦乐其乐；忧民之忧者，民亦忧其忧。——《孟子·梁惠王下》

3. 世俗所谓不孝者五：惰其四支，不顾父母之养，一不孝也；博弈好饮酒，不顾父母之养，二不孝也；好货财，私妻子，不顾父母之养，三不孝也；从耳目之欲，以为父母戮，四不孝也；好勇斗狠，以危父母，五不孝也。——《孟子·离娄下》

4. 人有不为也，而后可以有为。——《孟子·离娄下》

5. 天下之本在国，国之本在家，家之本在身。——《孟子·离娄上》

6. 夫人必自侮，然后人侮之；家必自毁，而后人毁之；国必自伐，而后人伐之。——《孟子·离娄上》

7. 有不虞之誉，有求全之毁。——《孟子·离娄上》

8. 人有鸡犬放，则知求之；有放心而不知求。学问之道无他，求其放心而已矣。——《孟子·告子上》

9. 拱把之桐梓，人苟欲生之，皆知所以养之者。至于身，而不知所以养之者，岂爱身不若桐梓哉？弗思甚也。——《孟子·告子上》

10. 人不可以无耻，无耻之耻，无耻矣。——《孟子·尽心上》

11. 养心莫善于寡欲。其为人也寡欲，虽有不存焉者，寡矣；其为人也多欲，虽有存焉者，寡矣。——《孟子·尽心下》

12. 自暴者，不可与有言也；自弃者，不可与有为也。——《孟子·离娄上》

13. 我善养吾浩然之气。——《孟子·公孙丑上》

14. 爱人不亲，反其仁；治人不治，反其智；礼人不答，反其敬。行有不得者皆反求诸已，其身正而天下归之。——《孟子·离娄上》

老　庄

老庄，是老子和庄子的并称，也是老学与庄学的合称。

他们的哲学思想体系，被思想学术界尊为“老庄哲学”。他们不主张满口大慈悲、大智慧、大觉悟的假道德，认为这些不过是愚弄人的幌子。他们主张“清静无为”“顺应天道”“逍遥齐物”等思想。强调要德行合一，以己推人，自化，人人化则天下化。是以出世精神做入世事情的思想学派。老子著有《道德经》(又名《老子》《老子五千言》)，庄子著有《庄子》(又名《南华经》)。

道教教主

老　子

曾为周室守典籍，
志趣高邈世难知。①
玄之又玄论至道，②
无为而为循天时。
东来紫气惊尹喜，
西过函关赋雄辞。③

上善若水利万物，

百川汇海终归一。

【注】

① 志趣高邈：志向高，情趣幽远。常用来形容人的志向情趣高于常人。

②《老子》一章记载：“玄之又玄，众妙之门。”后来以“玄之又玄”形容非常玄妙，难以理解。

③ 雄辞：气魄宏大、才情横溢的言论或文章，这里指老子所做《道德经》。

【记】

老子，名耳，曾担任周朝守藏室之官。守藏室是周朝典籍收藏之所，称得上汗牛充栋，无所不有。老子作为管理藏书的官员，利用这个得天独厚的条件，如饥似渴博观约取，学问渐臻佳境。

公元前516年，周王室发生内乱，老子辞职归隐，骑一青牛，欲出函谷关西游秦国。话说把守函谷关的长官尹喜，少时即好观天文，爱读古籍，修养极为深厚。一天夜晚，他独立楼上凝视星空，忽见东方紫云汇集，其长三万里，状如飞龙，由东向西滚滚而来。他早闻老子大名，心想莫非是老子将来？于是马上派人清扫道路四十里，夹道焚香以迎圣人。不日果真有一老者倒骑青牛缓缓而至，只见他白发如雪，双眉垂鬓，两耳垂肩，银须垂膝，红颜素袍，不是老子是谁？

在尹喜的再三恳求下，老子以王朝兴衰成败、百姓安危祸福为鉴，洋洋洒洒著下五千言，是为《道德经》，尹喜如获至宝，终日默诵不倦。

《道德经》《易经》和《论语》被认为是对中国人影响最深远的三部思

想巨著。和孔子崇尚阳刚不同，老子尚阴守拙，坚持以柔克刚，强调“无为而治”。但老子并不是以“无为”为目的，他的高明之处在于以“无为”而至“有为”。这种思想的高明之处在于，虽然主观上不以取得利益为目的，客观上却可以更好地实现利益。

老子名句欣赏

1. 道可道，非常道。名可名，非常名。——《道德经》

2. 天下皆知美之为美，斯恶已。皆知善之为善，斯不善已。——《道德经》

3. 天地不仁，以万物为刍狗；圣人不仁，以百姓为刍狗。——《道德经》

4. 天地所以能长且久者，以其不自生，故能长生。——《道德经》

5. 为之于未有，治之于未乱。合抱之木，生于毫末；九层之台，起于累土；千里之行，始于足下。——《道德经》

6. 水善利万物而不争，处众人之所恶，故几于道。——《道德经》

7. 金玉满堂，莫之能守；富贵而骄，自遗其咎。——《道德经》

8. 凿户牖以为室，当其无，有室之用。故有之以为利，无之以为用。——《道德经》

9. 大道废，有仁义；智慧出，有大伪；六亲不和，有孝慈；国家昏乱，有忠臣。——《道德经》

10. 人之所畏，不可不畏。——《道德经》

11. 夫唯不争，故天下莫能与之争。——《道德经》

12. 企者不立；跨者不行；自见者不明；自是者不彰；自伐者无功；自矜者不长。——《道德经》

13. 故道大，天大，地大，人亦大。域中有四大，而人居其一焉。——《道德经》

14. 人法地，地法天，天法道，道法自然。——《道德经》

15. 鱼不可脱于渊，国之利器不可以示人。——《道德经》

16. 道常无为而无不为。——《道德经》

17. 上德不德，是以有德；下德不失德，是以无德。——《道德经》

18. 飘风不终朝，骤雨不终日。天地尚不能久，而况于人乎？——《道德经》

南华真人

庄　子

鬼话怪谈布满篇，
眼冷心热悲万端。
守志辞却千金利，
惬怀退居南华山。①
羞充神龟藏庙贵，
要做游鱼曳尾闲。
刚直不阿绝奸伪，②
九重天外看人间。

【注】

① 惬怀：称心；满意。

② 奸伪：诡诈虚假的人或事。

【记】

著名学者鲍鹏山在《庄子：在我们无路可走的时候》一文中说道："在一个文化屈从权势的传统中，庄子是一棵孤独的树，是一棵孤独地在深夜看守心灵月亮的树。当我们大都在黑夜里昧昧昏睡时，月亮为什么没有丢失？就是因为有了这样一两棵在清风夜唳的夜中独自看守月亮的树。一轮孤月之下一株孤独的树，这是一种不可企及的妩媚。"是的，以庄子之才学要获取财富高位确实如探囊取物，但是他没有，不是不能，而是不愿。楚威王听说他的才学很高，派使者带着厚礼请他去做相国。庄子笑着对使者说："千金，重利也；卿相，尊位也。……但是我宁愿像乌龟一样在泥塘里自由自在地寻求自己的快乐。"庄子对外物永远抱有一种超然的态度，他在《大宗师》中说："得者，时也；失者，顺也。安时而处顺，则哀乐不能入也。"

庄子生活的时代正值诸侯混战，他不愿与统治者同流合污，只在不长的时间里做过管漆园的小官，以后便辞官隐居，潜心研究道学。对于庄子，胡文英曾这样评价："庄子眼极冷，心肠极热。眼冷，故是非不管；心热，故悲慨万端。虽知无用，而未能忘情，到底是热肠挂住；虽不能忘情，而终不下手，到底是冷眼看穿。"

庄子不仅是一位著名的思想家，同时也是一位杰出的文学家。他的作品被人称之为"文学的哲学，哲学的文学"，对后世影响很大。闻一多说："中国人的文化上永远留着庄子的烙印。"李泽厚说："中国文人的外表是儒家，但内心永远是庄子。"

庄子名句欣赏

1. 相濡以沫，不如相忘于江湖。——《庄子·内篇·大宗师》

2. 人生天地之间，若白驹之过隙，忽然而已。——《庄子·外篇·知北游》

3. 相视而笑，莫逆于心。——《庄子·内篇·大宗师》

4. 且君子之交淡若水，小人之交甘若醴。君子淡以亲，小人甘以绝。彼无故以合者，则无故以离。——《庄子·外篇·山木》

5. 井蛙不可以语于海者，拘于虚也；夏虫不可以语于冰者，笃于时也；曲士不可以语于道者，束于教也。——《庄子·外篇·秋水》

6. 吾生也有涯，而知也无涯。——《庄子·内篇·养生主》

7. 巧者劳而知者忧，无能者无所求，饱食而遨游，汎若不系之舟。——《庄子·外篇·列御寇》

8. 人皆知有用之用，而莫知无用之用也。——《庄子·内篇·人间世》

9. 大知闲闲，小知间间；大言炎炎，小言詹詹。——《庄子·内篇·齐物论》

10. 至乐无乐，至誉无誉。——《庄子·外篇·至乐》

11. 真者，精诚之至也；不精不诚，不能动人。——《庄子·渔父》

12. 狗不以善吠为良，人不以善言为贤。——《庄子·杂篇·徐无鬼》

13. 窃钩者诛，窃国者为诸侯，诸侯之门而仁义存焉。——《庄子·外篇·胠箧》

14. 天不为人之恶寒也辍冬，地不为人之恶辽远也辍广，君子不为小人之匈匈也辍行。——《荀子·天论》

15. 物物而不物于物，则胡可得而累邪！——《庄子·外篇·山木》

16. 其耆欲深者，其天机浅。——《庄子·内篇·大宗师》

17. 两喜必多溢美之言，两怒必多溢恶之言。——《庄子·内篇·人间世》

18. 相与于无相与，相为于无相为。——《庄子·大宗师》

19. 虽富贵，不以养伤身；虽贫贱，不以利累形。——《庄子·让王篇》

20. 褚小者不可以怀大，绠短者不可以汲深。——《庄子·至乐》

屈　贾

司马迁对屈原、贾谊两人寄予了深切的同情，为二人写了一篇合传——《屈原贾生列传》，后世因而往往把屈原与贾谊并称为“屈贾”。他们都是才高气盛，在文学上成就卓著，又都是因忠被贬，在政治上郁郁不得志。细读“屈贾列传”可以发现，其实司马迁在两人身上寄寓了自己忠心报主却惨遭不幸的愤慨之气。正如李景星《四史评议》中所说：“《屈原贾生列传》通篇多用虚笔，以抑郁难抑之气，写怀才不遇之感，岂独屈贾二人合传，直作屈贾司马三人合传读可也。”

中华诗祖

屈　原

嗜书成癖致博闻，
变法强楚不惜身。
进能用事善治乱，①
退犹谋国轻浮沉。
蹇驴得志弄长舌，②
骐骥垂耳发哀吟。③

自投汨罗绝人世，④

华夏至今颂诗魂。⑤

【注】

① 治乱：谓治理混乱的局面，使国家安定、太平。

② 蹇（jiǎn）驴：跛足驴，比喻奸佞之人。李白《答王十二寒夜独酌有怀》中有“骅骝拳跼不能食，蹇驴得志鸣春风”。

③ 骐骥：骏马，比喻贤才。唐胡曾《咏史诗·虞坂》中有“未省孙阳身没后，几多骐骥困盐车”之语，成语“骐骥困盐车”指才华遭到抑制，处境困厄。宋沈辽《和张宝臣即元韵》一诗有“枯辙不能活鲩鲨，骐骥垂耳伏盐车”等诗句。

④ 屈原被放逐之后怀抱石头，投入汨罗江而死。

⑤ 诗魂：诗人的精神。

【记】

战国时代，各诸侯国争城夺地，互相杀伐，连年混战。当时屈原为楚怀王左徒，力劝怀王任用贤能，爱护百姓，很得怀王信任。但是贾谊在《吊屈原赋》中说到当时却是一个黑白颠倒的时代：小人得志尊显，圣贤却不得其用；疲牛跛驴拉着马车，千里马却拉着沉重的盐车……

以公子子兰为首的一班贵族对屈原非常嫉妒和忌恨，常在怀王面前说屈原的坏话，屈原渐渐被疏远，先后被流放至汉北和沅湘流域前后长达21年之久。公元前278年，秦将白起攻下郢都，顷襄王狼狈逃窜。屈原怀着极度绝望的心情写下了绝笔《怀沙》之后，抱石投汨罗江而死，时年62岁。

屈原是中国历史上第一位伟大的爱国诗人，中国浪漫主义文学的奠基人，被誉为“中华诗祖”“辞赋之祖”“诗魂”等。屈原的出现，不仅标志着中国诗歌进入了一个由集体歌唱到个人独创的新时代，而且他所开创的新诗体——楚辞，对后世产生了很大影响。后人将《楚辞》与《诗经》并称为“风骚”，泛指文学、文采、文化涵养。《楚辞》还影响到《汉赋》的形成。刘勰《文心雕龙》说：“《离骚》衣被词人，非一代也。”鲁迅《汉文学史纲要》称屈原作品“影响于后来之文章，乃甚或在《三百篇》以上”。

屈原名句欣赏

1. 悲莫悲兮生别离，乐莫乐兮新相知。——《九歌·少司命》

2. 举世皆浊我独清，众人皆醉我独醒。——《渔父》

3. 与天地兮同寿，与日月兮齐光。——《九章·涉江》

4. 袅袅兮秋风，洞庭波兮木叶下。——《九歌·湘夫人》

5. 路漫漫其修远兮，吾将上下而求索。——《离骚》

6. 惟草木之零落兮，恐美人之迟暮。——《离骚》

7. 亦余心之所善兮，虽九死其犹未悔。——《离骚》

8. 长太息以掩涕兮，哀民生之多艰。——《离骚》

9. 伏清白以死直兮，固前圣之所厚。——《离骚》

10. 鸟飞反故乡兮，狐死必首丘。——《九章·哀郢》

11. 世溷浊而不清：蝉翼为重，千钧为轻；黄钟毁弃，瓦釜雷鸣；谗人高张，贤士无名。——《卜居》

12. 尺有所短，寸有所长。物有所不足，智有所不明。——《卜居》

13. 身既死兮神以灵，子魂魄兮为鬼雄。——《九歌·国殇》

14. 沧浪之水清兮，可以濯吾缨；沧浪之水浊兮，可以濯吾足。——《渔父》

15. 惟天地之无穷兮，哀人生之长勤。往者余弗及兮，来者吾不闻。——《远游》

16. 后皇嘉树，橘徕服兮。受命不迁，生南国兮。深固难徙，更壹志兮。——《橘颂》

贾长沙

贾　谊

以文显名得超拔，①
属书诵诗号贤达。②
力主改革触权贵，
不意遭谗贬长沙。③
畅怀不得吊先圣，④
傅王无状悲无涯。⑤
三十三岁伤悼死，
志大量小负才华。⑥

【注】

①《列传·屈原贾生列传》记载：贾谊经吴公推荐到中央任职后，深得汉文帝赏识，一年之内就升任太中大夫。超拔：破格提拔。

② 属书：写作。贤达：有才德有声望的人。

③ 贾谊担任太中大夫之后，草拟了各种仪法，完全改变了秦朝的旧法。但是绛侯周勃、灌婴、东阳侯、冯敬这些人都嫉妒贾谊，就诽谤他，此后，汉文帝就疏远了贾谊，任命他为长沙王太傅。

④ 贾谊被贬后前往长沙赴任，他听说长沙地势低洼，气候潮湿，自认为寿命不会很长，内心非常不愉快。在渡湘水的时候，写下一篇辞赋来凭吊屈原，是为《吊屈原赋》。畅怀：心怀畅快。

⑤ 后来汉文帝又任命贾谊为梁怀王太傅。几年之后，梁怀王因骑马不慎坠马而死。贾谊认为这是自己作为太傅没有尽到责任，非常伤心，哭泣了一年多，也死去了，年仅三十三岁。无状：无功劳，无成绩。

⑥ 志大量小：志向虽大，但心胸狭窄。苏轼《贾谊论》：“贾生志大而量小，才有余而识不足也。”

【记】

贾谊少有才名，18岁时即以善文为郡人所称。河南郡守吴公将其召至门下，对他非常器重。贾谊辅佐吴公治理河南郡，时评天下第一。汉文帝登基，听闻河南郡治理有方，擢升河南郡守为廷尉，吴公因势举荐贾谊。贾谊被召见后深受汉文帝欣赏，被破格提拔，一年之内便升任为太中大夫。后来文帝想提拔贾谊担任公卿之职，却遭到绛侯周勃、灌婴等权臣的嫉妒与诽谤，汉文帝也逐渐疏远贾谊，贾谊随后被贬为长沙王太傅。三年后，汉文帝召贾谊入京，但并没有重用，而是改其为梁怀王太傅。梁怀王刘揖意外坠马而死，贾谊感到自己身为太傅没有尽到责任，心情十分自责，一年后在忧郁中死去，年仅33岁。

对于贾谊才高位卑的不幸遭遇，后人多有吟咏。如李白《行路难·其二》：“淮阴市井笑韩信，汉朝公卿忌贾生。”刘长卿《长沙过贾谊宅》：“汉文有道恩犹薄，湘水无情吊岂知？寂寂江山摇落处，怜君何事到天涯！”李商隐《贾生》：“宣室求贤访逐臣，贾生才调更无伦。可怜夜半虚前席，不问苍生问鬼神。”王安石《贾生》：“一时谋议略施行，谁道君王薄贾生？爵位自高言尽废，古来何啻万公卿。”毛泽东《七律·咏贾谊》：“少年倜傥廊庙才，壮志未酬事堪哀。胸罗文章兵百万，胆照华国树千台。雄英无计倾圣主，高节终竟受疑猜。千古同惜长沙傅，空白汨罗步尘埃。”

贾谊名句欣赏

1. 且夫天地为炉兮，造化为工；阴阳为炭兮，万物为铜。——《鹏鸟赋》

2. 其生兮若浮，其死兮若休。澹乎若深渊之静，泛乎若不系之舟。——《鹏鸟赋》

3. 贪夫殉财兮，烈士殉名。夸者死权兮，品庶每生。——《鹏鸟赋》

4. 德人无累兮，知命不忧。细故蒂芥兮，何足以疑！——《鹏鸟赋》

5. 自古及今，与民为仇者，有迟有速，民必胜之。——《新书·大政上》

6. 爱出者爱返，福往者福来。——《新书·礼篇》

7. 祸出者祸返，恶人者人亦恶之。——《新书·春秋》

8. 国而忘家，公而忘私，利不苟就，害不苟去，唯义所在。——《治安策》

9. 水背流而源竭兮，木去根而不长。——《惜誓》

10. 习与智长，故切而不愧；化与心成，故中道若性。——《治安策》

11. 凡人之智，能见已然，不能见将然。——《治安策》

12. 百人作之不能衣一人，欲天下亡寒，胡可得也；一人耕之十人聚而食之，欲天下亡饥，不可得也。——《治安策》

13. 贱而好德者尊，贫而有义者荣。——《新语·本行》

14. 习与正人居之，不能毋正也；犹生长于齐，不能不齐言也。——《治安策》

15. 功莫大于去恶而好善，罪莫于去善而为恶。——《新书·修政》

西汉大儒

董仲舒

敏学勤谨善辞章，
宫中对策孚汉皇。①
海内一统百家废，
儒学独尊万代长。②
园圃三年未窥赏，
封国两度佐侯王。
才高从来易遭忌，
托病辞官授公羊。③

【注】

① 在一次举贤良方正时董仲舒考了第一名，汉武帝连续向他问了三次，董仲舒就回答了三次，这个过程就叫对策。在对策过程中，董仲舒阐述了自己的观点，得到了汉武帝的极其喜爱。孚：为人所信服。

② 董仲舒在上述“天人三策”中提出的“罢黜百家，独尊儒术”的主张，对后世中国产生了极大的影响。

③ 公羊：指儒家经典《公羊传》。

【记】

董仲舒少年时便酷爱学习，读起书来常常忘记吃饭和睡觉。《汉书·董仲舒传》记载："盖三年不窥园，其精如此。"董仲舒面对满园的姹紫嫣红，三年时间竟然没有进过花园一次，他精心钻研学问到如此痴迷的程度。

30岁时董仲舒设坛讲学，讲授《公羊春秋》，为汉朝培养了一批人才。史载"董仲舒……下帷讲诵，弟子传以久次相授业，或莫见其面"。意思是说，董仲舒在室内挂上帷幕，坐在帷幕后面讲学，弟子们先入学的对后入学的传授学业，有些再传弟子甚至只听说过他的大名，并没见过他的面。

汉武帝即位后，董仲舒被推举参加策问时详细论述了神权与君权的关系，并提出了"罢黜百家，独尊儒术"的建议，在汉代思想界树起了儒学的权威。但后来汉武帝并没有怎么重用董仲舒，而是两度把他派到诸侯国做国相。第一次派到江都易王刘非那里，第二次派到胶西王刘端那里。两人都是汉武帝的哥哥，前者粗暴、蛮横，武夫一个；后者蛮横且凶残，过去不少做过他国相的人都被他杀掉或毒死。但两人对董仲舒这个闻名天下的大儒还算尊重，而董仲舒在刘端那里却一直提心吊胆，唯恐时间长了遭遇不测，四年后以年老有病为由辞职回家。仕禄生涯结束后，董仲舒晚年对什么事情都不再过问，只是埋头读书、著作。

董仲舒的悲剧在于，他一生遇到了主父偃和公孙弘这两个算不上多么光明磊落的人。主父偃把董仲舒写好的奏章偷偷拿给了汉武帝，让汉武帝差点在盛怒之下杀了董仲舒，后来因为怜其才只是罢了他江都王国相一职；公孙弘则把董仲舒推荐到胶西国做国相，目的是要借蛮横且凶残的胶西王刘端之手杀掉他。

董仲舒名句欣赏

1. 治身者以积精为宝，治国者以积贤为道。——《春秋繁露》

2. 言出于己，不可塞也；行发于身，不可掩也。——《举贤良对策》

3. 仁之法，在爱人，不在爱我；义之法，在正我，不在正人。——《春秋繁露》

4. 善为师者，既美其道，又慎其行。——《春秋繁露》

5. 君子不隐其短，不知则问，不能则学。——《春秋繁露》

6. 于善也，无小而不举。于过也，无微而不改。——《淮南子·主术训》

7. 承天意以从事，任德教而不任刑。——《举贤良对策》

8. 身之有性情也，若天之有阴阳也。——《春秋繁露》

9. 师帅不贤，则主德不宣，恩泽不流。——《举贤良对策》

10. 常玉不琢，不成文章；君子不学，不成其德。——《举贤良对策》

11. 能使万民往之，而得天下之群者，无敌于天下。——《春秋繁露》

12. 百乱之源，皆出嫌疑。——《春秋繁露》

13. 欲审曲直，莫如引绳；欲审是非，莫如引名。——《春秋繁露》

14. 大富则骄，大贫则忧。——《春秋繁露》

15. 父不父则子不子，君不君则臣不臣。——《春秋繁露》

16. 性比于禾，善比于米；米出禾中，而禾未可全为米也；善出性中，而性未可全为善也。——《春秋繁露》

17. 性者，天质之朴也；善者，王教之化也。——《春秋繁露》

18. 琴瑟不调，甚者必解而更张之，乃可鼓也。——《贤良策一》

19. 匿病者不得良医。——《春秋繁露》

20. 至廉而威。——《春秋繁露》

西汉两司马

司马迁，西汉伟大的史学家、文学家、思想家；司马相如，西汉著名辞赋家。两人虽然姓氏相同，又同为汉武帝时期文人，但一为陕西（一说山西）人，一为四川人，二者并没有什么关系。司马相如比司马迁早出生三十多年，司马迁《史记》中专门著有《司马相如列传》，为后人研究司马相如留下了非常珍贵的资料。

鲁迅在《汉文学史纲要》中把二人放在一个章节里加以评述，说“武帝时文人，赋莫若司马相如，文莫若司马迁”。

历史之父

司马迁

史界太祖唯迁公，
父业子继相袭承。
昌言陈情罹大祸，[①]
忠心遭难恨无穷。
忍辱偷生著《史记》，
含愧为书致少卿。[②]

一腔酸辛满纸泪，

后世含悲睹遗风。

【注】

① 昌言：善言，正当的言论；或直言不讳的话。罹：遭遇；遭受（灾祸或疾病）。

② 少卿：任安，字少卿。司马迁在朋友任安被杀前为他写了《报任少卿书》，以千回百转之笔，表达了光明磊落之志与激愤不平之气。

【记】

司马迁的父亲司马谈为汉武帝时期的史官，司马迁 10 岁时便随父亲到了京都长安。20 岁时，司马迁在父亲的安排下进行了一次为期两年多的全国漫游，他走一路、考察一路，既陶冶了性情，又为他以后写《史记》积累了许多第一手资料。

司马迁在父亲去世三年后继承太史令一职，开始了撰写《史记》的工作。编撰史书是一项非常琐碎而艰苦的工作，需要有一颗耐得住寂寞的心。如果不出什么意外，他将会辛苦而快乐地完成父亲的遗愿。然而他却由于在回答汉武帝问话时说了几句公道话而遭遇了"李陵之祸"。在那个专制制度下君王极端无赖与无耻的时代，在那个拿人不当人的时代，在那个士大夫活不出人格尊严的时代，司马迁作为一介手无缚鸡之力的书生，只能是任人宰割的羔羊。但谁又能理解他内心忍受的巨大痛苦？他在《报任少卿书》一文中写道："每念斯耻，汗未尝不发背沾衣也。"

但他个人的不幸，却成了我国史学之大幸，民族之大幸。他凭着一颗倔强的灵魂、一种不屈的精神，经过 18 年艰苦卓绝的努力，终于完成了史界之丰碑——《史记》。《史记》一书共 130 篇，52.65 万字，是中国乃至世界人民珍贵的文化遗产。

感谢司马迁，感谢这位伟大而坚强的历史之父！

《史记》名句欣赏

1. 一死一生，乃知交情。一贫一富，乃知交态。一贵一贱，交情乃见。——《汲郑列传》

2. 桃李不言，下自成蹊。——《李将军列传》

3. 泰山不让土壤，故能成其大；河海不择细流，故能就其深。——《李斯列传》

4. 虽不能至，心向往之。——《孔子世家赞》

5. 能行之者，未必能言；能言之者，未必能行。——《孙子吴起列传》

6. 积羽沉舟，群轻折轴，众口铄金，积毁销骨。——《张仪列传》

7. 千羊之皮，不如一狐之腋。——《赵世家》

8. 富贵者送人以财，仁人者送人以言。——《孔子世家》

9. 千人诺诺，不如一士谔谔。——《商君列传》

10. 力田不如逢年，善仕不如遇合。——《佞幸列传》

11. 骐骥之跼躅，不如驽马之安步。——《淮阴侯列传》

12. 乘人之车者载人之患，衣人之衣者怀人之忧，食人之食者死人之事。——《淮阴侯列传》

13. 以权利合者，权利尽而交疏。——《郑世家》

14. 浴不必江海，要之去垢；马不必骐骥，要之善走。——《外戚世家》

15. 家累千金，坐不垂堂。——《司马相如列传》

16. 规小节者不能成荣名，恶小耻者不能立大功。——《鲁仲连邹阳列传》

17. 不知其人，视其友。——《张释之冯唐列传》

18. 官非其任不处也，禄非其功不受也。——《日者列传》

一代赋圣

司马相如

其　一

景帝不爱司马赋，
长卿落拓悲年华。
千古一叹痛心扉，
梁园虽好难为家。

其　二

潦倒相如弄古琴，
闺中少女动芳心。①
若非贵人巧相助，
哪得才子配佳人？②

其　三

公子风采醉文君，
赚得佳丽星夜奔。③
躬亲涤器耻岳丈，④
美妇当垆怒王孙。
持节出使定巴蜀，

安边建功上青云。
长卿锦衣荣归日，
卓老反悔初杜门。⑤

【注】

① 此句讲“琴挑文君”的故事。挑：挑逗、挑引。比喻挑动对方的爱慕之情，并表达自己的爱意。亦作“琴心相挑”。司马相如在朋友临邛县令王吉的巧妙安排之下（详见注②），如愿成了卓王孙的座上客。酒兴正浓时，王吉请司马相如弹琴以助兴，司马相如辞谢一番后便举止优雅地抚动当年梁王所赠的古琴，弹奏了一首《凤求凰》，一首直率热情的《凤求凰》使得在帘后倾听的卓文君不由怦然心动。

② 司马相如曾在梁孝王门下过着一种非常安逸的生活，梁孝王死后他的生活曾一度非常狼狈。他的朋友王吉便邀请他来到临邛县居住，司马相如到了之后暂住在城内的一座小亭中。王吉假装表现得十分恭敬，天天前去拜访司马相如。最初司马相如还以礼相见，后来他就干脆谎称有病，让随从拒绝王吉的拜访。然而，王吉却越发表现得更加谨慎恭敬。县令这个神秘的贵客惊动了临邛县的首富卓王孙，于是他便设宴款待司马相如，司马相如才得以“琴挑文君”。

③ 对司马相如充满倾慕之情的卓文君连夜逃出家门去找司马相如，司马相如便带着卓文君赶回成都老家。星夜：连夜，形容急速。

④ 司马相如家徒四壁，生活穷困不堪，卓文君在成都住了一些时候，感到生活实在非常艰难，于是两人在卓文君的提议之下又一起回到了临邛，他们把车马卖掉做本钱开了一家酒店。卓文君亲自当垆卖酒，掌管店务；司马相如则系着围裙，和伙计们一起洗涤杯盘瓦器。卓王孙对于女儿私奔一事本来就十分恼火，现在又听说两人回到临邛开店卖酒，更是感到

无比耻辱，竟至于长时间闭门不出。涤器：洗涤器物。

⑤杜门：闭门不出。

【记】

司马相如原名司马长卿，因仰慕战国时名相蔺相如而改名为司马相如。谁料司马长卿袭用“相如”这个名字，竟演绎出了一段非常有趣的历史故事。

据说明代文学家李梦阳在江西做督学时，发现有一个童子和他同名同姓。于是李梦阳就对他说：“你怎么和我同名呢？现在我出一联，如果你对不上，你就改名，不要丢‘梦阳’的人。”于是他随口念道：“蔺相如，司马相如，名相如实不相如。”想不到这个叫李梦阳的童子也非等闲之辈，略假思索即对出下联：“魏无忌，长孙无忌，彼无忌此亦无忌。”李梦阳听后不禁哈哈大笑。

司马相如最初凭借家中富有的资财换了一个郎官之职，做了汉景帝的武骑常侍，但是遗憾的是汉景帝并不喜欢辞赋，才华满腹的司马相如不免常有知音难遇之叹。后来司马相如到了景帝的弟弟梁孝王刘武门下，在他的“三百里梁园”里和当时的名士枚乘、严忌、邹阳等人词赋相和，生活好不安逸！但司马相如的梦想是建功立业，名垂青史，这种无所事事的安逸并不是司马相如想要的生活，于是他不由发出了“梁园虽好，不是久恋之家”的感慨。

梁孝王死后，失去靠山的司马相如曾一度非常狼狈。后来在他的朋友——临邛县令王吉的帮助下，不但成功地做了当地首富卓王孙的座上客，还如愿赢得了他的宝贝女儿卓文君的芳心。于是便有了后来流传千古的浪漫故事——“文君当垆”。

汉武帝刘彻即位后，有一次看到司马相如的《子虚赋》后非常喜欢，便召司马相如进京封为郎官。不久他又被汉武帝任命为中郎将，持节出使巴蜀地区，顺利地将西南夷民族统一于大汉疆域，被称为“安边功臣”。当司马相如带领一帮人浩浩荡荡风光无限地到达蜀郡的时候，蜀郡太守及其属官都远远地来到郊外迎接，县令则亲自背负着弓箭在前面为他们开路，蜀人都为此感到非常荣幸。这时他的老丈人卓王孙，连同临邛诸位父老都凭借关系来到司马相如门下，献上牛和酒，与相如畅叙欢乐之情。之前对卓文君私奔司马相如一事极为不满的卓王孙，此时不禁喟然长叹，认为把女儿嫁给司马相如的时间太晚了，随后他又慷慨地送给卓文君一份丰厚的财物，使她与儿子所分的财物一样多。

司马相如有一个小名叫“犬子”，随着司马相如的成名以及在我国历史和文学领域影响的不断扩大，“犬子”这个名字也不断为人们所熟知且争相仿效。后来人们为了附庸风雅，称自家儿郎的时候也纷纷袭用“犬子”一词，不想竟一时蔚然成风，成为中国人称呼自家儿子的习惯用语。

司马相如经典故事

琴挑文君

会梁孝王卒，相如归，而家贫，无以自业。素与临邛令王吉相善，吉曰：“长卿久宦游不遂，而来过我。”于是相如往，舍都亭。临邛令缪为恭敬，日往朝相如。相如初尚见之，后称病，使从者谢吉，吉愈益谨肃。

临邛中多富人，而卓王孙家僮八百人，程郑亦数百人，二人乃相谓曰：“令有贵客，为具召之。”并召令。令既至，卓氏客以百数。至日中，谒司马长卿，长卿谢病不能往，临邛令不敢尝食，自往迎相如。相如不得已，强往，一坐尽倾。酒酣，临邛令前奏琴曰：“窃闻长卿好之，愿以自娱。”相如辞谢，为鼓一再行。是时卓王孙有女文君新寡，好音，故相如缪与令相重，而以琴心挑之。相如之临邛，从车骑，雍容闲雅甚都；及饮卓氏，弄琴，文君窃从户窥之，心悦而好之，恐不得当也。既罢，相如乃使人重赐文君侍者通殷勤。

文君当垆

文君夜亡奔相如，相如乃与驰归成都。家居徒四壁立。卓王孙大怒曰:“女至不材，我不忍杀，不分一钱也。”人或谓王孙，王孙终不听。文君久之不乐，曰:“长卿第俱临邛，从昆弟假贷犹足为生，何至自苦如此！”

相如与俱之临邛，尽卖其车骑，买一酒舍酤酒，而令文君当垆。相如身自著犊鼻裈，与保庸杂作，涤器于市中。卓王孙闻而耻之，为杜门不出。昆弟诸公更谓王孙曰:“有一男两女，所不足者非财也。今文君已失身于司马长卿，长卿故倦游，虽贫，其人材足依也。且又令客，独奈何相辱如此！”卓王孙不得已，分予文君僮百人，钱百万，及其嫁时衣被财物。文君乃与相如归成都，买田宅，为富人。

班氏兄妹

班固的父亲班彪晚年潜心续写《史记》，受父亲影响，班固早年便开始留意汉朝之事。班固二十三岁的时候，他的父亲班彪去世，此时班固已具备了颇高的文化修养和著述能力。于是他在父亲所写《史记后传》的基础上，利用家藏的丰富图书，着手撰写《汉书》。

班固修成《汉书》，可谓厥功至伟。他的弟妹也非常人可比：二弟班超投笔从戎，是打通“丝绸之路”的赫赫功臣，妹妹班昭也常被召入皇宫，教授皇后及诸贵人诵读经史。班昭七十多岁高龄时，还写出了我国第一部完备的女性礼教典籍《女诫》。她在书中从七个方面规范了女子立身处世的品德和行为礼仪，在之后两千多年的中国历史上产生了极其深远的影响。

一代良史

班　固

承父遗志著《汉书》，

颂君功绩歌东都。

私修国史系国狱，

党附窦氏被法诛。①

通观百家识兴废，
久事笔砚迷荣枯。②
文美名香良史才，
投笔从戎一莽夫。③

【注】

① 法诛：依法惩罚。

② 笔砚：指文墨书写之事。

③ 此句意思是说班固弃文从武是一种粗率鲁莽的行为。

【记】

正当班固全力以赴地撰写《汉书》的时候，有人告发他“私修国史”，班固被关进京兆监狱，书稿也被查抄。班固的弟弟班超救兄心切，便骑上快马赶赴洛阳替班固申冤。汉明帝读了书稿后，对班固的才华倍感惊异，立即下令释放班固，并把他召进京都皇家校书部，掌管和校定皇家图书。

自永平元年（58）开始，至汉章帝建初七年（82）止，历时二十五年，班固基本上完成了《汉书》的撰著，实现了父子两代人的心愿。《汉书》颁出后，班固受到了当朝的重视，学者们更是争相诵读。

然而在班固看来，此时自己也不过是个兰台令史、校书郎之类的小官。因此，班固在等待着建功立业的时机。当他得知窦宪率大军攻伐匈奴的消息后，便毅然投附窦宪，随大军北攻匈奴。后来窦宪因为平定匈奴有功，野心膨胀，竟然密谋叛乱，事发后被迫自杀。班固因与窦宪关系密切而受到株连，被捕后死于狱中，时年 61 岁。

班固作为一个史学家，对于前代人物的遭际得失往往能看得非常清楚，而对于自己身边潜伏的巨大危险却不能洞察，以致系狱身死，实在可悲可叹！难怪黑格尔说："人类从历史中所得到的教训就是——人类从来不记取历史教训。"

班固名句欣赏

1. 豺狼横道，不宜复问狐狸。——《汉书·孙宝传》

2. 舜无立锥之地以有天下，禹无十户之聚以王诸侯。——《汉书·枚乘传》

3. 遗子黄金满籯，不如一经。——《汉书·韦贤传》

4. 泰山之溜穿石，单极之绠断干。——《汉书·枚乘传》

5. 论大功者不录小过，举大善者不疵细瑕。——《汉书·陈汤传》

6. 王者以民为基，民众以财为本，财竭则下叛，下叛则上亡。——《汉书·谷永杜邺传》

7. 国之将兴，尊师而重傅。——《汉书·萧望之传》

8. 与人斗，不扼其亢，拊其背，未能全胜也。——《汉书·娄敬传》

9. 众煦漂山，聚蚊成雷。——《汉书·传·景十三王传》

10. 欲人勿闻，莫若勿言；欲人勿知，莫若勿为。——《汉书·枚乘传》

11. 聪者听于无声，明者见于无形。——《汉书》

12. 臣门如市，臣心如水。——《汉书·郑崇传》

13. 千人所指，无病而死。——《汉书·王嘉传》

14. 治天下者当用天下之心为心。——《汉书·传·王贡两龚鲍传》

15. 太刚则折，太柔则废。——《汉书·隽不疑传》

16. 福善之门莫美于和睦，患咎之首莫大于内离。——《汉书·东平思王文宇传》

17. 青蝇嗜肉汁而忘溺死，众人贪世利而陷罪祸。——《汉书·难庄论》

18. 将不知兵，以其主予敌也；君不择将，以其国予敌也。——《汉书·晁错传》

19. 以管窥天，以蠡测海，以莛撞钟，岂能通其条贯，考其文理，发其音声哉。——《汉书·东方朔传》

朝中大家

班　昭

学博才高性安娴，[①]

奉旨续史入东观。

为兄请命返故土，

著成《女诫》传千年。

【注】

① 安娴：安详文雅。

【记】

班昭之事可书者有三：一为续写《汉书》，二为替兄请命，三为著成影响中国古代女子一千多年的《女诫》。

其长兄班固著《汉书》，未竟而卒，班昭奉旨入东观藏书阁，续写《汉书》。此后汉和帝多次召班昭入宫，并让皇后和贵人们视其为老师，号“大家（gū）”。班彪、班固与班昭，父死子继，兄死妹续，半个世纪修成《汉书》，留下了千古美名。

班昭次兄班超不甘为官府抄写文书，投笔从戎，奉命出使西域，在三十多年的时间里，平定了西域五十多个国家，世称“班定远”。永元十二年（100），班超因年迈请求回国，奏折中有“臣不敢望到酒泉郡，但愿生入玉门关”等语。

妹妹班昭也因此事上疏汉和帝：“班超刚出塞时，就立志捐躯为国……至今已有三十年了。当初跟随他一起出塞的人，都已作古。班超年满七十，衰弱多病，即使想竭尽报国，已力不从心……我听说古人十五从军，六十还乡，中间还有休息、不服役的时候。因此我冒死请求陛下让班超归国。班超在壮年时竭尽忠孝于沙漠之中，衰老的时候则被遗弃而死于荒凉空旷的原野，这真够悲伤可怜啊！如果班超命丧异域，边境有变，希望班超一家能免于牵连之罪。”奏章送上，和帝看后非常感动，就派人接替班超，班超得以告老返乡。

有关班昭的名句欣赏

1. 最难耐的是寂寞，最难抛的是荣华。从来学问欺富贵，真文章在孤灯下。——昆剧《班昭》中的唱词

2. 有妇谁能似尔贤，文章操行美俱全。一编汉史何须续，女戒人间自可传。——宋・徐钧《曹世叔妻班昭》

3. 谦让恭敬，先人后己。有善莫名，有恶莫辞。——班昭《女诫》

4. 夫不贤，则无以御妇；妇不贤，则无以事夫。——班昭《女诫》

5. 阴阳殊性，男女异行。阳以刚为德，阴以柔为用，男以强为贵，女以弱为美。——班昭《女诫》

6. 女有四行，一曰妇德、二曰妇言、三曰妇容、四曰妇功。——班昭《女诫》

蔡邕父女

蔡邕，字伯喈（jiē），陈留圉（今河南杞县）人。东汉文学家、书法家。博学多才，通晓经史、天文、音律，擅长辞赋。灵帝时召拜郎中，校书于东观，迁议郎。曾因弹劾宦官被流放朔方。献帝时董卓强迫他出仕为侍御史，官左中郎将。董卓被诛后，被王允所捕，死于狱中。

蔡文姬，名琰，字文姬，蔡邕的女儿。史载她“博学有才辩，擅书法，知文史，又妙于音律”，所著《胡笳十八拍》千古流芳。

蔡中郎

蔡　邕

事亲至孝有高风，
贵人提携入禁中。
谠论陈奏恶内宠，①
权臣强召附奸凶。
琴传焦尾响今古，
书创飞白见神功。②
若知漫言下狱死，③
何须人前叹一声！

【注】

① 谠论：正直之言，直言。谠，音 dǎng。

② 焦尾：指蔡邕所制的“焦尾琴”。飞白：蔡邕所创的一种书体，详见下文。

③ 漫言：随便地说，此处指随口说出的话。

【记】

“焦尾琴”的故事向来为人津津乐道：据说蔡邕在吴地时曾听到一块桐木在火中爆裂时发出非常好听的声音，于是便把它捡出来做成了一把琴，音色果然非常美妙。因为木头的尾部被烧焦了，于是这把琴便有了一个非常好听的名字——焦尾琴。他所创的“飞白”书体，对后世影响甚大，后人尊其为“书法之开山鼻祖”，唐人张怀瓘评蔡邕飞白书“妙有绝伦，动合神功”。

蔡邕曾受到司徒桥玄厚待，入朝为官。董卓掌权时，听说蔡邕名气很大，就召他入府。蔡邕推说有病，董卓大怒，蔡邕迫不得已只好应命。后来董卓被杀，有一次蔡邕和司徒王允在一起时不知不觉说起董卓来，并为之叹息。王允听后勃然大怒，呵斥道：“董卓，是国家的大贼，差点倾覆了汉室。你作为汉朝臣子，应该一同愤恨，但你却想着自己受到的礼遇，忘记了操守！现在上天诛杀了有罪的人，你却反而为他感到伤痛，这难道不是和他一同作为逆贼吗？”并随之将蔡邕收押交给廷尉治罪。蔡邕递上辞表道歉，请求受到刻额染墨、截断双脚的刑罚，以求继续完成汉史。士大夫大多同情并想要解救他，但都没能成功。

蔡邕最终死在了监狱里，时年 60 岁。群臣和士人听说此事后没有不为之哭泣的，著名经学家郑玄听闻蔡邕的死讯后叹息道：“汉朝的事，谁来考定啊！”（汉世之事，谁与正之）

蔡邕典故及名句

蔡邕倒屣

蔡邕才学显著，又是朝中重臣，经常是车骑填巷，宾客盈座。而王粲刚到京城时，只是一介无名之辈，然而蔡邕能却“见而奇之”。据说有一次王粲登门拜访，蔡邕听到禀报后竟“倒屣迎之”。众宾客见王粲容状短小，并没有什么特别之处，都对蔡邕的表现感到很不解，但实际上王粲果真是一代奇才。由此更见蔡邕的识才之能，爱才之殷。

柯亭笛

汉朝光和元年（178），蔡邕因为直言触犯了宦官，被流放到了遥远的北国。不久朝廷大赦，蔡邕获释后避难江南。当到了浙江绍兴市西南时，这里成片的竹子引起了蔡邕的逸趣，他便想取竹制笛以消除旅途劳累。他独自到竹林里挑了半天并没有找到合适的，只好扫兴而归，不觉来到柯亭前。蔡邕信步踏了进去，忽然被屋檐下的竹子吸引住了，他发现其中第十六根竹子丝纹细密，又圆又直，光泽淡黄且有黑色斑纹，从里到外都是一根制笛的材料，忙找人拆了下来。笛子作成后，果然不同凡响。由于竹子取材于柯亭，乃取名为“柯亭笛”。

柯亭笛后来泛指美笛，也比喻良才。

女训篇

心犹首面也，是以甚致饰焉。面一旦不修，则尘垢秽之；心一日不思善，则邪恶入之。咸知饰其面而不修其心，惑矣！夫面之不饰，愚者谓之丑；心之不修，贤者谓之恶。愚者谓之丑，犹可；贤者谓之恶，将何容焉！

东汉女文学家

蔡文姬

能琴善书美姿容，
红颜多劫今古同。
兵革满涂没胡地，
霜雪弥眼悲朔风。[①]
一纪流离归刘汉，[②]
四方筹度赖曹公。[③]
笳奏十八字字泪，
诗赋悲愤意难平。

【注】

① 弥：满，遍。“弥眼”即满眼。

② 一纪：岁星（木星）绕太阳一周约需十二年，因而古称十二年为一纪。

③ 筹度：谋划；想办法。

【记】

古代多才而善书的女子不多，有史料记载并具有影响的女子更是寥寥，最早有作品流传下来，被称为“书家”的第一位女性，应算是才女蔡琰（字文姬）了。据资料记载，“蔡邕得笔法于神人，传女文姬，文姬又传卫夫人，而卫夫人便是书圣王羲之的师傅”。

历史上记载蔡琰的事迹并不多，但“文姬归汉”的故事却在历朝历代广为流传。蔡文姬初嫁于卫仲道，丈夫死去而回到自己家里，后来因为匈奴入侵，蔡琰被匈奴左贤王掳走，嫁给匈奴人，并生育了两个儿子。十二年后，曹操统一北方，用重金将蔡琰赎回，并将其嫁给董祀。

后来曹操问及蔡琰家中藏书的情况，蔡琰说："当初父亲留给我的书籍有四千余卷，但因为战乱流离失所，保存下来的很少，现在我能记下的，只有四百余篇。给我纸笔，我写给你就是了。"于是蔡琰将自己所记下的古籍内容写下来送给曹操，没有出现一点错误。

这便是蔡文姬默写古籍的故事。

蔡文姬《悲愤诗》欣赏

汉季失权柄，董卓乱天常。
志欲图篡弑，先害诸贤良。
逼迫迁旧邦，拥主以自强。
海内兴义师，欲共讨不祥。
……
斩截无孑遗，尸骸相撑拒。
马边悬男头，马后载妇女。
……
旦则号泣行，夜则悲吟坐。
欲死不能得，欲生无一可。
……
感时念父母，哀叹无穷已。
……
己得自解免，当复弃儿子。

……

悠悠三千里，何时复交会。

念我出腹子，胸臆为摧败。

……

白骨不知谁，纵横莫覆盖。

出门无人声，豺狼号且吠。

……

人生几何时，怀忧终年岁。

三 曹

三曹是曹操与其子曹丕、曹植的合称。因为他们在政治上的地位以及文学上的成就对当时文坛有很大的影响，是建安文学的代表，所以后人把他们合称为“三曹”。东汉末年的“三曹”与宋代同样以文才而著称的“三苏”，在我国文学发展史上都占有非常重要的地位。

曹操是建安时期杰出的文学家和建安文学新局面的开创者，代表作有《龟虽寿》《观沧海》《短歌行》等。曹丕擅长诗文及辞赋，其名作有《燕歌行》《与吴质书》等，其中《燕歌行》是第一首可以考证的七言诗。曹植是第一个大力创作五言诗的作家，他的五言诗标志着文人五言诗的完全成熟。

魏太祖

曹 操

天下纷纷各称雄，
诛讨不臣举义兵。
以智胜勇狼烟扫，
化乱为治河洛平。
诗至建安除旧气，

辞蕴风骨变新声。[1]
文有雅调霸有气，
赋诗放马任纵横。

【注】

① 建安风骨：建安为汉献帝年号；这一时期的文坛巨匠“三曹”“七子”（孔融、陈琳、王粲、徐幹、阮瑀、应玚、刘桢）和女诗人蔡琰等人继承了汉乐府民歌的现实主义传统，采用五言形式反映现实的动乱和人民的苦难，抒发建功立业的理想和积极进取的精神。这些诗歌以风骨遒劲而著称，具有慷慨悲凉、雄健深沉等特点。被后人称为“建安风骨”或“汉魏风骨”。

【记】

曹操祖父曹腾，是东汉地位显赫的宦官，历侍四代皇帝。父曹嵩是曹腾的养子，曾官至太尉。曹操虽出身豪门，但因系宦官之后，在时人眼中仍为“寒族”，这种社会地位激励着曹操去积极进取。他酷爱读书，经史典籍广泛涉猎，尤爱读军事著作，且在诗歌、书法、音乐等方面天赋独具，几乎可与名家相媲美，武艺也十分高强。桥玄曾对曹操说：“天下将乱，非命世之才不能济也，能安之者，其在君乎？”

面对董卓的倒行逆施，曹操不愿与其合作，于是改名易姓逃出京师洛阳，曹操到达陈留后，“散家财，合义兵”，号召天下英雄讨伐董卓。后经过20年的艰苦经营，基本平定了北方。建安十七年（212），汉献帝准许曹操“参拜不名、剑履上殿”，仿效汉丞相萧何故事。

曹操非常喜爱坟典和六艺之学，在统一北方的混战中，他就注意对图书的保护和搜求。击败袁绍后，下令“尽收其辎重图书珍宝”。……由于他重视国家的文化建设，逐步建立了魏国的国家藏书。

曹操受到的评价也各有不同，如宋人苏洵："项籍有取天下之才，而无取天下之虑；曹操有取天下之虑，而无取天下之量。"明人钟惺："功首罪魁非两人，遗臭流芳本一身。"伟人毛泽东："曹操是了不起的政治家、军事家，也是个了不起的诗人……"

曹操名句欣赏

1. 山不厌高，海不厌深。周公吐哺，天下归心。——《短歌行》

2. 神龟虽寿，犹有竟时。腾蛇乘雾，终为土灰。老骥伏枥，志在千里。烈士暮年，壮心不已。盈缩之期，不但在天。养怡之福，可得永年。幸甚至哉，歌以咏志。——《龟虽寿》

3. 关东有义士，兴兵讨群凶。初期会盟津，乃心在咸阳。军合力不齐，踌躇而雁行。势利使人争，嗣还自相戕。淮南弟称号，刻玺于北方。铠甲生虮虱，万姓以死亡。白骨露于野，千里无鸡鸣。生民百遗一，念之断人肠。——《蒿里行》

4. 冉冉老将至，何时返故乡？神龙藏深泉，猛兽步高冈。狐死归首丘，故乡安可忘！——《却东西门行》

5. 贼臣持国柄，杀主灭宇京。——《薤露》

6. 树木何萧瑟，北风声正悲。熊罴对我蹲，虎豹夹路啼。——《苦寒行》

7. 瓮中无斗储，发箧无尺缯。友来从我贷，不知所以应。——《谣俗词》

8. 夫英雄者，胸怀大志，腹有良谋，有包藏宇宙之机，吞吐天地之志者也。——《三国演义》

9. 龙乘时而变，人乘势而起！——《三国杀》

10. 干大事而惜身，见小利而忘命，非英雄也。——《三国演义》

魏文帝

曹　丕

一门两代有才名，
子承父业冠群英。
坐不废书诵古典，
起能策马弯长弓。
煮豆燃萁悖天理，
祭墓吊友发驴声。[①]
功过是非皆尘土，
世间遍唱燕歌行。[②]

【注】

① 曹丕的好友王粲生前有一个非常奇葩的癖好——模仿驴叫。因此王粲死后曹丕亲率众文士为其送葬时说："仲宣（王粲字仲宣）平日最爱听驴叫，让我们学一次驴叫为他送行吧！"顿时，王粲墓前响起一片驴鸣之声，这就是著名的"驴鸣送葬"。

② 曹丕创作的《燕歌行》对后世影响很大。

【记】

聪颖的天资和良好的成长环境，给了曹丕深厚的文学素养。年少时，对于“四书五经”《史记》《汉书》及诸子百家之言，曹丕无不毕览，这为他日后的文学创作打下了坚实的基础。时值兵荒马乱，曹丕在曹操的悉心指导下，6岁时学会了射箭，8岁时学会了骑马，10岁便开始跟随父亲征战南北。长时间的军旅生活不仅锻炼了他强健的体魄，而且丰富了他的见闻，为其诗篇创作积淀了大量的素材。

在继承权的争夺战中，曹丕运用各种计谋，在司马懿、吴质等人的帮助下战胜了曹植，31岁时被立为魏王世子。公元220年，66岁的曹操病逝于洛阳，34岁的曹丕继承丞相职位，称魏王。同年，汉献帝禅位，曹丕登基称帝。公元226年去世，时年40岁，按其生前的文告，曹丕葬后不树不坟。

曹丕在文学上著作甚丰，是建安文学的积极创作者和热心倡导者。他的《典论·论文》是我国现存的第一部文学评论专著，书中肯定了文学的历史价值，说到“盖文章，经国之大业，不朽之盛事”。文中还评价了孔融、陈琳、王粲、徐幹、阮瑀、应玚、刘桢的文风和得失，于是有了“建安七子”的说法。他的《燕歌行》是我国现存最早的文人七言诗，对后世七言诗的创作有很大影响。

曹丕名句欣赏

1. 秋风萧瑟天气凉，草木摇落露为霜，群燕辞归鹄南翔。念君客游思断肠，慊慊思归恋故乡，君为淹留寄他方？贱妾茕茕守空房，忧来思君不敢忘，不觉泪下沾衣裳。援琴鸣弦发清商，短歌微吟不能长，明月皎皎照我床。星汉西流夜未央，牵牛织女遥相望，尔独何辜限河梁？——《燕歌行》

2. 人生如寄，多忧何为。今我不乐，岁月如驰。——《善哉行》

3. 文人相轻，自古而然。——《典论·论文》

4. 各以所长，相轻所短。——《典论·论文》

5. 古人贱尺璧而重寸阴，惧乎时之过已。——《典论·论文》

6. 盖文章经国之大业，不朽之盛事。年寿有时而尽，荣乐止乎其身。二者必至之常期，未若文章之无穷。——《典论·论文》

7. 生有七尺之形，死唯一棺之土。唯立德扬名，可以不朽。——《与王朗书》

8. 策我良马，被我轻裘。载驰载驱，聊以忘忧。——《善哉行·上山采薇》

9. 少壮真当努力，年一过往，何可攀援！

10. 古人思秉烛夜游，良有以也。——《与吴质书》

11. 草虫鸣何悲，孤雁独南翔。郁郁多悲思，绵绵思故乡。愿飞安得翼，欲济河无梁。——《杂诗二首》

12. 丹霞蔽日，采虹垂天。谷水潺潺，木落翩翩。——《丹霞蔽日行》

13. 独上危楼听风雨，举杯邀饮念旧情。——《三国杀》

陈思王

曹 植

文气高绝卓不群，
词章华茂一时闻。
因思勋功颂白马，
为慕丽影赋洛神。[①]
恃才弄性贾大祸，[②]

饮酒无节失天恩。
惊世纵有才八斗，
终了难免失意人。

【注】

① 曹植所作《白马篇》塑造了边疆地区一位武艺高超、渴望卫国立功甚至不惜牺牲生命的游侠少年形象，表达了诗人建功立业的强烈愿望。他的《洛神赋》则虚构了自己与美丽绝伦的洛神邂逅相遇和彼此间之间的思慕爱恋之情。

② 贾祸：招来祸患。

【记】

曹植是曹操与卞皇后所生第三子，自小非常聪慧，10 岁出头就能诵读《诗经》《论语》及先秦两汉辞赋。他思路敏捷，谈锋健锐，晋见曹操被提问时常常能应声而对，脱口成章，深得曹操喜爱。

曹植 15 岁时他便开始跟随曹操四处征战，好几次几乎要被立为太子。然而，曹植文人气、才子气太浓，常常任性而为，不注意约束自己，饮起酒来毫无节制，也曾做出几件让曹操非常失望的事情，因此日渐失去曹操的信任和宠爱。

公元 220 年正月，曹操病逝于洛阳，曹植时年 29 岁。曹丕称帝后，虽然碍于母亲卞氏的压力没有对曹植做出极端行为，但却对他严加防范和控制。曹植从此由一个过着优游宴乐生活的贵族王子，变成了处处受限制和打击的对象，心情极端郁闷。公元 226 年，曹丕病逝，曹叡继位，是为魏明帝。壮心不已的曹植急切地渴望自己的才能得以施展，他曾多次慷慨激昂地上书，但曹叡仍然对他严加防范和限制，曹植处境并没有得到根本好转。公元232年11月，曹植在忧郁中病逝，时年41岁。

南朝宋文学家谢灵运有“天下才有一石，曹子建独占八斗”的评价。冯班说：“千古诗人，唯子美可配陈思王。”王士禛曾说，汉魏以来二千年间诗家堪称“仙才”者，曹植、李白、苏轼三人而已。

曹植名句欣赏

1. 人生处一世，去若朝露晞。年在桑榆间，影响不能追。——《赠白马王彪》

2. 丈夫志四海，万里犹比邻。——《赠白马王彪》

3. 高树多悲风，海水扬其波。利剑不在掌，结友何须多？——《野田黄雀行》

4. 美女妖且闲，采桑歧路间。柔条纷冉冉，叶落何翩翩。——《美女篇》

5. 游鱼潜渌水，翔鸟薄天飞。——《情诗》

6. 凌波微步，罗袜生尘。——《洛神赋》

7. 翩若惊鸿，婉若游龙。荣曜秋菊，华茂春松。——《洛神赋》

8. 远而望之，皎若太阳升朝霞；迫而察之，灼若芙蕖出渌波。——《洛神赋》

9. 东海广且深，由卑下百川。五岳虽高大，不逆垢与尘。——《当欲游南山行》

10. 君若清路尘，妾若浊水泥。浮沉各异势，会合何时谐？——《七哀》

11. 煮豆燃豆萁，豆在釜中泣。本是同根生，相煎何太急。——《七步诗》

12. 捐躯赴国难，视死忽如归。——《白马篇》

13. 文若春华，思若涌泉。——《王仲宣诔》

14. 无诗无酒何得乐，有月有泉可消忧。——《梦三国》

15. 人无千古醉，诗有万年芳！——《新三国》

建安名士

建安七子，是汉建安年间（汉献帝年号，196—220）七位文学家的合称，包括孔融、陈琳、王粲、徐幹、阮瑀、应玚、刘桢。这七人大体上代表了建安时期除曹氏父子之外的文学成就，所以有“建安七子”之说。

“七子”之称，始于曹丕所著《典论·论文》，后得到普遍认可。七子中除了孔融与曹操政见不合外，其余六家后来均投奔于曹操门下，地位发生了变化，获得了安定、富贵的生活。因建安七子曾同居魏都邺（今河北临漳县西）中，又号“邺中七子”。他们对于诗、赋、散文的发展，都曾做出过贡献。建安七子与“三曹”往往被视作汉末三国时期文学成就的代表。

七人中除孔融、阮瑀早死外，剩下的五人竟然全部死于建安二十二年（217）冬天北方发生的一场疫病中。

七子之冠冕

王　粲

过目便成诵，
华章挥笔成。
貌寝恶刘表，[①]

名高奇蔡邕。[②]

愤书登楼赋，[③]

闲好作驴鸣。

惜哉王仲宣，

盛年赴幽冥。[④]

【注】

① 貌寝：亦作“貌侵”。状貌丑陋短小，或谓状貌不扬。

② 蔡邕才学显著，又是朝中重臣，经常是车骑填巷，宾客盈座。而王粲刚到京城时，只是一介无名之辈，然而蔡邕能却“见而奇之”。据说有一次王粲登门拜访，蔡邕听到禀报后竟“倒屣迎之”。

③ 王粲的《登楼赋》主要抒写作者于乱世之中长期客居他乡、才能不能得以施展而产生的思乡、怀国之情以及怀才不遇之忧。

④ 幽冥：地府；阴间。曹植《王仲宣诔》记载：“嗟乎夫子，永安幽冥。人谁不没，达士徇名。”

【记】

王粲，字仲宣，少有才名，为著名学者蔡邕所赏识。当时蔡邕的才学天下闻名，府第前经常车马填巷，家中常常宾客满座。一天，蔡邕听说王粲在门外求见，便急忙出迎，连鞋子穿倒了也顾不上换过来。

因关中骚乱，王粲前往荆州投靠刘表，刘表见他状貌不扬，身体孱弱，又不拘小节，所以不太看重他。王粲客居荆州十余年，有志不能伸，心中颇郁闷不乐。后来曹操南征荆州，王粲力劝刘表的儿子刘琮归附曹操。刘琮举州投降后，王粲也归顺曹操。在曹操幕府中，王粲不但受到了赏识和重用，而且同曹丕、曹植建立了深厚的友谊，他们之间经常有诗赋往还。建安二十二年（217），王粲随曹操南征孙权，返回邺城途中死于瘟疫，终年41岁。

王粲生前有一个非常奇葩的癖好——模仿驴叫，据传他学完驴叫后，才思便格外敏捷，如泉喷泻。因此王粲死后好友曹丕亲率众文士为其送葬时说："仲宣平日最爱听驴叫，让我们学一次驴叫，为他送行吧！"顿时，王粲墓前响起一片驴鸣之声，这就是著名的"驴鸣送葬"。葬礼之后，曹植又作《王仲宣诔》，中有词曰，"吾与夫子，义贯丹青；好和琴瑟，分过友生"，可见其情分之深！

王粲名句欣赏

1. 风流云散，一别如雨。——《赠蔡子笃》

2. 出门无所见，白骨蔽平原。路有饥妇人，抱子弃草间。顾闻号泣声，挥涕独不还。未知身死处，何能两相完？——《七哀诗》

3. 狐狸驰赴穴，飞鸟翔故林。流波激清响，猴猿临岸吟。——《七哀诗》

4. 独夜不能寐，摄衣起抚琴。丝桐感人情，为我发悲音。——《七哀诗》

5. 生为百夫雄，死为壮士规。——《咏史诗》

6. 华实蔽野，黍稷盈畴。虽信美而非吾土兮，曾何足以少留！——《登楼赋》

7. 人情同于怀土兮，岂穷达而异心！——《登楼赋》

8. 冀王道之一平兮，假高衢而骋力。惧匏瓜之徒悬兮，畏井渫之莫食。——《登楼赋》

9. 兽狂顾以求群兮，鸟相鸣而举翼。——《登楼赋》

孔北海

孔　融

满身豪气贯长虹，
北海为相好政声。
为保兄命争赴死，
因忠汉家忤奸雄。[①]
文笔犀利惊俗世，
宾客盈门显高名。
一代名儒遭忌死，
原是名大世难容。

【注】

① 忤：不顺从，冒犯。奸雄：指曹操。

【记】

孔融，孔子的第19世孙。任虎贲中郎将（汉朝官职，相当于现在的中央警卫团团长，负责保卫国家最高领导人）时因为得罪董卓，被举荐到北海国为相，意欲借黄巾军之手除掉他。但孔融在任北海相期间颇有政声，被时人称为“孔北海”。

后来曹操诡诈之心渐渐显露，作为汉朝忠心耿耿的老臣，孔融对此愈发不能忍受，因此他说话常常触犯曹操，这令曹操非常害怕。但是由于孔融名重天下，曹操表面上还装着对他十分容忍，但内心对他却是深恶痛绝。后来曹操便指使手下诬奏孔融，最终以“招合徒众”“欲图不轨”“谤讪朝廷”“不遵超仪”等罪名将其处死，并株连全家，孔融死时年56岁。

曹操没有杀裸衣击鼓对他破口大骂的祢衡，没有杀骂了他祖宗三代的陈琳，为何会对孔融痛下杀手呢？

孔融死于建安十三年（208）9月26日，这一年正好是赤壁大战发生之年。曹操当时远征在外，大战前途未卜，对大后方许都的安稳必是担心和恐惧。敏感的曹操不会不知道，孔融其实代表着一股反曹势力，他的背后还有许多人影在晃动。一旦这股反曹势力真的动了手，曹操必将死无葬身之地。所以有人说，曹操杀的根本不是孔融，而是深藏于自己内心的“恐惧”。

有关孔融名句及故事欣赏

1. 岁月不居，时节如流。五十之年，忽焉已至。——魏晋·孔融《与曹公论盛孝章书》

2. 珠玉无胫而自至者，以人好之也，况贤者之有足乎！——魏晋·孔融《与曹公论盛孝章书》

3. 吕望老匹夫，苟为因世故。管仲小囚臣，独能建功祚。人生有何常，但患年岁暮。幸托不肖躯，且当猛虎步。——魏晋·孔融《杂诗二首》

4. 逆贼掌权，正义无存。——魏晋·孔融《三国杀》

5. 客满尊中酒不空，眼高四海眇奸雄。才疏意广终无就，已兆清虚西晋风。——宋·徐钧《孔融》

6. 座上客长满，樽中酒不空。……史笔褒忠直，存官纪太中。——明·罗贯中《三国演义》

7. 孔融被收，中外惶怖。时融儿大者九岁，小者八岁，二儿故琢钉戏，了无遽容。融谓使者曰：“冀罪止于身，二儿可得全不？”儿徐进曰：

"大人，岂见覆巢之下，复有完卵乎？"寻亦收至。——南朝宋·刘义庆《世说新语·言语》

骂曹操祖宗三代的人

陈　琳

世局纷扰起战尘，
三易其主不由人。①
苦谏何进终未果，
终附本初做奇文。②
笔伐必欲置绝地，③
兵败反又归曹门。
瘟疫大行罹灾祸，
无奈染病亡其身。

【注】

① 陈琳先侍奉大将军何进，何进被杀后为避难投奔袁绍，袁绍兵败后又归附曹操。

② 本初：袁绍，字本初。

③ 此句指下文陈琳书写檄文痛骂曹操祖宗三代之事。

【记】

陈琳最初在大将军何进手下做事，何进为诛杀宦官准备召四方边将进入京城洛阳，陈琳曾极力谏阻，但何进不听。结果何进引狼入室后难以控制局势，最终事败被杀。

董卓在洛阳为非作歹时，陈琳避难冀州投奔袁绍。袁绍当时势力很大，一心想夺取天下当皇帝。为了号召天下州郡一同起兵攻打曹操，袁绍让陈琳写了一篇著名的《为袁绍檄豫州文》。陈琳在檄文中列举了曹操很多罪状，还痛骂了曹操。据说曹操当时正苦于头风，病发在床，因卧读陈琳檄文，竟惊出一身冷汗，突然坐起，顿感头风痊愈。后来，曹操在官渡之战中打败了袁绍，陈琳没办法，只好又投靠了曹操。曹操生气地指责陈琳说："你还敢来见我！当初你为袁绍写檄文，数落我的过错也就算了，为什么还要骂我？"陈琳愁眉苦脸地回答："两军交战，各为其主，箭在弦上，不得不发耳。"

因为深爱陈琳之才，曹操对他并没有多加怪罪，而是把其收在自己门下做参谋。从此，陈琳由于感激曹操的知遇之恩，在其麾下搦管弄翰，竭忠尽智，不遗余力。陈琳也确实有才，对于他的作品，有时曹操竟不能为之增减一字。

与陈琳有关的诗句

1. 男儿宁当格斗死，何能怫郁筑长城。长城何连连，连连三千里。边城多健少，内舍多寡妇。作书与内舍，便嫁莫留住。善待新姑嫜，时时念我故夫子！……生男慎莫举，生女哺用脯。君独不见长城下，死人骸骨相撑拄。——魏晋·陈琳《饮马长城窟行》

2. 凯风飘阴云，白日扬素晖。良友招我游，高会宴中闱。玄鹤浮清泉，绮树焕青蕤。——魏晋·陈琳《宴会诗》

3. 投觞罢欢坐，逍遥步长林。萧萧山谷风，黯黯天路阴。——魏晋·陈琳《诗》

4. 东望看畴野，回顾览园庭。嘉木凋绿叶，芳草纤红荣。骋哉日月逝，年命将西倾。建功不及时，钟鼎何所铭。——魏晋·陈琳《诗》

5. 曾于青史见遗文，今日飘蓬过此坟。词客有灵应识我，霸才无主始怜君。石麟埋没藏春草，铜雀荒凉对暮云。莫怪临风倍惆怅，欲将书剑学从军。——唐·温庭筠《过陈琳墓》

6. 翼州飞檄傲英雄，却把文辞事邺官。纵道笔端由我得，九泉何面见袁公。——唐·吴融《陈琳墓》

竹林七贤

竹林七贤指的是三国魏正始年间（240—248）嵇康、阮籍、山涛、向秀、刘伶、王戎及阮咸等七人，他们因常在当时的山阳县（今河南辉县一带）竹林之下宴游、纵酒、放歌等，故世谓竹林七贤。后世便用“竹林宴、竹林欢、竹林游、竹林会、竹林兴、竹林狂、竹林笑傲”等指放任不羁的饮宴游乐，或借指莫逆的友情；以“七贤”比喻不同流俗的文人。

竹林七贤的作品基本上继承了建安文学的精神，但由于当时的血腥统治，作家不能直抒胸臆，所以不得不采用比兴、象征、神话等手法，隐晦曲折地表达自己的思想感情。

“竹林七贤”的精神领袖

嵇 康

龙章凤质好品貌，①
抱朴守真自逍遥。
力拒仕宦见清峻，②
闲吟竹林领风骚。
锻铁慢语藐权贵，③
为书严词绝故交。④

广陵绝响遭谗死，

大祸不免缘心高。

【注】

① 龙章凤质：蛟龙的文采，凤凰的姿容，比喻风采出众。章，文采。

② 清峻：公正刚直。

③ 据《世说新语》记载，嵇康聪颖，善锻铁。嵇康家门前有一棵大柳树，他引来清泉环绕柳树，因此柳树下面十分清凉。他便架好风箱，搭好炉灶，整日锻铁，家里虽然清贫，但从不收人钱财。锻铁之余，便与亲朋故旧把杯弄盏，谈天说地。当时的贵公子钟会带着一班人造访嵇康，但嵇康只管锻铁，并不搭理他。待钟会默立良久方要离去时嵇康才问道：“何所闻而来，何所见而去？”钟会回答曰：“闻所闻而来，见所见而去。”因访问嵇康受到冷遇，钟会怀恨在心，后来钟会声势显赫，就借故在司马昭前诬陷嵇康，嵇康终被杀害。

④ 严词：严厉的话。此句指嵇康作《与山巨源绝交书》与山涛（字巨源）绝交一事。

【记】

嵇康年幼丧父，由母亲和兄长抚养成人。《世说新语》载：“嵇康身长七尺八寸，风姿特秀。”那时的七尺八寸，大致相当于现在的 1.88 米，再结合“风姿特秀”等语，嵇康真可谓一个高大伟岸的美男子。山涛称“嵇叔夜之为人也，岩岩若孤松之独立；其醉也，傀俄若玉山之将崩”（嵇叔夜的为人，像挺拔的孤松傲然独立；他的醉态，像高大的玉山快要倾倒），于是便有了“玉山倾倒”这一著名典故。

嵇康后来迎娶了沛王曹林之女长乐亭主为妻，因而获拜郎中，后任中散大夫，世称“嵇中散”。司马氏专权后，大将军司马昭欲礼聘他为属官，他跑到河东郡躲避。司隶校尉钟会盛礼前去拜访，遭到嵇康的冷遇，这为他的悲剧埋下了祸根。同为“竹林七贤”的山涛离开尚书吏部郎一职时，举荐嵇康代替自己，嵇康作《与山巨源绝交书》坚决拒绝出仕。嵇康对于司马氏的不合作态度，颇招司马昭忌恨，与嵇康素有恩怨的钟会趁机陷害，司马昭盛怒之余下令处死嵇康。

行刑当日，三千名太学生集体为嵇康求情，并请求让嵇康来太学任教，但未能获准。临刑前，嵇康神色镇静自若，在刑场上抚了一曲《广陵散》后从容就戮，时年 40 岁，海内士人无不为之感到痛惜。

王夫之《读通鉴论》中说：“孔融死而士气灰，嵇康死而清议绝。”苏轼《东坡志林》中说：“汉景帝以鞅鞅而杀周亚夫，曹操以名重而杀孔融，晋文帝以卧龙而杀嵇康……世皆以为非也。”

嵇康名句欣赏

1. 蝎盛则木朽，欲胜则身枯。——《答向子期难养生论》

2. 不以爱之而苟善，不以恶之而苟非。——《释私论》

3. 荣名秽人身，高位多灾患。——《与阮德如》

4. 日远迈兮思予心，恋所生兮泪流襟。——《思亲》

5. 内不愧心，外不负俗，交不为利，仕不谋禄，鉴乎古今，涤情荡欲，何忧于人间之委曲？——《卜疑集》

6. 今但愿居陋巷，教养子孙。时与亲旧叙离阔，陈说平生。浊酒一杯，弹琴一曲，志愿毕矣。——《与山巨源绝交书》

7. 此犹禽鹿，少见驯育，则服从教制；长而见羁，则狂顾顿缨，赴蹈汤火；虽饰以金镳，飨以嘉肴，愈思长林而志在丰草也。——《与山巨源

绝交书》

8. 故君子百行，殊途而同致，循性而动，各附所安。——《与山巨源绝交书》

9. 息徒兰圃，秣马华山。流磻平皋，垂纶长川。目送归鸿，手挥五弦。俯仰自得，游心太玄。嘉彼钓叟，得鱼忘筌。郢人逝矣，谁与尽言？——《赠秀才入军》

10. 我友焉之，隔兹山梁。谁谓河广，一苇可航。——《赠秀才从军》

11. 虽有好音，谁与清歌。虽有姝颜，谁与华发。——《赠兄秀才入军诗》

12. 古之君子，绝友不出丑语。

13. 金玉满堂莫收，古人安此尘丑。独以道德为友，故能延期不朽。

命世大贤

阮　籍

天赋异禀有傲骨，
心性高洁不染俗。
率意却将芳魂祭，[①]
随心时作穷途哭。[②]
登山临水忘归返，
醉酒躲婚避当涂。
见人善为青白眼，[③]
常将古琴伴觞壶。[④]

【注】

①《晋书·阮籍传》记载:“有户军人的女儿富有才华且长得非常漂亮，没出嫁就去世了。阮籍并不认识她的父亲与兄长，却径直前去吊唁。哭够了才回家。”

②《晋书·阮籍传》:“时率意独驾，不由径路，车迹所穷，辄恸哭而返。”唐王勃《滕王阁序》曰:“阮籍猖狂，岂效穷途之哭！”

③ 青白眼：青，黑色。青眼，眼睛正视时，眼球居中，故青眼表示对人喜爱或尊重；白眼，眼睛斜视时则现出眼白，故“白眼”是对人轻视或憎恶的表示。《晋书·阮籍传》记载:“籍能为青白眼。见礼俗之士，以白眼对之。……时有丧母，嵇喜来吊，阮作白眼，喜不怿而去；喜弟康闻之，乃备酒挟琴造焉，阮大悦，遂见青眼。”

④ 觞壶：酒器，这里借指酒。

【记】

阮籍是“建安七子”之一阮瑀的儿子，可谓名门之后，而阮瑀和曹操都是东汉末年著名大儒蔡邕的学生。阮籍 3 岁丧父，和阮瑀交情深厚的曹丕特意写《寡妇赋》以示关切之情。和曹家父子这种深厚的渊源，直接影响了阮籍的一生。

太尉蒋济和武卫将军曹爽曾两度征召阮籍，阮籍最终都借故婉拒。公元 249 年，曹爽被司马懿诛杀，司马氏独专朝政。此后阮籍也曾在司马氏手下为官，担任步兵校尉一职时间最长，所以后世称之为“阮步兵”。其间，司马氏的心腹钟会曾多次探问阮籍对时事的看法，阮籍都用酣醉的办法获免。司马昭本人也曾数次同阮籍谈话，试探他的政见，他总是以发言玄远，口不臧否人物来应付过去，使得狡诈多端的司马昭也不得不发出“阮嗣宗至慎”的感慨。司马昭还想与阮籍联姻，阮籍竟一连大醉 60 天，司马昭只得作罢。阮籍对司马氏集团心怀不满，同时又感到世事已不可为，于是他便采取不涉是非、明哲保身的态度：或者闭门读书，或者登山临水，或者酣醉不醒，或者缄口不言。

阮籍这种“离经叛道”的人格，成为一种特定的思想文化形态，在中国历史上有着不可忽视的影响。如曹雪芹字“梦阮”，有人说这“阮”应指阮籍，我们在贾宝玉身上便可以看到阮籍的影子。

阮籍名句及故事欣赏

1. 时无英雄，遂使竖子成名。——《晋书·阮籍传》

2. 夜中不能寐，起坐弹鸣琴。薄帷鉴明月，清风吹我襟。孤鸿号外野，翔鸟鸣北林。徘徊将何见？忧思独伤心。——《咏怀诗》

3. 林中有奇鸟，自言是凤凰。清朝饮醴泉，日夕栖山冈。高鸣彻九州，延颈望八荒。适逢商风起，羽翼自摧藏。一去昆仑西，何时复回翔。但恨处非位，怆恨使心伤。——《咏怀诗》

4. 一日复一夕，一夕复一朝。颜色改平常，精神自损消。胸中怀汤火，变化故相招。万事无穷极，知谋苦不饶。但恐须臾间，魂气随风飘。终身履薄冰，谁知我心焦。——《咏怀》

5. 性至孝，母终，正与人围棋，对者求止，籍留与决赌。既而饮酒二斗，举声一号，吐血数升。及将葬，食一蒸肫，饮二斗酒，然后临诀，直言穷矣，举声一号，因又吐血数升，毁瘠骨立，殆致灭性。——《晋书·阮籍传》

6. 兵家女有才色，未嫁而死。籍不识其父兄，径往哭之，尽哀而还。——《晋书·阮籍传》

7. 时率意独驾，不由径路，车迹所穷，辄恸哭而反。——《晋书·阮

籍传》

8. 给我一壶酒，天下任风流。

9. 在上而不凌乎下，处卑而不犯乎贵。

悬丝尚书

山　涛

早孤处贫好老庄，①
识度卓异治有方。②
立身行己尚简静，
搜隐访逸举贤良。
不负重托抚友子，
屡辞官位敬萱堂。③
稽绍不孤足励俗，④
尚书悬丝名显扬。⑤

【注】

① 孤:《说文解字》，“孤，无父也”。

② 识度：见识与器度。

③ 萱堂：旧指母亲的居室，也指母亲。

④《世说新语》载，山涛和嵇康、阮籍见了一面，彼此就意气相投成了好友，山涛后来曾对妻子说:“我当年可以为友者，唯此二生耳。”后来山涛要升迁时，推荐嵇康来洛阳做官，嵇康写了一篇《与山巨源绝交书》（山涛，字巨源），称“志气所托，不可夺也”，宣称与山涛断交。后来嵇

康被司马昭所杀，临刑前却对儿子嵇绍说“巨源在，汝不孤矣”，可见嵇康深识山涛为人气度。嵇康被杀后20年，在山涛“父子罪不相及”的举荐下，司马炎命嵇绍出任秘书丞。

⑤ 山涛为官30余年，始终以清廉简约安身立命，从不收受他人的礼物。他担任吏部尚书时，陈郡人袁毅趁山涛不在，偷偷地给山涛家送去百余斤真丝。山涛回家后，命令家人将这些真丝悬挂于梁上而不用。后来，袁毅劣迹败露，朝廷得知他曾送真丝给山涛，派人到山涛府上查询，只见那百斤真丝仍悬挂在梁上，虽已为虫蛀食，但尘埃封印如故。山涛因而有了一个雅号——“悬丝尚书”。

【记】

山涛早年丧亲，家中非常贫困。他喜好老庄，常隐居乡里，掩盖自己的志向才能。40岁时才进入仕途，后官至河南从事。这是一非常有前途的职位，但是山涛却在一天夜里突然抛下丢官职逃归乡里。因为当时正值曹马之争（以曹爽为首的曹氏集团和以司马懿为首的司马氏集团之间的权力争夺），为了自保，山涛逃归后不问世事。

由于司马懿的夫人张春华是山涛的表姑，所以他颇受司马氏器重，后又重新出来做官。司马炎当政时期，因为和朝中权臣有矛盾，他出任冀州刺史。在任期间，他鉴别选拔隐逸之士，查访贤人，表彰或任命三十多人，都显名于当世。山涛因此受到百姓士人的仰慕推崇，当地无推贤荐才的鄙薄之风也为之大变。山涛前后荐拔的人遍及京师和州郡，且都是有用之才。

山涛后来入朝做了尚书，因为母亲年老请求辞职，司马炎不许，但山涛归心已决，表疏上了几十次，司马炎不得已才答应了他的要求。因为山涛清贫俭约，无法供养家人，司马炎特别为他每天供给膳食，加赐床帐被褥。山涛受到的礼遇，当时没有人能与之相比。

山涛79岁去世，司马炎下诏赐棺木、朝服及钱物以供丧事之用。听说山涛旧宅第仅有老屋十间，由于子孙众多容纳不下，司马炎下令为山涛家建了住宅。

与山涛有关的故事

堪公夫人

初，涛布衣家贫，谓妻韩氏曰："忍饥寒，我后当作三公，但不知卿堪公夫人不耳！"及居荣贵，贞慎俭约，虽爵同千乘，而无嫔媵。禄赐俸秩，散之亲故。

注：1. 但不知卿堪公夫人不耳：只是不知道到时候你是不是配做三公夫人呢？

2. 而无嫔媵：但不养婢妾。

悬丝尚书

初，陈郡袁毅尝为鬲令，贪浊而赂遗公卿，以求虚誉，亦遗涛丝百斤，涛不欲异于时，受而藏于阁上。后毅事露，槛车送廷尉，凡所以赂，皆见推检。涛乃取丝付吏，积年尘埃，印封如初。

注：1. 涛不欲异于时：山涛不想因拒绝接受而与别人不同。

2. 积年尘埃，印封如初：丝上积满尘土，封条印章未动。

嵇绍不孤

山涛与嵇康、吕安善，后遇阮籍，便为竹林之交，著忘言之契。康后坐事，临诛，谓子绍曰："巨源在，汝不孤矣。"

注：嵇康死后，山涛和王戎没有辜负嵇康的重托，对待嵇康的儿子就像对待自己的儿子一样，一直把嵇绍养大成才，尽到了朋友应尽的道义与责任，使得这个孤弱的孩子，即使失去了父亲，却还拥有慈父般的关怀与教导。嵇绍成人后，在山涛的大力举荐下，被晋武帝“发诏征之”，后来成为晋朝的忠臣。山涛与嵇康这种感人至深的信义与友情，成为千古传扬的佳话。

醉 侯

刘 伶

土木形骸号醉侯，①
率性不时作仙游。
曝裈当屋轻俗世，②
荷锸任埋弃闲愁。③
村口裸奔拒征调，
堂前剧饮远祸尤。④
乐得逍遥做酒鬼，
鹿车一驾自风流。

【注】

① 土木形骸：“形骸”指人的形体。形体像土木一样，比喻人的本来面目，不加修饰。刘义庆《世说新语》记载：“刘伶身长六尺，貌甚丑悴，而悠悠忽忽，土木形骸。”

② 曝裈当屋一事详见“刘伶诗句与故事欣赏”。

③ 锸：音 chā，铁锹，掘土的工具。

④ 剧饮：痛饮；豪饮。祸尤：祸殃。

【记】

在“竹林七贤”中，刘伶是社会地位最低的一位。他身高六尺（不足一米五），容貌丑陋，沉默寡言，从不随便与人交往，只与阮籍、嵇康相交甚厚。

曾在王戎幕府下任参军，最终因无所作为而罢官。后来朝廷派特使征召他再次入朝为官，但他听说朝廷特使已到村口，赶紧把自己灌得酩酊大醉，然后脱光衣衫，朝村口裸奔而去。特使看到这一幕后感觉刘伶不过一酒疯子而已，于是便作罢。刘伶从此一生未再出仕，最终老死家中。

刘伶好老庄之学，生活上不拘礼法，对人情世故漠不关心，嗜酒如命。他常常坐着鹿车，带一壶酒，使人扛着铁锹跟在后面，说：“如果我醉死了就把我埋了。”他因饮酒过度而导致身体不适，妻子气愤地把酒倒掉，把酒器毁掉，然后哭着劝他戒酒。刘伶满口答应，但对妻子说须得向鬼神祷告发誓才能戒掉酒瘾，于是要求妻子准备祭祀用的酒肉。一切准备停当，刘伶跪下说：“天生刘伶，以酒为名，一饮一斛，五斗解酲。妇人之言，慎不可听！”（语出《晋书·列传第十九·刘伶》意思是说：“老天生了我刘伶，因为爱酒才有大名声，一次要喝一斛，五斗哪里够用？妇道人家的话，可千万不能听！”酲：音 chéng，形容醉后神志不清）于是便引酒进肉，隗然已醉矣。

宋人叶梦得说：“晋人多饮酒……盖时方艰难，惟托于酒，可以疏远世故而已。刘伶之徒，遂欲用此以为保身之计……饮者未必剧饮，醉者未必真醉耳！”

刘伶诗句与故事欣赏

酒德颂

有大人先生，以天地为一朝，以万期为须臾，日月为扃牖，八荒为庭衢。行无辙迹，居无室庐，幕天席地，纵意所如。止则操卮执觚，动则挈榼提壶，唯酒是务，焉知其余?

有贵介公子，搢绅处士，闻吾风声，议其所以。乃奋袂攘襟，怒目切齿，陈说礼法，是非锋起。先生于是方捧罂承槽、衔杯漱醪。奋髯踑踞，枕曲藉糟；无思无虑，其乐陶陶。兀然而醉，豁尔而醒。静听不闻雷霆之声，熟视不睹泰山之形，不觉寒暑之切肌，利欲之感情。俯观万物，扰扰焉，如江汉之载浮萍。二豪侍侧焉，如蜾蠃之与螟蛉。

北芒客舍

泱漭望舒隐，黮黤玄夜阴。寒鸡思天曙，振翅吹长音。

蚊蚋归丰草，枯叶散萧林。陈醴发悴颜，巴歈畅真心。

缊被终不晓，斯叹信难任。何以除斯叹，付之与瑟琴。

长笛响中夕，闻此消胸襟。

注：泱（yāng）漭（mǎng）：不明的样子。望舒：神话传说中为月亮驾车的神，后常代指月亮。黮（dàn）黤（yǎn）：昏暗的样子。玄夜：黑夜。巴歈（yú）：亦作巴渝，歌舞名。缊（yùn）被：用乱麻做成的被子。

曝裈当屋

刘伶常纵酒放达，或脱衣裸形在屋中。人见讥之，伶曰：“我以天地为栋宇，屋室为裈衣，诸君为何入我裈中？”

译文：刘伶常常纵情饮酒，任性放诞，有时脱掉衣服，赤身裸体待在屋中。有人看到后讥笑他，刘伶说："我把天地当房子，把房屋当裤子，诸位为什么跑到我裤子里来？"

研究庄子的专家

向 秀

雅好读书名乡曲，①
文章俊秀有远识。
浪迹郊野迷山水，
醉心老庄喜隐居。
竹林同游善叔夜，
柳下共锻聊自娱。②
游宴难忘悲思旧，
援笔作赋因闻笛。③

【注】

① 乡曲：指远离城市的偏僻之地。

② 此处指向秀与嵇康一起于柳下锻铁一事。嵇康，字叔夜。

③ 向秀经过旧庐时闻邻人笛音，不禁怀念故友嵇康和吕安，于是作《思旧赋》。

【记】

向秀和嵇康一起打铁时亲眼见证了嵇康对钟会的奚落，这件事情也成了嵇康最后被杀的重要原因。嵇康被司马昭杀死后，向秀迫于强权的压力，在洛阳受到了司马昭的接见。司马昭问道："听说你以前隐居不仕，为什么今天却来见我呢？"向秀说："像巢父和许由这样狷介的人，并不了解帝尧求贤若渴的用心，所以隐居的生活并不值得羡慕。"后来向秀接受了司马昭的安排，但是他基本选择了只做官不做事，消极无为。

向秀喜谈老庄之学，当初向秀刚开始注释《庄子》的时候，嵇康说："《庄子》中的玄言妙旨会被注释弄得十分僵滞，以前也没有一个较好的注，你注不好不如不注。"等到向秀将手稿拿出来给嵇康看时，嵇康才知道向秀的注解使《庄子》的玄理更加美妙，因此对向秀的才识大为叹服。嵇康等人死后，向秀在苦闷和徘徊中大彻大悟，心境更加趋于淡泊宁静，更加用心阐发庄子的思想，可惜注未成向秀便过世。《世说新语》记载：向秀去世后，他的儿子还小，没有将父亲的成果及时公布。向秀的文稿最后被郭象窃取，郭象补写了部分内容后便以自己的名义把《庄子注》公布于天下。现在人们谈到庄子时便奉郭象为大家，岂不知《庄子注》里面却蕴藏了向秀多年的心血。

与向秀有关的诗句

1. 将命适于远京兮，遂旋反而北徂。济黄河以泛舟兮，经山阳之旧居。瞻旷野之萧条兮，息余驾乎城隅。践二子之遗迹兮，历穷巷之空庐。叹黍离之愍周兮，悲麦秀于殷墟。惟古昔以怀今兮，心徘徊以踌躇。栋宇存而弗毁兮，形神逝其焉如。昔李斯之受罪兮，叹黄犬而长吟。悼嵇生之永辞兮，顾日影而弹琴。托运遇于领会兮，寄余命于寸阴。听鸣笛之慷慨兮，妙声绝而复寻。停驾言其将迈兮，遂援翰而写心。——向秀《思旧赋》

2. 心慕庄书善说玄，发明奇趣理昭然。世人窃取公遗论，却把前言作

己言。——宋·徐钧《向秀》

3. 阮咸贫去田园尽，向秀归来父老稀。——唐·韦庄《鄠杜旧居》

官场不倒翁

王　戎

七岁识李号神童，
识鉴过人有美称。
得交忘年便相重，
力辞捐赠即显名。
随时卷舒唯尸禄，①
与世俯仰苟取容。②
位至三公善巧计，
宦海沉浮不倒翁。

【注】

① 尸禄：即“尸禄素食”，意思是空食俸禄而不尽其职，无所事事。

② 取容：讨好别人以求自己安身。

【记】

王戎是一个早慧的儿童，他七岁识李的故事广为流传：有一次他曾与同伴在路边玩耍，见道旁有结满果子的李树，其他人都争相去摘，只有王戎不动声色，别人问他为何不去摘李子吃，他说：“树在道旁而多果实，果实想必一定是苦的。”验证之后果然如此。

王戎与他的父亲王浑的朋友、年长其24岁的阮籍关系很好。当时阮籍与王浑同任尚书郎，每造访王浑时，阮籍见一面就离去，却和王戎交谈很久才出来。他还对王浑说："与你说话，不如与阿戎说。"王戎早年并不看重钱财，据说他的父亲王浑去世后，王浑的生前好友赠钱百万以帮助王戎办理丧事，王戎坚决推辞分文未收，他也因此而显名。但是，《世说新语》中"俭啬"一章共九条，其中有四条都写到了王戎（详见下面"与王戎有关的故事"），以至于王戎荣幸地登上了"中国十大吝啬鬼"排行榜，并高居第二名。

之前视金钱如粪土的王戎后来为什么变得如此吝啬呢？是人性善变？还是大巧若拙？西汉开国功臣萧何为了保全性命而不惜自污名节，身为"竹林七贤"精神领袖的嵇康无端被害等事情，想来不会不对王戎的心理造成影响。王戎深谙为官之道，在几次事变中屡遇险境，最终都能逢凶化吉巧妙躲过，可见其聪明圆滑之处。他热心仕途，巧计经营，以至于位列三公，富甲京城，功名利禄双丰收。

与王戎有关的故事

1. 王戎有好李，卖之，恐人得其种，恒钻其核。——南朝宋·刘义庆《世说新语·俭啬》

2. 王戎俭吝，其从子婚，与一单衣，后更责之。——南朝宋·刘义庆《世说新语·俭啬》

3. 王戎女适裴頠，贷钱数万，女归，戎色不说，女遽还钱，乃释然。——南朝宋·刘义庆《世说新语·俭啬》

4. 司徒王戎，既贵且富，区宅、僮牧、膏田、水碓之属，洛下无比。契疏（契约、账簿）鞅掌（众多），每与夫人烛下散筹（筹码，计数用的

工具）算计。——南朝宋·刘义庆《世说新语·俭啬》

5. 黄公酒垆

王濬冲（王戎）为尚书令，着公服，乘轺车，经黄公酒垆下过。顾谓后车客：“吾昔与嵇叔夜（嵇康）、阮嗣宗（阮籍）共酣饮于此垆。竹林之游，亦预其末（我也忝列在他们的末尾）。自嵇生夭、阮公亡以来，便为时所羁绁。今日视此虽近，邈若山河。”——南朝宋·刘义庆《世说新语·伤逝》

注：黄公酒垆：比喻人见景物而哀伤旧友，或作为伤逝忆旧之辞。

6. 卿卿我我

王安丰妇常卿安丰，安丰曰：“妇人卿婿，于礼为不敬，后勿复尔。”妇曰：“亲卿爱卿，是以卿卿；我不卿卿，谁当卿卿？”遂恒听之。——南朝宋·刘义庆《世说新语·惑溺》

音乐天才

阮　咸

学识丰厚家贫寒，
纵歌畅游竹林间。
借驴追婢轻礼法，
偕猪共饮见疯癫。①
时凭音乐寄素志，
戏曝裈衣谋欣欢。②
嗜酒如命常耽湎，③
放达任情难入官。

【注】

①“借驴追婢”与“偕猪共饮”的典故详见“阮咸轶事欣赏”。

②“戏曝裈衣”一事详见“阮咸轶事欣赏”。

③ 耽湎：沉迷，多用于嗜酒。

【记】

阮咸是阮籍的侄子，建安七子中阮瑀的孙子，与阮籍并称为“大小阮”。因为二人太有名，后来人们便把“小阮”作为侄子的代称，简称“阮”，比如“贤侄”干脆称为“贤阮”，叔侄与亲朋的聚会称为“阮家会”，侄子住的地方可称为“阮家宅”：这便是中国文化的巨大影响力。

阮咸为人任情，不拘礼节，和他的侄子阮修等人认为放荡任性就是开朗豁达，甚至狂醉闹酒，赤裸身体，也不觉得不正常。阮咸精通音律，时号“妙达八音”，有“神解”之誉。他善弹琵琶，尤其是长颈琵琶，因此，阮咸在“竹林七贤”图中是最好辨认的一位，其中怀抱乐器者便是。阮咸不愿和他人交往，仅同知亲的人高歌酣宴而已。武则天时，蜀人蒯朗发掘古墓得到一个铜器，器身正圆似琵琶，没人能够认识。当时一位大臣元澹说：“这是阮咸所制作的乐器。”就用木头重新制作了一把，其声高雅，乐家便将这个乐器命名为“阮咸”，简称“阮”。结构是直柄木制，共鸣箱为圆形，弹奏时好似“揽月入怀”。

2018 年 5 月 27 日晚，来自上海民族乐团的七位演奏家登上了莫斯科欧洲广播民乐节的舞台，当时深深打动欧洲观众的中国乐器便是“阮”。一千多年前，估计阮咸无论如何也想不到，以他的名字命名的这种乐器有朝一日会走出国门，令那些肤色与文化背景与他截然不同的欧洲观众深深陶醉。

阮咸轶事欣赏

1. 阮咸曝裈

阮家虽然是大家族，但是家族内部也有穷富之分。穷富两支居住的地方中间隔了一条道，道北的阮氏比较富，道南的阮氏比较穷，阮咸、阮籍就住在道南。七月七日，路北的阮姓人大晒衣服，晒出来的都是绫罗绸缎。阮咸就用竹竿在庭院中挂了一条粗布做的犊鼻裈衣，有人对他的做法感到奇怪，他答道："我没能免除世俗的习惯，姑且再这样应付一回罢了！"这便是典故"南阮北阮"的出处。

注：犊鼻裈：亦作"犊鼻裩"，亦省作"犊鼻"或"犊裩"，意为短裤，一说意为围裙，形如犊鼻，故名。

2. 与猪共饮

阮氏家族的人都能喝酒，阮咸和同族人聚会，不再用一般的杯子喝酒，而是用大瓮来盛酒喝，喝酒时就直接把头伸到酒缸里喝个痛快。一群猪闻到了酒香也拖着笨重的身躯走近酒缸，同阮咸等人一样把脑袋伸进酒缸大口喝起里面的美酒。阮咸并没有嫌弃猪臭把他们赶走，而是直接在这些猪中间把自己的头挤进去和它们一起争抢着喝酒，一时传为奇谈。

3. 骑驴追婢

阮咸原先宠爱姑母家一位鲜卑族的婢女，等到他为母亲守丧时，姑母要搬到远处去，起初说要为他留下这位婢女，当要出发时却带她走了。阮咸借了客人的驴子，不顾身穿重孝便去追这位婢女。最后两人合乘一头驴子回到了家中，阮咸说："传宗接代的人不能失去！"这位婢女就是阮孚的母亲。

陶　谢

“陶谢”是东晋末、南朝初的诗人陶渊明、谢灵运的并称。陶渊明是中国文学史上田园诗的开拓者，谢灵运是山水诗的开创者。两人都擅长描写自然景物，在田园山水中寄寓自己的生活情趣。杜甫有诗《江上值水如海势聊短述》:“为人性僻耽佳句，语不惊人死不休。老去诗篇浑漫兴，春来花鸟莫深愁。新添水槛供垂钓，故着浮槎潜入舟。焉得思如陶谢手，令渠述作与同游。”末两句的意思是说:“怎么才能找到陶渊明、谢灵运这样的诗文高手，让他们与我一起作诗畅谈，一起浮槎漫游。”表达了杜甫对陶谢二人的仰慕以及对艺术最高境界的执着追求。

陶谢之诗在艺术风格上有所不同：陶诗以直接抒发思想感情为主，自然景物只作为兴寄的手段；谢诗以直接描绘自然景物为主，思想感情的抒发只作为间接的点缀。陶诗平淡、清新、自然；谢诗富艳精工，期以人工达自然。

千古隐逸之宗

陶渊明

自幼修习儒家经，

多年游宦识穷通。[①]

不堪吏职欲逃禄，
因喜田园终归耕。
诛草锄茅多趣事，
赏菊赋辞见真情。
抚琴一曲明月夜，
倦卧南窗醉眠风。

【注】

① 游宦：远离家乡在官府任职。

【记】

陶渊明年幼时，家庭衰微，9 岁丧父，与母妹三人在外祖父家里生活。受传统儒经的影响，他早年怀有兼济天下大济苍生的壮志。但晋代的门阀制度，使得“上品无寒门，下品无世族”。陶渊明直到 29 岁才出仕，但终其一生，所做的也不过是祭酒、参军、县丞一类的芝麻小官，不仅壮志无法施展，而且不得不在苟合取容中降志辱身。

此后，他又为彭泽县令，因不愿为五斗米折腰，上任八十余日就解印挂职而归。从此，他结束了曾经的彷徨，义无反顾地走上了归隐之路，这一年他 42 岁。他辞官回乡 22 年来一直过着贫困的田园生活，固穷守节的志趣却老而益坚。公元 427 年，他给自己写了《拟挽歌辞》，末两句为：“死去何所道，托体同山阿。”不久便魂归自然，终年 63 岁。

从古至今，很多人喜欢陶渊明固守寒庐、超凡脱俗的人生哲学。欧阳修曾评价说：“晋无文章，惟陶渊明《归去来兮辞》一篇而已。”苏东坡毕生敬陶公，晚年和陶诗，赠友抄陶文。他曾这样评价陶潜：“欲仕则仕，不以求之为嫌；欲隐则隐，不以去之为高。饥则叩门而乞食；饱则鸡黍以迎客。古今贤之，贵其真也。”王国维曰：“三代以下之诗人，无过于屈子、渊明、子美、子瞻者。此四子者若无文学之天才，其人格亦自足千古。”梁实秋说他“绚烂之极归于平淡”。

陶潜名句欣赏

1. 不戚戚于贫贱，不汲汲于富贵。——《五柳先生传》

2. 奇文共欣赏，疑义相与析。——《移居》

3. 春秋多佳日，登高赋新诗……相思则披衣，言笑无厌时。——《移居》

4. 好读书，不求甚解；每有会意，便欣然忘食。——《五柳先生传》

5. 落地为兄弟，何必骨肉亲！——《杂诗》

6. 盛年不重来，一日难再晨。及时当勉励，岁月不待人。——《杂诗》

7. 吾不能为五斗米折腰，拳拳事乡里小人邪。——《晋书·陶潜传》

8. 采菊东篱下，悠然见南山。——《饮酒》

9. 种豆南山下，草盛豆苗稀。晨兴理荒秽，带月荷锄归。道狭草木长，夕露沾我衣。衣沾不足惜，但使愿无违。——《归园田居》

10. 吾生梦幻间，何事绁尘羁？——《饮酒》

11. 刑天舞干戚，猛志固常在。——《读山海经》

12. 孟夏草木长，绕屋树扶疏。众鸟欣有托，吾亦爱吾庐。既耕亦已种，时还读我书。穷巷隔深辙，颇回故人车。欢言酌春酒，摘我园中蔬。——《读山海经》

13. 春水满四泽，夏云多奇峰。秋月扬明辉，冬岭秀寒松。——《四时》

14. 勤学如春起之苗，不见其增，日有所长；辍学如磨刀之石，不见其损，日有所亏。木欣欣以向荣，泉涓涓而始流。——《归去来兮辞》

康乐公

谢灵运

少小博学富才名，
工诗善文信可称。
独敬子建八斗才，[①]
自负元嘉一时雄。[②]
潺潺碧流生奇语，
巍巍青岭变新声。
山水一派新出世，
清词丽句后世宗。

【注】

① 曹植，字子建。

② 元嘉：南朝宋皇帝宋文帝刘义隆的年号，共计29年余。辛弃疾《永遇乐·京口北固亭怀古》一词有“元嘉草草，封狼居胥，赢得仓皇北顾”等诗句。

【记】

谢灵运少即好学，博览群书，工诗善文。他是第一位全力创作山水诗的诗人，山水诗在晋宋勃然而兴，其功当首推谢灵运。他继承了祖父谢玄的爵位，被封为康乐公。谢灵运喜爱奢侈豪华，车子的装潢鲜艳美丽，衣着器用无不改变以往的样式，世人都学他的样子跟着改变，人们称之为谢康乐。

谢灵运天性偏激，曾因擅自处死门生被免除官职，后来又常常有触犯礼法律令的行为。他非常高傲，除了曹植谁也不服。据《夜航船》记载："有一次，谢灵运一边喝酒一边自夸道，'魏晋以来，天下才共有一石，曹子建独得八斗，我得一斗，天下共用一斗'。"他自认为有治国的才能，但朝廷却只把他当作有才华的文人，因而他经常愤愤不平。后被外放任永嘉太守，一贯喜欢游山玩水的谢灵运便任情遨游，足迹几乎踏遍了域中的每一个县。为了便于走山路，他专门发明了一种"谢公屐"。每次出游，经常十数天不归，郡守的职责一概不闻不问。在郡上任职只一年，便称病返乡隐居，作诗为乐。他每一首诗传到京城，无论贵贱均竞相传抄，谢灵运一时间名噪京城。

虽然刘义隆怜惜谢灵运之才，但由于他后来多次为官仍秉性不改，加上有人不断弹劾，谢灵运最终以"叛逆"罪被杀害，年仅 49 岁。

谢灵运名句欣赏

1. 池塘生春草，园柳变鸣禽。——《登池上楼》
2. 索居易永久，离群难处心。——《登池上楼》
3. 白云抱幽石，绿筱媚清涟。——《过始宁墅》
4. 野旷沙岸净，天高秋月明。——《初去郡》
5. 别时花灼灼，别后叶蓁蓁。——《答谢惠连诗》
6. 亭亭晓月映，泠泠朝露滴。——《夜发石关亭诗》
7. 谁谓古今殊，异代可同调。——《七里濑》
8. 明月照积雪，朔风劲且哀。——《岁暮》
9. 林壑敛暝色，云霞收夕霏。——《石壁精舍还湖中作》
10. 密林含余清，远峰隐半规。——《游南亭》

11. 鸟鸣识夜栖，木落知风发。——《石门岩上宿》

12. 近涧涓密石，远山映疏木。——《过白岸亭》

13. 云日相辉映，空水共澄鲜。——《登江中孤屿》

14. 习习和风起，采采彤云浮。——《缓歌行》

15. 昏旦变气候，山水含清晖。——《石壁精舍还湖中作》

16. 晓霜枫叶丹，夕曛岚气阴。——《晚出西射堂》

17. 春晚绿野秀，岩高白云屯。——《入彭蠡湖口》

18. 石横水分流，林密蹊绝踪。……海鸥戏春岸，天鸡弄和风。——《于南山往北山经湖中瞻眺》

永明体诗人

永明是南朝齐武帝的年号，“永明体”亦称“新体诗”，这种诗体要求严格遵循四声八病之说，强调声韵格律。这种诗体的出现，对于纠正晋宋以来文人诗的语言过于艰涩的弊病，使创作转向清新通畅起了一定的作用。其代表人物是谢朓、沈约等人。

谢朓的五言新诗，是“永明体”的旗帜，而谢朓则是南齐诗人的冠冕。盛唐王维等五言诗出现之前，谢朓的五言诗可以说是诗苑的上品了。沈约十分服膺谢朓的五言诗，盛赞道：“二百年来无此诗也。”谢朓去世之后，沈约曾写过一首《伤谢朓》：

吏部信才杰，文峰振奇响。
调与金石谐，思逐风云上。
岂言陵霜质，忽随人事往。
尺璧尔何冤，一旦同丘壤！

爱其美才而悲其横死，是这首诗的主旋律。“陵霜质”赞美谢朓不畏强暴的品质，“尺璧”赞美谢朓珍宝一样的稀世之才。如此大才却由于受人构陷而死于非命，令作者深为同情和感伤。

南齐诗人之冠冕

谢　朓

少年好学留美名，
文辞清丽一代宗。
句承大谢摹山水，
诗创新体重律声。
芒鞋素怀林泉志，
朱履难舍仕禄情。[①]
逢遭事变被诬谤，
三十六岁丧牢中。

【注】

① 此两句意谓“解褐入仕”之后，谢朓一直处于“隐”与“仕”的矛盾之中。

【记】

谢朓，字玄晖，南朝齐诗人。少有文才，20 岁时，便“解褐入仕”（解褐：音 jiě hè，脱去布衣，担任官职）。此时的谢朓虽然担任一些无关紧要的小官，但却过着一种轻裘肥马，广结诗友的贵族生活。

32 岁的那个夏天，谢朓出任宣城（今安徽宣城）太守，实现了他“凌风翰”“恣山泉”的愿望。这时的谢朓内心是矛盾的，他既舍不得放弃衮衮公服，又想远离血的现实，只得追求一种“仕隐”的境界。在宣城任上，谢朓将他的诗歌创作推向了数量和艺术的高峰。流传至今的诗歌，大多是宣城时期流传下来的，因而谢朓又被后人称为“谢宣城”。梁武帝萧衍非常喜欢他的诗歌，曾说：“三日不读谢（朓）诗，便觉口臭。”

谢朓最终没有逃脱政治浊浪的裹挟。南朝齐第五任皇帝萧鸾死后，他的儿子荒淫无度的东昏侯萧宝卷登位，始安王萧遥光等人合谋夺位，谢朓因为拒绝了他们奉立萧遥光为帝的要求，最终受诬而死，时年仅36岁。

谢朓与响逸百代的刘宋山水诗人谢灵运并称“大、小谢”，多描写自然景物，间亦直抒怀抱，诗风清新秀丽，时有佳句；又平仄协调，对偶工整，开启唐代律绝之先河。

有关谢朓名诗名句欣赏

1. 余霞散成绮，澄江静如练。——南北朝·谢朓《晚登三山还望京邑》

2. 喧鸟覆春洲，杂英满芳甸。——南北朝·谢朓《晚登三山还望京邑》

3. 远树暖阡阡，生烟纷漠漠。鱼戏新荷动，鸟散余花落。——南北朝·谢朓《游东田》

4. 辟馆临秋风，敞窗望寒旭。风碎池中荷，霜剪江南绿。——南北朝·谢朓《治宅》

5. 江南佳丽地，金陵帝王州。逶迤带绿水，迢递起朱楼。——南北朝·谢朓《入朝曲》

6. 大江流日夜，客心悲未央。徒念关山近，终知返路长。秋河曙耿耿，寒渚夜苍苍。——南北朝·谢朓《暂使下都夜发新林至京邑赠西府同僚》

7. 夕殿下珠帘，流萤飞复息。长夜缝罗衣，思君此何极！——南北朝·谢朓《玉阶怨》

8. 谢朓每篇堪讽诵。——唐·杜甫《寄岑嘉州》

9. 解道澄江静如练，令人长忆谢玄晖。——唐·李白《金陵城西楼月下吟》

10. 三山怀谢朓，水澹望长安。——唐·李白《三山望金陵，寄殷淑》

11. 我吟谢朓诗上语，朔风飒飒吹飞雨。——唐·李白《酬殷明佐见赠五云裘歌》

12. 蓬莱文章建安骨，中间小谢又清发。——唐·李白《宣州谢朓楼饯别校书叔云》

13. 江城如画里，山晓望晴空。两水夹明镜，双桥落彩虹。人烟寒橘柚，秋色老梧桐。谁念北楼上，临风怀谢公。——唐·李白《秋登宣城谢朓北楼》

14. 清人王士禛《论诗绝句》说李白“一生低首谢宣城”。

南朝著名文学家

沈　约

貌异左重瞳，①
开国建奇功。
母逝帝往吊，
位高自尊荣。
为文倡三易，②
变诗称永明。③
晚年忧惧死，
只为嫌隙生。

【注】

① 重瞳：沈约左眼有两个瞳孔。

② 三易：沈约倡导的诗歌创作主张，即“易用事”“易识字”“易诵读”。

③ 永明：南朝齐武帝的年号，“永明体”亦称“新体诗”，这种诗体强调声韵格律，对“近体诗”的形成产生了重大影响。在“永明体”诗人中，沈约占有重要地位。

【记】

南唐后主李煜词中有“沈腰潘鬓消磨”一句，明代诗人夏完淳也有“酒杯千古思陶令，腰带三围恨沈郎”的说法，这些诗句中的细腰男子指的便是沈约。

沈约，南朝著名政治家、文学家和史学家。出身于门阀士族家庭，历史上有所谓“江东之豪，莫强周、沈”的说法，可见其家族地位之显赫。但是在沈约12岁的时候，他的父亲沈璞被诛杀，为了免遭迫害，幼小的沈约从此不得不东躲西藏，后来赶上朝廷大赦天下，他才免于流亡。孤苦贫困的沈约读书非常用功，白天读的书，到夜间一定要温习，他的母亲担心他用功过度而生病，经常把油灯的油少放些，好让他早点睡觉。青年时期，沈约已经“博通群籍”，写得一手好文章。一生曾在宋、齐、梁三朝为官，很受恩宠。沈约晚年因与梁武帝萧衍产生矛盾而受到斥责，并因此而得病，后来梁武帝几次派人前去沈约府上谴责他，病骨支离的沈约最终竟然因恐惧而死去。

作为永明体的创立者之一，沈约提倡的文章“三易”说理论，不仅开创了当时的文学创作新潮，在一定程度上纠正了当时文坛写作时用典过多、语言晦涩难懂的弊病，而且对于引领“易用事”“易识字”“易诵读”

的正确文学发展方向起到了积极的作用。

沈约名诗名句欣赏

1. 乘长风破万里浪。——《宋书·宗悫传》

2. 不痴不聋，不成姑公。——《宋书·庾炳之传》

3. 桂宫袅袅落桂枝，露寒凄凄凝白露。——《登台望秋月》

4. 人生不得行胸怀，虽寿百岁犹为夭也。——《宋书·萧惠开传》

5. 既谓之才，则不宜以阶极限，不应以年齿齐。——《宋书·周朗传》

6. 山中有桂树，岁暮可言归。——《学省愁卧》

7. 以我径寸心，从君千里外。——《饯谢文学离夜诗》

8. 疾风知劲草，严霜识贞木。——《宋书》

9. 为国之道，食不如信。立人之要，先质后文。——《宋书·江夷传》

10. 夙龄爱远壑，晚莅见奇山。标峰彩虹外，置岭白云间。倾壁忽斜竖，绝顶复孤圆。归海流漫漫，出浦水溅溅。野棠开未落，山樱发欲然。忘归属兰杜，怀禄寄芳荃。——《早发定山》

11. 洞彻随深浅，皎镜无冬春。千仞写乔树，百丈见游鳞。——《新安江至清浅深见底贻京邑游好》

12. 生平少年日，分手易前期。及尔同衰暮，非复别离时。勿言一樽酒，明日难重持。梦中不识路，何以慰相思！——《别范安成》

南照北信

秦汉而后有三国，三国而后有两晋，两晋而后有南北朝，鲍照和庾信便生活于南北朝时期。鲍照为南朝宋人，庾信为南朝梁国人，42 岁出使西魏时被留滞，此后长期生活于北方，因此二人合称“南照北信”。

杜甫有诗《春日忆李白》云：“白也诗无敌，飘然思不群。清新庾开府，俊逸鲍参军。渭北春天树，江东日暮云。何时一尊酒，重与细论文。”其中“庾开府”和“鲍参军”即指庾信和鲍照，老杜拿庾信和鲍照来称颂李白，说李白的诗作既有庾信诗作的清新之气，也有鲍照作品俊逸之风。从中亦可窥见他对庾信和鲍照二人的推崇。

鲍参军

鲍　照

少时贫困事农耕，
献诗言志奋智能。
缘事书怀诗传世，
因景寄意文驰名。
上承汉魏存风骨，
下启隋唐开先声。①

纵有凌云鸿鹄志，

难免悲凄死乱兵。

【注】

① 此两句意谓鲍照的诗歌在中国文学发展史上具有承上启下的重大作用。

【记】

鲍照，字明远，南朝宋杰出的文学家、诗人。鲍照青年便怀有大志，他曾说："大丈夫岂可遂蕴智能，使兰艾不辨，终日碌碌，与燕雀相随乎！"

著有《世说新语》的那位临川王刘义庆当年广招四方文学之士，鲍照因辞章华美曾被刘义庆看重而供职于其门下。刘义庆病逝后，鲍照在家闲居了一段时间。48 岁的时候，鲍照成为临海王刘子顼幕僚，刘子顼以鲍照为前军参军，故世称鲍照为"鲍参军"。宋孝武帝死后，武陵王刘彧杀死前废帝刘子业自立，是为宋明帝。后来刘子顼参与了晋安王刘子勋反对刘彧的斗争，刘子勋战败后，刘子顼被赐死，鲍照亦为乱兵所害，时年 53 岁。

鲍照的作品在我国诗歌发展史具有重要地位，被称为"上挽曹、刘之逸步、下开李、杜之先鞭"的诗人。也就是说他的诗歌既继承了以"三曹"和"建安七子"为代表的建安传统，又对后世李白、杜甫、岑参、高适等诗人的创作有较大影响。

具体来说，最早的七言诗是逐句押韵的，而到了鲍照已经渐渐向两句一押韵转化，为此后七言诗的正式形成提供了重要的元素。因此王夫之如此说："七言之制，断以明远为祖。"(《古诗评选》)

鲍照名句欣赏

1. 十载学无就，善宦一朝通。——《数名诗》

2. 人生亦有命，安能行叹复坐愁！酌酒以自宽，举杯断绝歌路难。心非木石岂无感，吞声踯躅不敢言。——《拟行路难》（其四）

3. 丈夫生世会几时？安能蹀躞垂羽翼？……自古圣贤尽贫贱，何况我辈孤且直！——《拟行路难》（其六）

4. 君不见春鸟初至时，百草含青俱作花。寒风萧索一旦至，竟得几时保光华？——《拟行路难》（十七）

5. 但愿樽中酒酝满，莫惜床头百个钱。直得优游卒一岁，何劳辛苦事百年。——《拟行路难》（十八）

6. 严严苦雾，皎皎悲泉。冰塞长河，雪满群山。——《舞鹤赋》

7. 时危见臣节，世乱识忠良。——《代出自蓟北门行》

8. 天道如何，吞恨者多。——《芜城赋》

9. 献岁发，吾将行。春山茂，春日明。园中鸟，多嘉声。梅始发，柳始青。泛舟舻，齐棹惊。奏《采菱》，歌《鹿鸣》。风微起，波微生。弦亦发，酒亦倾。入莲池，折桂枝。芳袖动，芬叶披。两相思，两不知。——《春日行》

10. 中庭多杂树，偏为梅咨嗟。问君何独然？念其霜中能作花，露中能作实。摇荡春风媚春日，念尔零落逐风飚，徒有霜华无霜质。——《梅花落》

11. 寒暑在一时，繁华及春媚。君平独寂寞，身世两相弃。——《咏史》

君平：汉代蜀人严遵，字君平。他在成都以占卜为生，每日得百钱则闭门下帘读《老子》，一生不求仕进。

庾开府

庾 信

聪敏绝伦观群书，
十五东宫做讲读。
屈敌愧仕长安城，
恋乡悲吟江南赋。
人处高位受宠遇，
身失自由觉茫如。①
笔底烟花穷南北，②
惯将长歌作号哭。

【注】

① 茫如：茫然。

② 笔底烟花：比喻文章写得生动、出色。

【记】

庾信，南北朝时期著名文学家，出生于一个“七世举秀才”“五代有文集”的官宦兼书香之家。

出使长安时，庾信被西魏长期留居北方，因官至开府仪同三司（魏晋至元朝时，朝廷对有功大臣功劳的重赐，拥有与三公一样的待遇），所以世人称他为“庾开府”。庾信在北方，虽然身居显贵，被尊为文坛宗师，受皇帝礼遇，与诸王交情也很深，但他深切思念故国乡土，为自己身仕敌国而羞愧，因不得自由而怨愤。因此，他的诗赋大量抒发自己怀念故国乡土的情绪，以及对自己身世的感伤，风格苍劲、悲凉。杜甫在《戏为六绝句》中说：“庾信文章老更成，凌云健笔意纵横”，又在《咏怀古迹》中评论其“庾信平生最萧瑟，暮年诗赋动江关”，正是这种特色的真实写照。

然而，庾信作为一位由江南进入北国的著名诗人，在饱尝了那个分裂时代所带给他的特有人生辛酸的同时，却也结出了“穷南北之胜”的文学硕果，他的文学成就，昭示着南北文风融合的前景。庾信也因此成为中国文学史上一位继往开来的人物。在鲍照之后的齐、梁、陈三朝和北朝，没有一个人能和他相比。六朝骈文盛极，而庾信可谓集大成者，唐代王勃、骆宾王的骈文皆受到了他的影响。

庾信名句欣赏

1. 昔年种柳，依依汉南。今看摇落，凄怆江潭。树犹如此，人何以堪。——《枯树赋》

2. 树树秋声，山山寒色。——《周谯国公夫人步陆孤氏墓志铭》

3. 舟楫路穷，星汉非乘槎可上；风飙道阻，蓬莱无可到之期。——《哀江南赋》

4. 山明疑有雪，岸白不关沙。——《舟中望月》

5. 涧底百重花，山根一片雨。——《游山诗》

6. 麦随风里熟，梅逐雨中黄。——《奉和夏日应令》

7. 眉将柳而争绿，面共桃而竞红。——《春赋》

8. 一寸两寸之鱼，三竿两竿之竹。——《小园赋》

9. 荆轲有寒水之悲，苏武有秋风之别，关山则风月凄怆，陇水则肝肠寸断。——《小园赋》

10. 百丈山头日欲斜，三晡未醉莫还家。——《春赋》

11. 建章三月火，黄河万里槎。若非金谷满园树，即是河阳一县花。——《枯树赋》

12. 失群寒雁声可怜，夜半单飞在月边。——《秋夜望单飞雁》

13. 衫含蕉叶气，扇动竹花凉。早菱生软角，初莲开细房。——《奉和夏日应令诗》

14. 泉飞疑度雨，云积似重楼。——《寻周处士弘让》

15. 不乐损年，长愁养病。——《闲居赋》

16. 一马之奔，无一毛而不动；一舟之覆，无一物而不沉。——《拟连珠》

17. 大厦即焚，不可洒之以泪；长河一决，不可障之以手。——《拟连珠》

世界地理学的先导

郦道元

博览奇书终一生，
酷爱地理尚躬行。
跋涉郊野访乡老，
考察河流注水经。
为政严猛权豪惧，
奸盗避逃州郡平。
遭人暗算军中死，
伟勋雄绩垂史乘。[①]

【注】

① 史乘：泛称史书。

【记】

郦道元，范阳涿州（今河北涿州市）人。青州刺史郦范之子。幼年时随父访求水道，博览奇书，游历秦岭、淮河以北和长城以南的广大地区，开阔了视野，增长了见识。

郦道元为官之后执政严厉，不遗余力地打击不法豪强和皇族，颇遭豪强和皇族忌恨。公元527年11月，雍州刺史萧宝夤在长安发动叛乱，为了安定长安地区，孝明帝决定派一名得力的大臣前去安抚。之前被郦道元打击过的皇亲元微、元悦便决定借刀杀人，极力鼓动朝廷派郦道元前往长安，随后汝南王元悦又怂恿萧宝夤把郦道元团团围困在阴盘驿亭。被困于山冈的郦道元等人在极度缺水的情况下根本无力抵抗，最终郦道元与他的弟弟郦道峻、郦道博，长子郦伯友、次子郦仲友均被杀害。据说死前的郦道元临危不惧，犹怒目呵斥反贼。

郦道元生前经常乘工作之便和公余之暇，或跋涉郊野，寻访古迹，追溯河流的源头；或走访乡老，采集民间歌谣、谚语、方言和传说，然后把自己的见闻，详细地记录下来。他撰写的《水经注》一书文笔隽永，描写生动，既是一部内容丰富多彩的地理著作，也是一部优美的山水散文集，郦道元也因此被称为中国游记文学的开创者。

郦道元轶事典故

1. 嗜书如命

在游历山水时，郦道元爱好读书，并以此闻名于世。在日常生活中，书籍是他不可分离的伴侣。他一生中读过许多书，尤其是有关地理记述的书籍，他几乎都读了个遍。他读书非常严肃、认真，对书中的记载力求弄懂、弄通，对各书中记述同一地方而有出入的问题，更是着意探究其原因。大量的阅读，使他具有渊博的学识，成为当时有名的学者。

2. 决心著书

通过实地考察和对地理书籍的研究，郦道元深切感到前人的地理著作，包括《山海经》《禹贡》《汉书·地理志》以及大量的地方性著作，所记载的地理情况都过于简略。三国时有人写了《水经》一书，虽然略具纲领，但却只记河流，不记河流流经地区的地理情况，而且河流的记述也过于简单，并有许多遗漏。更何况地理情况不是固定不变的，随着时间的推移，地理情况也会不断发生变化。例如，河流会改道，地名有变更、城镇村落有兴衰等等，特别是人们的劳动会不断改变地面的风貌。因此历史上的地理著作，已经不能满足人们的需要了。郦道元决心动手写一部书，以反映当时的地理面貌和历史变迁等情况。

这便有了后来的《水经注》。

初唐四杰

初唐四杰是指中国唐代初年，文学家王勃、杨炯、卢照邻、骆宾王的合称，简称“王杨卢骆”。四杰活动于唐朝高宗、武后时期。他们在内容、风格等方面对宫体诗有较大突破，并将五言律诗发展成熟，勇于改革齐梁浮艳的诗风，在文学史上起到了承前启后、继往开来的作用。伟大的现实主义诗人杜甫对“四杰”十分敬佩，他的《戏为六绝句》中的第二首写道：

王杨卢骆当时体，
轻薄为文哂未休。
尔曹身与名俱灭，
不废江河万古流。

英才早逝

王　勃

六岁属文章，九岁诵汉书。
十岁通六经，十四晓医术。
才思动圣听，高宗屡叹服。

十七便为官，仕宦沛王府。
戏为斗鸡文，上怒竟被逐。
肆志醉林泉，畅意游巴蜀。
返京得补任，获罪杀官奴。
遇赦幸逃命，从此绝仕途。
辱亲贬蛮荒，郁怅心中苦。①
复职誓不就，鄙世蔑尘俗。
雄笔赋高阁，探父出五湖。
南海风浪恶，溺水惊殀殂。②
君不见傲骨铮铮才高者，
哪个不经几沉浮。

【注】

① 辱：为父亲被贬而感到耻辱。郁怅：郁闷惆怅。

② 殀殂：音 yāo cú，短命而死。

【记】

王勃幼年时就非常聪慧，6 岁时便能作诗，且诗文构思巧妙，词情英迈。9 岁时，王勃读颜师古注的《汉书》后撰写了《指瑕》十卷，指出颜师古的著作错误之处。10 岁时，他便饱览六经。

大约 17 岁的时候，王勃被授予朝散郎一职，成为年龄最小的朝廷命官。绮丽的文笔曾一度惊动圣听，唐高宗对王勃的文才惊叹不已：“奇才，奇才，我大唐奇才！”

后来王勃在沛王府供职时为讨沛王李贤欢心而做《檄英王鸡》文，被高宗怒斥为“歪才”而赶出沛王府，并最终被逐出长安城。于是，他凭着自己的才情和苦心经营刚刚打通的仕途，就这样毁于一旦。

王勃遇到的第二次打击发生在他任虢州参军期间。有个叫曹达的官奴罪犯，王勃将罪犯藏匿了起来，后来又怕走漏风声，便杀死曹达以了其事，结果因此而犯了死罪。他的父亲王福畤也因此受到连累，从陕西雍州被贬到交趾（今越南境内）做县令。

后来王勃虽然遇赦得以逃得性命，但这件事对他精神上的打击，远远超过了对他本身的惩罚，他在《上百里昌言疏》中非常沉痛地表达了对父亲的内疚心情："勃辱亲可谓深矣，诚宜灰身粉骨，以谢君父……今大人远宰边邑，出三江而浮五湖，越东瓯而渡南海。嗟乎！此勃之罪也！"王勃出狱后在家里停留了一年多，朝廷宣布恢复他的旧职，但是这时的王勃已经视宦海为畏途，最终并没有接受。

公元675年秋天，王勃从洛阳出发沿运河南下去遥远的交趾看望父亲。途经洪都（今江西南昌）时，都督阎伯屿因重修的滕王阁落成，定于九九重阳节在那里宴请天下文人雅士，并让他的女婿吴子章事先写好一篇序文，以便届时当众炫耀。不想才高盖世的王勃当场挥毫疾书，千古名篇《滕王阁序》横空出世。

第二年春夏之交，王勃在南荒之外见到了生活窘困的父亲，不久后便踏上归途。当时正值夏季，南海风急浪高，王勃不幸溺水惊悸而死，时年27岁。

王勃名句欣赏

1. 长江悲已滞，万里念将归。况属高风晚，山山黄叶飞。——《山中》

2. 共问寒江千里外，征客关山路几重。——《采莲曲》

3. 影飘垂叶外，香度落花前。——《圣泉宴》

4. 飘泊成千里，栖遑共百年。——《重别薛华》

5. 海内存知己，天涯若比邻。——《杜少府之任蜀州》

6. 花枝栖晚露，峰叶度晴云。——《山居晚眺赠王道士》

7. 闲云潭影日悠悠，物换星移几度秋。阁中帝子今何在，槛外长江空自流。——《滕王阁序》

8. 老当益壮，宁移白首之心？穷且益坚，不坠青云之志。——《滕王阁序》

9. 关山难越，谁悲失路之人？萍水相逢，尽是他乡之客。——《滕王阁序》

10. 紫雾香烟渺难托，清风明月遥相思。——《江南弄》

11. 客心千里倦，春事一朝归。还伤北园里，重见落花飞。——《羁春》

12. 抱琴开野室，携酒对情人。林塘花月下，别似一家春。——《山扉夜坐》

13. 肃肃凉风生，加我林壑清。驱烟寻涧户，卷雾出山楹。去来固无迹，动息如有情。日落山水静，为君起松声。——《咏风》

14. 东园垂柳径，西堰落花津。物色连三月，风光绝四邻。鸟飞村觉曙，鱼戏水知青。初晴山院里，何处染嚣尘。——《仲春郊外》

杨盈川

杨　炯

出身寒门气豪纵，
岁在十一举神童。
廿载光阴悲乖蹇，①

卅篇诗赋寄志情。
职任东宫伴太子，
官谪梓州出帝京。
奔赴盈川卒任上，
黎民世代思贤名。

【注】

① 乖蹇：（命运）不好。

【记】

杨炯幼年时就非常聪明博学，文采出众，11 岁时便应弟子举及第，但是心怀经国济世理想的杨炯，年近 30 才获得一个九品小官。对自己仕途上的这种蹇滞不畅，杨炯心里很是郁勃不平，这期间曾创作《浑天赋》以示情志。

大约在 32 岁的时候，杨炯被擢升为太子李显的詹事司直，负责掌管太子东宫庶务。詹事司直是太子的贴心官员，职务颇为重要。经过长时间的郁沉岁月后，杨炯终于从九品末僚一跃而成为太子的属官，而且还充任声望甚隆的崇文馆学士，开始了仕途上的一大腾跃。面对这样的一次仕途飞跃，杨炯的内心是兴奋的，这期间他创作了《庭菊赋》等文以表达自己当时的喜悦心情。

但是也仅仅在太子东宫待了短短三两年时间，杨炯便因为伯父的儿子杨神让跟随徐敬业起兵讨伐武则天而受到株连，并于公元 686 年被贬到四川梓州，这一年杨炯大约 37 岁。

大约 41 岁的时候，杨炯被武则天召回长安。在长安的两年时间里，因为官职不高，尽管内心非常抑郁，但杨炯仍然对武则天尽情颂扬。大约 43 岁的那个冬天，杨炯出任盈川（今浙江衢州）县令，第二年便卒于任上。

杨炯名句欣赏

1. 宁为百夫长，胜作一书生。——《从军行》

2. 朗如日月，清如水镜。——《鄞县令扶风窦兢字思谨赞》

3. 送君还旧府，明月满前川。——《夜送赵纵》

4. 美人今何在？灵芝徒自芳。——《巫峡》

5. 丈夫皆有志，会见立功勋。——《出塞》

6. 影随朝日远，香逐便风来。——《梅花落》

7. 岐路三秋别，江津万里长。……阶树含斜日，池风泛早凉。——《送临津房少府》

8. 塞北途辽远，城南战苦辛。幡旗如鸟翼，甲胄似鱼鳞。冻水寒伤马，悲风愁杀人。寸心明白日，千里暗黄尘。——《战城南》

9. 心如铁石，气若风云。——《唐右将军魏哲神道碑》

10. 风雨何年别，琴尊此日同。——《送刘校书从军》

11. 年光摇树色，春气绕兰心。——《和骞右丞省中暮望》

12. 既知退而知进兮，亦能刚而能柔。——《祭汾阴公文》

13. 言非法度不出于口，行非公道不萌于心。——《杜袁州墓志铭》

14. 三秋方一日，少别比千年。……相思明月夜，迢递白云天。——《有所思》

15. 菊花宜泛酒，浦叶好裁书。——《和酬虢州李司法》

16. 风霜但自保，穷达任皇天。——《骢马》

幽忧子

卢照邻

望族出身善为文，
亲王爱重拟古人。①
突遭横事入牢狱，
尝食藜羹客龙门。②
买园置地欲终老，
残足废手已病深。
不堪沉疴成疾痼，③
自投颍水弃凡尘。

【注】

① 拟：比作，当作。

② 藜羹：音 lí gēng，用藜菜作的羹，泛指粗劣的食物。

③ 沉疴：久治不愈的病。

【记】

卢照邻出身望族，幼时便师从名士诵读诗书，博学能文。杨炯对卢照邻非常推崇，认为自己的文学成就“愧在卢前，耻居王后”，他称誉卢照邻为“人间才杰”。

后来卢照邻在唐高祖李渊的第十七子邓王李元裕手下从事文书工作，很受器重。李元裕曾经对别人说：“此吾之相如也。”将卢照邻视为西汉文学大家司马相如。 李元裕府中藏书甚丰，卢照邻利用工作之便，得以博览群书，获益不少。

卢照邻曾经因为所写诗歌得罪武则天的侄子武三思而入狱，家人营救无果。出狱后不久罹患风疾，居住于长安附近太白山，“药王”孙思邈曾悉心为他调治疾病。卢照邻因服丹药中毒，手足残废。后来徙居阳翟具茨山下，买园数十亩，疏凿颍水环绕自己的住宅，预先筑好了坟墓，常常偃卧其中。

因自号“幽忧子”，重病的卢照邻曾写下《释疾文》《五悲文》详细描述过自己的病状。《释疾文·序》中说道他十年卧床不起，只能靠爬行代替走路。“寸步千里，咫尺山河”，短短八个字，读来可谓字字血泪。

政治上的坎坷失意以及长期病痛的折磨，使卢照邻不堪其苦，于是他便与亲属诀别，自投颍水而死，终年40岁。

卢照邻名句欣赏

1. 虽有群书万卷，不及囊中一钱。——《五悲文》

2. 他乡共酌金花酒，万里同悲鸿雁天。——《九月九日登玄武山》

3. 汉地草应绿，胡庭沙正飞。愿逐三秋雁，年年一度归。——《昭君怨》

4. 得成比目何辞死，愿作鸳鸯不羡仙。比目鸳鸯真可羡，双去双来君不见？……节物风光不相待，桑田碧海须臾改。昔时金阶白玉堂，即今惟见青松在。寂寂寥寥扬子居，年年岁岁一床书。独有南山桂花发，飞来飞去袭人裾。——《长安古意》

（最后一句被陆游化用为“花气袭人知骤暖”，最终成了《红楼梦》中“花袭人”的名字）

5. 筮仕无中秩，归耕有外臣。人歌小岁酒，花舞大唐春。草色迷三

径，风光动四邻。愿得长如此，年年物候新。——《元日述怀》

6. 浮香绕曲岸，圆影覆华池。常恐秋风早，飘零君不知。——《曲池荷》

7. 明月流客思，白云迷故乡。谁能借风便，一举凌苍苍。——《赠益府群官》

8. 相思在万里，明月正孤悬。——《关山月》

9. 下笔则烟飞云动，落纸则鸾回凤惊。

痛骂武则天的人

骆宾王

秉性素刚直，
一生颇诡奇。
在狱悲鸣蝉，
负才弃官职。
伐罪惊武曌，①
致讨草文檄。
兵败失踪影，
千古竟成谜。

【注】

① 武曌：即武则天，“曌”同“照”，唐朝女皇武则天为自己名字造的字。

【记】

骆宾王7岁能赋诗，号称“神童”，据说著名的《咏鹅》就是此时所作。但因为父亲死得早，骆宾王早年的生活极其贫困落魄。

高宗当政时期，骆宾王曾在道王李元庆府中做事，有一次道王让他陈述自己的才能，他竟然“耻于自炫，辞不奉命”。武则天当政时，骆宾王又多次上书讽刺，导致获罪入狱，著名的《在狱咏蝉》便是作于这个时期。遇赦后曾出任临海县丞，世称骆临海。后来又弃官畅游广陵。

公元684年，武则天废掉她的第三个儿子唐中宗李显自立为皇帝，历事唐高祖、唐太宗、唐高宗的三朝元老徐懋功之孙徐敬业在扬州起兵反对。骆宾王为徐敬业起草了著名的《为徐敬业讨武曌檄》，这篇檄文写得可谓慷慨激昂，气吞山河，连目空一世、当时处于敌对方的武则天读后都为之深深折服。据《新唐书》记载，当武则天读至“一抔之土未干，六尺之孤何托”一句时，惶然问道：“谁为之？”有人回答是骆宾王所为，武则天感叹曰：“宰相安得失此人？”

后来徐敬业兵败被杀，骆宾王遂下落不明。《资治通鉴》说他与徐敬业同时被杀，《朝野佥载》说他投江而死，《新唐书》说他“亡命不知所之”。

骆宾王名诗名句欣赏

1. 西陆蝉声唱，南冠客思深。不堪玄鬓影，来对白头吟。露重飞难进，风多响易沉。无人信高洁，谁为表予心？——《在狱咏蝉》

2. 人神之所共嫉，天地之所不容。——《为徐敬业讨武曌檄》

3. 请看今日之域中，竟是谁家之天下。——《为徐敬业讨武曌檄》

4. 包藏祸心，窥窃神器。——《为徐敬业讨武曌檄》

5. 虺蜴为心，豺狼成性。——《为徐敬业讨武曌檄》

6. 喑呜则山岳崩颓，叱咤则风云变色。——《为徐敬业讨武曌檄》

7. 不汲汲于荣名，不戚戚于卑位。——《上吏部裴侍郎书》

8. 类君子之有道，入暗室而不欺。——《萤火赋》

9. 一贵一贱交情见。——《帝京篇》

10. 响必应之与同声，道固从至于同类。——《萤火赋》

11. 想知人意自相寻，果得深心共一心。一心一意无穷已，投漆投胶非足拟……相怜相念倍相亲，一生一代一双人。——《代女道士王灵妃赠道士李荣》

12. 此地别燕丹，壮士发冲冠。——《于易水送人》

13. 荷香销晚夏，菊气入新秋。——《晚泊江镇》

14. 野雾连空暗，山风入曙寒。——《早发诸暨》

15. 美女出东邻，容与上天津。整衣香满路，移步袜生尘。水下看妆影，眉头画月新。寄言曹子建，个是洛川神。——《咏美人在天津桥》

沈 宋

沈佺期与宋之问在齐、梁沈放、庾信到初唐四杰创作发展的基础上，努力加以实践和总结，使律诗各体制都达到了成熟定型的地步，明确划开了古体诗和近体诗的界限，两人号为“沈宋”。

两人同一年出生，又同朝为官，不仅人生际遇，仕宦旅程相似，且诗歌取向，文学成就亦相匹敌。然而两人最后一个寿终正寝，一个却死于非命。究其原因，主要是他们在生命后期对安身立命的态度有所不同。开始他们对政治都非常热衷，不过从岭南贬所北归后，沈佺期对现实政治斗争有所顿悟，从而淡泊名利，远离斗角旋涡。可是宋之问却执迷不悟、依然故我，很快就卷入了一场更为激烈的政治斗争，在武韦集团与李唐宗室的斗争中，投靠武韦集团。李唐宗室得势后，他被赐死桂州。

十八中进士，受宠三十年

沈佺期

十八中进士，
堪称人中龙。
累年仕帝都，
诗苑发新声。

赋辞悦天子，
献媚附公卿。
时变遭黜远，
万事皆成空。

【记】

18岁能中进士的人可谓凤毛麟角，但沈佺期做到了，真可谓少年得志。当时武则天为笼络人心，向唐高宗进奏了十二件事，这就是历史上有名的“诏行十二条”，“十二条”中有一条是提拔才高位卑的官吏。所以沈佺期一入仕途就直接进入了唐王朝的最高权力集团的圈子里。30岁左右晋升为考功员外郎（相当于现在的教育部招生办副主任），公事之余侍从武皇作诗应对。武则天的五言诗做得很好，书法也很有名气，她的“飞白”为古今一绝，所以她对才人也格外看重，当时沈佺期便是她看重的俊才之一。

“三春给事省，五载尚书郎”，从这句中可以看出，沈佺期由考功郎晋升为给事中，然后做了尚书。给事中在唐朝是很大的官，相当于现在的国务院秘书长，唐朝像给事中这样的要职只能由皇帝的亲信担任。尚书更是位列九卿，完全可以用“显赫”一词来形容。武皇当政时期，沈佺期一直活跃在最高权力集团周围。

造成后来沈佺期获罪的根本原因，应该是他所跟随的主脑人物武则天被逼退出了历史舞台，新的权贵是不会放过旧时人物的，何况韦氏又是一个报复心很强的恶毒女人。作为武皇时期的宠臣，韦氏能放过武皇时的宠臣沈佺期吗？显然不能，有人弹劾，他有此劫，无人弹劾，他仍然难逃此劫。

沈佺期名句欣赏

1. 卢家少妇郁金堂，海燕双栖玳瑁梁。九月寒砧催木叶，十年征戍忆辽阳。白狼河北音书断，丹凤城南秋夜长。谁为含愁独不见，更教明月照流黄。——《独不见》

2. 独游千里外，高卧七盘西。山月临窗近，天河入户低。芳春平仲绿，清夜子规啼。浮客空留听，褒城闻曙鸡。——《夜宿七盘岭》

3. 闻道黄龙戍，频年不解兵。可怜闺里月，长在汉家营。少妇今春意，良人昨夜情。谁能将旗鼓，一为取龙城。——《杂诗》

4. 云峰苔壁绕溪斜，江路香风夹岸花。树密不言通鸟道，鸡鸣始觉有人家。——《入少密溪》

5. 红颜与壮志，太息此流年。——《览镜》

6. 山鸟初来犹怯啭，林花未发已偷新。——《人日重宴大明宫赐彩缕人胜应制》

7. 云间树色千花满，竹里泉声百道飞。——《奉和春初幸太平公主南庄应制》

8. 天长地阔岭头分，去国离家见白云。——《遥同杜员外审言过岭》

媚主求荣

宋之问

约句准篇重律声，①
为文锦绣学者宗。
龙门赋诗获锦袍，
洛邑卖友求尊荣。

攀权附贵奉溺器，
献媚投机巧逢迎。
赐死桂州终有报，
辞采岂得掩丑行！

【注】

①“约句”：限定句型。“准篇”：规定篇法。“约句准篇”是实现诗歌节律美的规定。

【记】

史载宋之问“伟仪貌，雄于辩”，堪称美男一个，凭着过人才华，他20岁就受到了武则天的喜爱。但宋之问的品行实在不怎么样：当时武则天的男宠是张易之、张昌宗兄弟，宋之问竟然放下文人的自尊和清高，竭力巴结张氏兄弟，据说还替张氏兄弟提过尿壶。

后来张易之被杀，宋之问被贬到泷州（今广东罗定市）。不久逃回洛阳，藏匿在友人张仲之的家里。一天，张仲之与人密谋要杀掉武三思，宋之问听到后立即派侄子前去告发，结果张仲之全家被杀。后来宋之问又谄事太平公主，等到安乐公主权盛之时，又背弃太平公主讨好安乐公主……

政治上的趋炎附势固然令人唾弃，宋之问低劣的人品更表现在一桩广为流传的“因诗杀人”一案上。据晚唐《刘宾客嘉话录》记载，宋之问有一个外甥名叫刘希夷，写了一首《代悲白头翁》，里面有一个很经典的句子：“年年岁岁花相似，岁岁年年人不同。”宋之问看后非常喜欢，便请求外甥将这首诗让给自己，刘希夷起初答应了，可不久又反悔，因为他实在难以割爱。宋之问不禁恼羞成怒，为了将此诗据为己有，竟然命令家奴用土袋将外甥活活压死，可怜的刘希夷当时还不到30岁。

不过，对于宋之问是否真的制造过这样一个惨剧，后世研究者存有不同意见。

宋之问名句欣赏

1. 百尺无寸枝，一生自孤直。——《题张老松树》

2. 明河可望不可亲，愿得乘槎一问津。——《明河篇》

3. 卧病人事绝，嗟君万里行。河桥不相送，江树远含情。——《送杜审言》

4. 楼观沧海日，门对浙江潮。桂子月中落，天香云外飘。——《灵隐寺》

5. 度岭方辞国，停轺一望家。魂随南翥鸟，泪尽北枝花。山雨初含霁，江云欲变霞。但令归有日，不敢恨长沙。——《度大庾岭》

6. 岭外音书断，经冬复历春。近乡情更怯，不敢问来人。——《渡汉江》

7. 浩渺浸云根，烟岚出远村。鸟归沙有迹，帆过浪无痕。望水知柔性，看山欲断魂。纵情犹未已，回马欲黄昏。——《江亭晚望》

8. 马上逢寒食，愁中属暮春。可怜江浦望，不见洛阳人。北极怀明主，南溟作逐臣。故园肠断处，日夜柳条新。——《途中寒食题黄梅临江驿寄崔融》

9. 阳月南飞雁，传闻至此回。我行殊未已，何日复归来。江静潮初落，林昏瘴不开。明朝望乡处，应见陇头梅。——《题大庾岭北驿》

10. 深悲黄鹤孤舟远，独叹青山别路长。——《饯中书侍郎来济（一作太宗诗）》

11. 岩边树色含风冷，石上泉声带雨秋。——《三阳宫侍宴应制得幽字》

初唐诗文革新人物

陈子昂

少年任侠性颖聪，
学涉百家览史经。
抱才赴举怀天下，
摔琴明志震帝城。①
两番从军欲修业，②
几度挺身奋请缨。
生而耿直遭诬谤，
负屈衔冤死狱中。

【注】

① 摔琴明志：一天，有人在长安大街上手捧瑶琴一张求售，索价非常昂贵。陈子昂看了琴之后，二话没说，倾囊买下了这把琴。并和围观者约定第二天在自己所住之处为各位演奏助兴。次日，陈子昂对众多前来看热闹的人说："我虽无二谢之才，但也有屈原、贾谊之志，自蜀入京，携诗文百轴，四处求告，竟无人赏识，此种乐器本低贱乐工所用，吾辈岂能弹之！"说完，用力一摔，千金之琴顿时粉身碎骨。还未等众人回过神，他已拿出自己的诗文分赠众人。人们一时争相传诵。一日之内，子昂诗名满

京华。其中“感时思报国，拔剑起蒿莱”之句，更是使人赞不绝口。

② 修业：建立功业。

【记】

陈子昂因曾任右拾遗，被后世称为陈拾遗。

陈子昂幼而聪颖，少而任侠，年十七八时尚不知书。后因击剑伤人，始弃武从文，慨然立志，谢绝旧友，深钻经史。位于他的老家射洪县城北23公里处的金华山上，便是陈子昂青年时代发愤苦读的地方。这个地方后来被命名为“陈子昂读书台”，2006年5月25日，被国务院列入第六批全国重点文物保护单位。公元680年，20岁的陈子昂落第后还乡，回到这里刻苦研读，“数年之间，经史百家，罔不赅览”。四年之后他考中进士，以上书论政得到了女皇武则天的重视。

陈子昂生性耿直，心怀天下，直言敢谏，一度遭到当权者的排斥和打击。壮志难酬的陈子昂38岁辞职还乡，后被奸人武三思陷害，冤死狱中，年仅42岁。

在初唐到盛唐诗风发展转变的过程中，陈子昂起到了相当重要的作用，宋人刘克庄《后村诗话》这样说道：“唐初王、杨、沈、宋擅名，然不脱齐梁之体，独陈拾遗首倡高雅冲淡之音，一扫六代之纤弱，趋于黄初、建安矣。”意思是说陈子昂彻底肃清了齐梁诗歌中绮靡纤弱的习气，这种诗风的革新和转变，对盛唐诗人张九龄、李白、杜甫产生了深远影响。

陈子昂名句欣赏

1. 前不见古人，后不见来者。念天地之悠悠，独怆然而涕下！——《登幽州台歌》

2. 秦王日无道，太子怨亦深。一闻田光义，匕首赠千金。其事虽不立，千载为伤心。——《蓟丘览古赠卢居士藏用七首·燕太子》

3. 逢时独为贵，历代非无才。隗君亦何幸，遂起黄金台。——《蓟丘览古·郭隗》

4. 且歌玄云曲，衔酒舞熏风。勿使青衿子，嗟尔白头翁。——《登泽州城北楼宴》

5. 鹤舞千年树，虹飞百尺桥。——《春日登金华观》

6. 鬼工尚未可，人力安能存？——《感遇》

7. 古木生云际，归帆出雾中。——《白帝城怀古》

8. 感时思报国，拔剑起蒿莱。——《感遇》

9. 市人矜巧智，于道若童蒙。倾夺相夸侈，不知身所终。——《感遇》

10. 迟迟白日晚，袅袅秋风生。岁华尽摇落，芳意竟何成。——《感遇》

11. 明月隐高树，长河没晓天。悠悠洛阳道，此会在何年。——《春夜别友人》

12. 辞家壮志凭孤剑，报国先声震两河。好贤而不能任，能任而不能信，能信而不能终，能终而不能赏，虽有贤人，终不可用矣。——《答制问事·重刑科》

开元名相

张九龄

天赋超凡少有名，
为官尽责秉至公。
敢具直言见本色，
惯携后进举贤能。
素抱高志怀伊吕，[①]
曾为名相佐玄宗。
诗句清淡文质朴，
尽洗六朝绮靡风。

【注】

① 伊吕：指伊尹和吕尚，商伊尹辅商汤，西周吕尚佐周武王，皆有大功，后因并称伊吕泛指辅弼重臣。

【记】

张九龄，唐朝韶州曲江（今广东省韶关市）人，世称“张曲江”，西汉留侯张良之后。他忠耿尽职，直言敢谏，选贤任能，不趋炎附势，敢与恶势力作斗争，为“开元之治”做出了积极贡献。作为开元盛世的最后一个名相，他深为时人所敬仰，王维、杜甫都有颂扬他的诗篇。他曾辟孟浩然为荆州府幕僚，提拔王维为右拾遗。

张九龄颇有识人之道，他敏感地意识到安禄山是奸诈之徒，断定日后他必会作乱，有一次他对侍中裴光庭说："乱幽州者，必此胡也。"并上表要将安禄山斩首以绝后患，但唐玄宗没有听从张九龄的意见。张九龄死后不久，曾被其断言"必反"的安禄山果然掀起了"安史之乱"，从而导致唐朝迅速从"全盛"走向没落。战乱中唐玄宗狼狈逃往蜀地，此时的唐玄宗想起张九龄的卓见痛悔不已，派人到曲江拜祭张九龄。

张九龄还是一位诗文俱佳、才华横溢的文学家，尤以诗歌艺术成就为高。在唐代诗坛上，他是继陈子昂之后，力排齐梁颓风，追踪汉魏风骨，打开盛唐局面的重要一人。当年张九龄利用去官归养的时间亲自主持开辟了大庾岭路，这条梅岭古道成了连接南北交通的要道，被后人誉为"古代的京广线"。

张九龄名句欣赏

1. 思君如满月，夜夜减清辉。——《赋得自君之出矣》

2. 一枝何足贵，怜是故园春。——《折杨柳》

3. 海上生明月，天涯共此时。情人怨遥夜，竟夕起相思。灭烛怜光满，披衣觉露滋。不堪盈手赠，还寝梦佳期。——《望月怀远》

4. 相知无远近，万里尚为邻。——《送韦城李少府》

5. 高节人相重，虚心世所知。——《和黄门卢侍御咏竹》

6. 江南有丹橘，经冬犹绿林。岂伊地气暖？自有岁寒心。——《感遇》

7. 草木有本心，何求美人折！——《感遇》

8. 万丈红泉落，迢迢半紫氛。奔流下杂树，洒落出重云。日照虹霓

似，天清风雨闻。灵山多秀色，空水共氤氲。——《湖口望庐山瀑布水》

9. 修之至极，何谤不息。——《上姚令公书》

10. 悠悠天宇旷，切切故乡情。——《西江夜行》

11. 岂是声能感，人心自不平。——《听筝》

12. 困兽犹斗，穷寇勿遏。——《敕幽州节度张守珪书》

13. 欲治兵者，必先选将。——《送卫将》

14. 安不忘危，治不忘战。——《治府兵》

15. 忠言逆耳，甘词易入。——《远佞》

16. 风物动归思，烟林生远愁。——《高斋闲望言怀》

王　孟

王维、孟浩然简称“王孟”，他们是山水田园诗的代表，被称为“王孟诗派”。该派有陶渊明、“二谢”诗之长，以山水田园风光和隐逸生活为主要题材，风格冲淡自然。孟浩然是唐代第一个创作山水诗的诗人，是王维的先行者。王维是最杰出的山水田园诗人，他 9 岁就能写诗，17 岁写了那首脍炙人口的《九月九日忆山东兄弟》。苏轼称赞：“味摩诘之诗，诗中有画；观摩诘之画，画中有诗。”

诗　佛

王　维

年少才大属天成，
珠玑满腹惊王公。①
身迷仕禄少真趣，
心醉林泉多至情。
诗画俱工颂佳话，
仕隐两得传美声。
轻抚古琴独向晚，
万千思绪付月明。

【注】

① 玑：不圆的珠子。珠玑：比喻优美的文章。珠玑满腹：形容人很有文才。

【记】

王维幼年聪明过人，15岁时去京城应试，由于写一手好诗，工于书画，且有音乐天赋，所以少年王维一到京城便立即成为京都王公贵族的宠儿。

王维早年有过积极的政治抱负，希望能作出一番大事业，后值政局变化无常而逐渐消沉下来，吃斋念佛。40多岁的时候，在京城的南蓝田山麓修建了一所别墅以修养身心。该别墅原为初唐诗人宋之问所有，地方宽阔，有山有湖，有林有溪，其间散以馆舍若干。王维与其好友在这里过着半官半隐、悠闲自在的生活。

《新唐书》记载王维“丧妻不娶，孤居三十年”，从他卒年61岁来推断，王维的妻子死时，他也不过31岁。9岁失父，中年丧妻，老而无子，三十年独居生活，悠闲自在的生活背后是否有不得已的苦衷？否则他又何以在《叹白发》一诗中发出“一生几许伤心事，不向空门何处销”的感慨？王维字摩诘，而“维摩诘”是印度高僧，这个词翻译过来就是以洁净、没有污染而著称的人。

在王维笔下一切仿佛都是寂静无为的，但一切又都是不朽的，永恒的。他的诗有一种儒雅的、淡淡的魅力；没有狂放不羁，没有痛苦呻吟，一切都是平淡而静谧的。真如胡应麟所说，使人“读之身世两忘，万念皆寂，不谓声律之中，有此妙诠”。

王维名句欣赏

1. 行到水穷处，坐看云起时。——《终南别业》

2. 人闲桂花落，夜静春山空。月出惊山鸟，时鸣春涧中。——《鸟鸣涧》

3. 荒城临古渡，落日满秋山。——《归嵩山作》

4. 漠漠水田飞白鹭，阴阴夏木啭黄鹂。——《积雨辋川庄作》

5. 终年无客常闭关，终日无心长自闲。——《答张五弟》。

6. 松含风里声，花对池中影。——《林园即事寄舍弟》

7. 万壑树参天，千山响杜鹃。山中一夜雨，树杪百重泉。——《送梓州李使君》

8. 江流天地外，山色有无中。——《汉江临眺》

9. 草间蛩响临秋急，山里蝉声落暮悲。——《早秋山中作》

10. 独坐幽篁里，弹琴复长啸，深林人不知，明月来相照。——《竹里馆》

11. 桃红复含宿雨，柳绿更带朝烟。花落家僮未扫，莺啼山客犹眠。——《田园乐七首》

12. 斜光照墟落，穷巷牛羊归。野老念牧童，倚杖候荆扉。——《渭川田家》

13. 劝君更尽一杯酒，西出阳关无故人。——《送元二使安西》

14. 春来遍是桃花水，不辨仙源何处寻。——《桃源行》

15. 卫青不败由天幸，李广无功缘数奇。——《老将行》

16. 日落江湖白，潮来天地青。——《送邢桂州》

17. 大漠孤烟直，长河落日圆。——《使至塞上》

18. 明月松间照，清泉石上流。——《山居秋暝》

19. 由来月明如白日，共道春灯胜百花。——《同比部杨员外十五夜游有怀静者季》

盛唐山水田园诗派第一人

孟浩然

鹿门隐居有嘉名，
太学赋诗动公卿。
京洛求宦行未果，
当路无人事难成。
转喉触讳怒天子，[①]
弄性失约忤朝宗。[②]
襄阳归去乐山水，
独挽扁舟沐江风。

【注】

① 转喉触讳：一说话或一写文章就触犯忌讳。此处指下文吟诵“不才明主弃”等诗句而致使唐玄宗不高兴一事。

② 此句指孟浩然因与朋友饮酒而失约韩朝宗一事。

【记】

孟浩然，襄阳人，世称孟襄阳。23 岁隐居鹿门山，在如画的山水间领略着盛唐时代田园牧歌式的乐趣。25 岁到 35 岁间，辞亲远行，漫游长江流域，广交朋友，以求进身之机。其间游洞庭湖，曾写下干谒诗《望洞庭湖赠张丞相》：“欲济无舟楫，端居耻圣明。坐观垂钓者，徒有羡鱼情。”公元 725 年，李白出蜀游洞庭襄汉，36 岁的孟浩然与 25 岁的李白成为莫逆之交。39 岁到长安参加科举，不中。同年孟浩然与小他 11 岁的王维结成忘年之交。

传说王维曾私邀孟浩然入内署，适逢玄宗至，浩然惊避床下。王维不敢隐瞒，玄宗命孟浩然出见。浩然自诵其诗，至“不才明主弃”之句，玄宗不悦：“朕未曾弃人，自是卿不求进，奈何反有此作！”因命放归南山，终身不仕。这便是“转喉触讳”的故事。郡守韩朝宗准备把孟浩然向朝廷推荐，但因为孟浩然与朋友喝酒论诗便没有按照约定赴京。孟浩然的个性与追求，也许恰如闻一多所言：“正如当时许多有隐士倾向的读书人，孟浩然原来是为隐居而隐居，为了一个浪漫的理想，为着对古人的一个神圣的默契而隐居。”

公元740年，王昌龄遭贬官途过襄阳，拜访孟浩然，两人相见甚欢，举杯畅饮。孟浩然两年前背上长了毒疮，医治将愈，这次因纵情宴饮疾病发作而去世，时年52岁。

孟浩然名句

1. 为多山水乐，频作泛舟行。——《经七里滩》

2. 乡泪客中尽，归帆天际看。——《早寒有怀》

3. 微云淡河汉，疏雨滴梧桐。——《断句》

4. 看取莲花净，方知不染心。——《题大禹寺义公禅房》

5. 樵人归欲尽，烟鸟栖初定。——《宿业师山房期丁大不至》

6. 山暝听猿愁，沧江急夜流。风鸣两岸叶，月照一孤舟。建德非吾土，维扬忆旧游。还将两行泪，遥寄海西头。——《宿桐庐江寄广陵旧游》

7. 岩扉松径长寂寞，唯有幽人独来去。——《夜归鹿门歌》

8. 气蒸云梦泽，波撼岳阳城。——《望洞庭湖赠张丞相》

9. 移舟泊烟渚，日暮客愁新。野旷天低树，江清月近人。——《宿建德江》

10. 人事有代谢，往来成古今。——《与诸子登岘山》

11. 木落雁南度，北风江上寒。——《早寒江上有怀》

12. 日暮征帆何处泊，天涯一望断人肠。——《送杜十四之江南》

13. 皇皇三十载，书剑两无成。……且乐杯中物，谁论世上名。——《自洛之越》

14. 月明全见芦花白，风起遥闻杜若香，君行采采莫相忘。——《鹦鹉洲送王九之江左》

15. 寂寂竟何待？朝朝空自归。欲寻芳草去，惜与故人违。当路谁相假？知音世所稀。只应守寂寞，还掩故园扉。——《留别王维》

唐朝边塞诗人

唐朝强大的边防、高度自信的时代风貌以及“幕府制度”的刺激，使得文人普遍投笔从戎，赴边求功。杨炯“宁为百夫长，胜作一书生”、王维“忘身辞凤阙，报国取龙庭。岂学书生辈，窗间老一经”、岑参“功名只向马上取，真是英雄一丈夫”等豪气干云的诗句便是最好的明证。因此，边塞诗便成为唐代诗歌的主要题材，由此出现了著名的边塞诗派，后人把高适、岑参、王昌龄、王之涣合称为“边塞四诗人”。

其诗作就美学上来说，其主导特征是雄大壮美，令人感到一种极为向上的生命力，体现了唐朝泱泱大国的民族精神。

方驾曹刘

高　适

豪情落落少孤贫，
仗剑侠游志干云。[①]
临风怀古写厚重，
登台悲歌赋雄浑。
负气敢言藐权佞，
诛贼平乱为功臣。

不忍作威弃官长，

品高诗工有令闻。②

【注】

① 干云：高入云霄。干：音 gān。

② 令闻：美好的名声。

【记】

高适是我国唐代著名的边塞诗人，与岑参并称“高岑”。20 岁曾到长安，求仕不遇。于是漫游燕赵，想在边塞寻求报国立功的机会，也没有找到出路。此后，他在梁宋一带过了十几年“混迹渔樵”的贫困流浪生活。这一时期，他曾经和李白、杜甫在齐赵一带饮酒游猎，怀古赋诗。

高适 46 岁时为睢阳太守张九皋所荐举，中第后授封丘尉。因不忍“鞭挞黎庶”和不甘“拜迎官长”，三年后辞去封丘尉一职客游长安。52 岁时官拜左拾遗，转监察御史。公元 756 年，安禄山叛军攻陷潼关，53 岁的高适随唐玄宗至成都，两个月后擢升为谏议大夫。同年 12 月，高适以淮南节度使的身份讨伐永王李璘的叛乱。第二年，又受命讨伐安史叛军，曾救睢阳之围。两年后，高适由于直言被贬为太子詹事。61 岁时迁刑部侍郎，转散骑常侍，进封渤海县侯，世称高常侍。公元 765 年，高适去世，终年 62 岁。在唐代大诗人中，政治才干最出色、官也做得最大的，或许就数高适了。

有人这样评价他：“高适才高，颇有雄气。其诗不习而能，虽乏小巧，终是大才。”高适写边塞，苍茫而不凄凉，赋送别，荒渺而不凄切，皆脱前人窠臼，开一代诗风，是边塞诗派发展进程中的一个重要里程碑。

高适名句欣赏

1. 男儿本自重横行，天子非常赐颜色。——《燕歌行》

2. 战士军前半死生，美人帐下犹歌舞。——《燕歌行》

3. 少妇城南欲断肠，征人蓟北空回首。——《燕歌行》

4. 莫愁前路无知己，天下谁人不识君。——《别董大》

5. 拜迎长官心欲碎，鞭挞黎庶令人悲。……生事应须南亩田，世情尽付东流水。——《封丘作》

6. 青枫江上秋帆远，白帝城边古木疏。——《送李少府贬峡中王少府贬长沙》

7. 未知肝胆向谁是，令人却忆平原君。君不见今人交态薄，黄金用尽还疏索。——《邯郸少年行》

8. 旅馆寒灯独不眠，客心何事转凄然。故乡今夜思千里，霜鬓明朝又一年。——《除夜作》

9. 雪净胡天牧马还，月明羌笛戍楼间。借问梅花何处落，风吹一夜满关山。——《塞上听吹笛》

10. 自把玉钗敲砌竹，清歌一曲月如霜。——《听张立本女吟》

11. 功名万里外，心事一杯中。……离魂莫惆怅，看取宝刀雄！——《送李侍御赴安西》

12. 主人酒尽君未醉，薄暮途遥归不归。——《送李少府时在客舍作》

13. 李广从来先将士，卫青未肯学孙吴。……城头画角三四声，匣里宝刀昼夜鸣。——《送浑将军出塞》

14. 即今江海一归客，他日云霄万里人。——《送桂阳孝廉》

笔力追李杜

岑　参

亲族流徙家败落，
出身高贵竟如何。
从兄攻读览经史，
随军出塞放豪歌。
奇峰峻岭结草堂，
古木清泉伴吟哦。
诗成每被人传写，[①]
词采瑰美气磅礴。

【注】

① 每：常常。

【记】

岑参天资聪慧，5 岁开始读书，9 岁就能赋诗写文。岑参 6 岁时，他的父亲转任晋州刺史，他也随父居晋州。父亲死后，岑参仍留居晋州，15 岁时移居嵩阳（今河南登封市），不久又移居颍阳，岑参在这两地都结有草堂。嵩山为五岳之一，这里峰奇岭峻，泉清木秀，年轻的岑参在这幽静的自然环境中潜心攻读，不仅在学问上打下了深厚的基础，也初步形成了沉雄淡远、新奇隽永的诗风。

岑参 20 岁时至长安献书求仕无成，奔走京洛，漫游河朔。35 岁时，满怀报国壮志的岑参初次出塞，在戎马中开拓前程，但未能得意。两年后回长安，在与李白、杜甫、高适等人的交往中深受启迪。三年后再次出塞，边塞诗名作大多成于此时。

回朝后，岑参在杜甫的大力推荐下做了天子的近臣，但岑参经常仗义执言，在朝廷上公开指责佞臣权贵的不法行为，得罪了不少同僚，而且又不太注意说话方式，最后惹得皇帝也不大高兴。后来他被任命为嘉州刺史，时人称之为岑嘉州。岑参做了两年半嘉州刺史，54 岁左右毅然辞职，一心一意要当个宦游诗人。离职后他本打算乘舟到夔州寻找杜甫，但因故未能如愿，后来历经辛苦辗转来到成都。在成都客居一年多，不幸因病孤独地死于客栈，终年 56 岁。

岑参名句欣赏

1. 君不见走马川行雪海边，平沙莽莽黄入天。……一川碎石大如斗，随风满地石乱走。——《走马川行奉送出师西征》

2. 马上相逢无纸笔，凭君传语报平安。——《逢入京使》

3. 庭树不知人去尽，春来还发旧时花。——《山房春事》

4. 野花迎短褐，河柳拂长鞭。置酒聊相送，青门一醉眠。——《送胡象落第归王屋别业》

5. 东去长安万里余，故人何惜一行书。——《玉关寄长安李主簿》

6. 异域阴山外，孤城雪海边。秋来唯有雁，夏尽不闻蝉。——《首秋轮台》

7. 一生大笑能几回，斗酒相逢须醉倒。——《凉州馆中与诸判官夜集》

8. 古来青史谁不见，今见功名胜古人。——《轮台歌奉送封大夫出师西征》

9. 梨花千树雪，杨叶万条烟。——《送杨子》

10. 桑叶隐村户，芦花映钓船。有时著书暇，尽日窗中眠。——《寻巩县南李处士别业》

11. 安得还旧山，东谿垂钓纶。——《南池夜宿思王屋青萝旧斋》

12. 山店云迎客，江村犬吠船。秋来取一醉，须待月光眠。——《汉川山行呈成少尹》

13. 凭添两行泪，寄向故园流。——《西过渭州见渭水思秦川》

14. 秋风万里动，日暮黄云高。君子佐休明，小人事蓬蒿。——《巩北秋兴寄崔明允》

15. 男儿何必恋妻子，莫向江村老却人。——《送费子归武昌》

七绝圣手

王昌龄

困于农耕居贫贱，
诗家天子早岁艰。①
嵩山修行明真性，
旗亭画壁传笑谈。②
白日驰马巡边地，
暗夜奋笔写河山。
纵因遭忌殒大命，
音唱流远有壮篇。

【注】

① 王昌龄是江宁人，诗又写得好，所以人称“诗家天子”王江宁。但

也有人考证认为，古书都是人工刻版，或许是制版工匠将“夫子”二字刻成了“天子”。

② 旗亭：酒楼。画壁：以手画墙以作标记。王之涣与高适、王昌龄“旗亭画壁”一事见下文。

【记】

王昌龄在是唐朝诗人中较早大量写作七绝并获得优异成就的“七绝圣手”，在七绝方面与李白齐名。两人在巴陵偶遇后一见如故，临别时王昌龄写诗为李白送行：“山长不见秋城色，日暮蒹葭空水云。”后来王昌龄被贬，李白听说后特地写诗予以安慰：“我寄愁心与明月，随君直到夜郎西。”

一日，王之涣与高适、王昌龄到旗亭饮酒论诗。当时有几名歌女也在歌诗助兴。王昌龄首先提议：“今日歌女唱谁的诗多，谁就是第一。”一位歌女先唱了王昌龄的两首绝句，又一歌女唱了高适的一首绝句。王高二人不禁喜形于色，“则引手画壁”（便伸手在墙壁上画下记号）。王之涣指着一位最漂亮的歌女说：“这个姑娘如果再不唱我的诗，我这一辈子就不再写诗了！”果然檀板一响：“黄河远上白云间……”正是王之涣的得意之作《凉州词》。三人一听不禁哈哈大笑。

公元 755 年安史之乱爆发，59 岁的王昌龄辗转回老家途中，经亳州时竟然遭遇不测。元人辛文房《唐才子传》记载，王昌龄“以刀火之际归乡里，为刺史闾丘晓所忌而杀”（刀火：战乱）。后来闾丘晓在平定安史之乱时由于贻误战机，被张镐以贻误军机罪处死，行刑时，闾丘晓露出一副可怜相，乞求张镐放他一条生路：“有亲，乞贷余命。”张镐一句话就把闾丘晓挡了回去：“王昌龄之亲，欲与谁养？”

王昌龄名句欣赏

1. 荷叶罗裙一色裁，芙蓉向脸两边开。乱入池中看不见，闻歌始觉有人来。——《采莲曲》

2. 金井梧桐秋叶黄，珠帘不卷夜来霜。……玉颜不及寒鸦色，犹带昭阳日影来。——《长信宫词》

3. 闺中少妇不知愁，春日凝妆上翠楼。忽见陌头杨柳色，悔教夫婿觅封侯。——《闺怨》

4. 洛阳亲友如相问，一片冰心在玉壶。——《芙蓉楼送辛渐》

5. 高楼送客不能醉，寂寂寒江明月心。——《芙蓉楼送辛渐》

6. 琵琶起舞换新声，总是关山旧别情。撩乱边愁听不尽，高高秋月照长城。——《从军行》

7. 青海长云暗雪山，孤城遥望玉门关。黄沙百战穿金甲，不破楼兰终不还。——《从军行》

8. 青山一道同云雨，明月何曾是两乡。——《送柴侍御》

9. 仗剑行千里，微躯敢一言。曾为大梁客，不负信陵恩。——《答武陵太守》

10. 醉别江楼橘柚香，江风引雨入舟凉。忆君遥在潇湘月，愁听清猿梦里长。——《送魏二》

11. 沅溪夏晚足凉风，春酒相携就竹丛。莫道弦歌愁远谪，青山明月不曾空。——《龙标野宴》

12. 与君远相知，不道云海深。——《寄欢州》

13. 烽火城西百尺楼，黄昏独坐海风秋。更吹羌笛关山月，无那金闺万里愁。——《从军行》

14. 城头铁鼓声犹振，匣里金刀血未干。——《出塞》

孝闻于家，义闻于友

王之涣

玉门月明朔风寒，
韵成边塞诗名传。
流乎乐章布万口，[①]
精于文墨长五言。
垂髫能吟鹳雀辞，
黄发犹解凉州篇。
倜傥才高性豪放，
因受诬谤愤辞官。

【注】

① 此句指王之涣的诗被人们广泛传唱。

【记】

王之涣一生未走科举之路，而以门子之位调补冀州衡水主簿。此时，王之涣父母均已去世，衡水县令李涤将三女儿许配给他。然而王之涣才高气盛，不愿为了衡水主簿的卑职而折腰，加上有人诬陷攻击，便愤然辞官而去，此后在家赋闲 15 年。后来他再入宦场，生活刚有了转机却染病身亡，终年 55 岁。

王之涣的诗虽只流传下来六首，但是这些诗确实是我国古典文学宝库中的精华，其中两首诗最负盛名。一首是《登鹳雀楼》，全诗给读者展现出一幅一泻千里、气势磅礴的画面，同时也成就了千古名楼鹳雀楼。另一首《凉州词》，诗景恢宏广阔，壮观苍凉，当时便被配乐传唱，流传甚广，章太炎推《凉州词》为“绝句之最”。

据说慈禧非常喜欢王之涣的《凉州词》，一天，她让大臣把这首诗写在一把扇面上，哪知这位大臣由于过度紧张，一不小心漏掉了一个“间”字，慈禧一看不禁勃然大怒。这个大臣吓得冷汗直冒，但他突然灵光一闪，慌忙地奏道：“老佛爷，我只是觉得王之涣的这首改成了一首词，其意境和韵味会大大增加。”他连忙给慈禧太后念到：“黄河远上，白云一片，孤城万仞山。羌笛何须怨？杨柳春风，不度玉门关。”慈禧反复诵读了几遍，感觉得别有一番风味，于是转怒为喜，重重地赏赐了这位大臣。王之涣《凉州词》的艺术魅力由此可见一斑。

王之涣诗歌欣赏

1. 白日依山尽，黄河入海流。欲穷千里目，更上一层楼。——《登鹳雀楼》

2. 黄河远上白云间，一片孤城万仞山。羌笛何须怨杨柳，春风不度玉门关。——《凉州词》

3. 单于北望拂云堆，杀马登坛祭几回。汉家天子今神武，不肯和亲归去来。——《凉州词》

4. 长堤春水绿悠悠，畎入漳河一道流。莫听声声催去棹，桃溪浅处不胜舟。——《宴词》

5. 蓟庭萧瑟故人稀，何处登高且送归。今日暂同芳菊酒，明朝应作断蓬飞。——《九日送别》

6. 杨柳东风树，青青夹御河。近来攀折苦，应为别离多。——《送别》

唐代三李

盛唐李白、中唐李贺、晚唐李商隐是唐代诗歌在不同时期的杰出代表，被称为“唐代三李”。

在盛唐诗人中，王维、孟浩然长于五绝，王昌龄等长于七绝，兼五绝与七绝之长且臻于至境的，非李白莫属，且李白诗中饱含盛世的昂扬之气。由于李贺的身世及其受到的不公正待遇，他的诗中多有孤寂苦吟的萧瑟之意。李商隐则因为无意中处在了“牛李党争”的夹缝之中，诗中不免折射出风流晚唱的凄凉之态。由盛唐的昂扬变为中唐的萧瑟，再变为晚唐的凄凉，这种诗风的转变，在一定程度上也正反映了唐代士子由奋发进取，转而为消沉冷漠，直至暮气沉沉的心路历程。

诗　仙

李　白

心高志洁行不苟，
功誉何须仕中求。
入朝无由安社稷，
出京随性作壮游。
纵酒狂歌邀明月，

寻仙求道弄扁舟。
蜗角虚名何足道，[1]
诗坛砥柱居中流。

【注】

① 蜗角虚名：语出苏轼词《满庭芳·蜗角虚名》，比喻微小而没有作用的名声。

【记】

李白好剑术，喜任侠，他自称“十五好剑术……而心雄万夫”“十步杀一人，千里不留行。”他二十几岁便“仗剑去国，辞亲远游”，在维扬不到一年，“散金三十万，有落魄公子，悉皆济之”。

他“三十成文章，历抵卿相”，由于玉真公主和贺知章的极力推崇，玄宗召李白进宫。李白进宫那天，玄宗降辇步迎，“以七宝床赐食于前，亲手调羹”。唐玄宗遂令李白供奉翰林，职务是给他写诗文娱乐。此后玄宗每有宴请或郊游，必命李白陪侍左右。这令同僚不胜艳羡，但也有人因此而产生了嫉恨之心。但李白偏偏是一个不习惯仰视的人，皇帝都亲手为其调羹，力士脱靴、贵妃捧墨在他看来也是理所当然。然而李白却对御用文人生活日渐厌倦，乃至玄宗呼之而不朝。杜甫《饮中八仙歌》写道：“李白斗酒诗百篇，长安市上酒家眠。天子呼来不上船，自称臣是酒中仙。”虽然不免有夸张的成分，但也确实写出了李白的桀骜不驯与傲视王侯的一面。

宫中之人于是趁机谗谤，玄宗于是把他赐金放还。在洛阳，他遇到了困顿的杜甫，两人一见如故。同年秋天，两人到了梁宋（今开封、商丘一带），在这里遇到了高适，三人评文论诗，纵谈天下大势，畅游甚欢。李白后来做了永王李璘的幕僚，因李璘谋反李白被流放夜郎，遇赦得还，作《早发白帝城》以抒发心中感慨。数年后结束了传奇而坎坷的一生，终年62岁。

杜甫称赞他：“笔落惊风雨，诗成泣鬼神。”余光中说李白：“酒入豪肠，七分酿成了月光，余下的三分啸成剑气，绣口一吐就是半个盛唐。”

李白名句欣赏

1. 两人对酌山花开，一杯一杯复一杯。我醉欲眠卿且去，明朝有意抱琴来。——《山中与幽人对酌》

2. 问余何意栖碧山，笑而不答心自闲。桃花流水窅然去，别有天地非人间。——《山中问答》

3. 众鸟高飞尽，孤云独去闲。相看两不厌，只有敬亭山。——《独坐敬亭山》

4. 大鹏一日同风起，扶摇直上九万里。——《上李邕》

5. 今人不见古时月，今月曾经照古人。古人今人若流水，共看明月皆如此。——《把酒问月》

6. 会稽愚妇轻买臣，余亦辞家西入秦。仰天大笑出门去，我辈岂是蓬蒿人。——《南陵别儿童入京》

7. 生者为过客，死者为归人。天地一逆旅，同悲万古尘。——《拟古》

8. 且乐生前一杯酒，何须身后千载名？——《行路难》

9. 花间一壶酒，独酌无相亲。举杯邀明月，对影成三人。——《月下独酌》

10. 我本楚狂人，凤歌笑孔丘。……五岳寻仙不辞远，一生好入名山游。……登高壮观天地间，大江茫茫去不还。黄云万里动风色，白波九道

流雪山。——《庐山谣寄卢侍御虚舟》

11. 长风万里送秋雁，对此可以酣高楼。——《宣州谢朓楼饯别校书叔云》

12. 请君试问东流水，别意与之谁短长。——《金陵酒肆留别》

13. 黄金白璧买歌笑，一醉累月轻王侯。——《忆旧游寄谯郡元参军》

14. 人烟寒橘柚，秋色老梧桐。——《秋登宣城谢朓北楼》

15. 安得倚天剑，跨海斩长鲸。——《临江王节士歌》

16. 昔在长安醉花柳，五侯七贵同杯酒。——《流夜郎赠辛判官》

17. 人生飘忽百年内，且须酣畅万古情。……吟诗作赋北窗里，万言不值一杯水。——《答王十二寒夜独酌有怀》

18. 奈何青云士，弃我如尘埃。珠玉买歌笑，糟糠养贤才。方知黄鹄举，千里独徘徊。——《古风》

19. 但使主人能醉客，不知何处是他乡。——《客中作》

20. 兴酣落笔摇五岳，诗成笑傲凌沧洲。功名富贵若长在，汉水亦应西北流。——《江上吟》

21. 百年三万六千日，一日须倾三百杯。——《襄阳歌》

22. 昔日横波目，今作流泪泉。——《长相思》

23. 雁引愁心去，山衔好月来。——《与夏十二登岳阳楼》

24. 莫怪无心恋清境，已将书剑许明时。——《别匡山》

25. 心随长风去，吹散万里云。——《赠何七判官昌浩》

26. 一生傲岸苦不谐，恩疏媒劳志多乖。——《答王十二寒夜独酌有怀》

27. 明月不归沉碧海，白云愁色满苍梧。——《哭晁卿衡》

28. 莫惜连船沽美酒，千金一掷买春芳。——《自汉阳病酒归寄王明府》

29. 黄河落天走东海，万里写入胸怀间。——《赠裴十四》

30. 狂风吹我心，西挂咸阳树。——《金乡送韦八之西京》

31. 俯视洛阳川，茫茫走胡兵。流血涂野草，豺狼尽冠缨。——《古风》

32. 暂就东山赊月色，酣歌一夜送泉明。——《送韩侍御之广德》

33. 世人不识东方朔，大隐金门是谪仙。……君王虽爱蛾眉好，无奈宫中妒杀人。——《玉壶吟》

34. 云想衣裳花想容，春风拂槛露华浓。——《清平调》

35. 天生我材必有用，千金散尽还复来。——《将进酒》

36. 国舅不会点金术，何来家私万万千？

诗　鬼

李　贺

通眉长爪相貌奇，[①]
奇谲善为鬼仙辞。
日往骑驴觅异句，
暮归探囊裁新诗。
父名晋肃难进士，
儿字长吉未长吉。
二十七载竟作古，[②]
应是玉帝遣绯衣。[③]

【注】

① 通眉长爪：两边眉毛几乎相连，手指细长。后人用通眉长爪形容瘦弱书生。

② 作古：婉辞，称人死亡。

③ 绯衣：指下文的绯衣使者。绯：红色。

【记】

李贺字长吉，河南福昌（今河南省宜阳县）人，因家居福昌昌谷，后世称李昌谷。唐高祖李渊的叔父李亮后裔，但到李贺父亲李晋肃时，早已世远名微，家道中落。他是与“诗圣”杜甫、“诗仙”李白、“诗佛”王维相齐名的唐代著名诗人。

李贺自幼体形细瘦，通眉长爪，长相极有特征。他才思聪颖，《新唐书》记载，李贺 7 岁时援笔写就的《高轩过》一诗，让造访他的韩愈等人大吃一惊，从此他便名扬京洛。年纪稍长，李贺白日骑驴觅句，暮则探囊整理，焚膏继晷，十分刻苦。李商隐作《李贺小传》曰：“恒从小奚奴，骑距驴，背一古锦囊，遇有所得，即书投囊中，及暮归，太夫人使婢受囊出之，所见书多，辄曰，‘是儿要当呕出心乃已耳！’”（他常常带着一个小书童，骑着一个瘦弱的驴子，背着一个又古又破的锦帛制作的袋子，碰到有心得感受的，就写下来投入囊中。等到晚上回来，他的母亲让婢女拿过锦囊取出里面的诗稿，见所写的稿子很多，就说：“这个孩子要呕出心才罢休啊。”）

李贺 21 岁参加河南府试一举获隽，年底赴长安应进士举。可是那些妒才者却放出流言，说李贺父名“晋肃”，“晋”与“进”犯“嫌名”，因而李贺不能参加进士考试。尽管韩愈引经据典为其辩解，终无可奈何，最后李贺不得不愤离试院。

由于迁调无望，功名无成，李贺哀愤孤激之思日深，加之妻子又病故，几年后他也病逝，时年 27 岁。人们出于对李贺的怀念，传说李贺临死时，见天帝派绯衣使者相召；又传其母曾梦见李贺正在白瑶宫为天帝作文。我们宁愿相信这个美丽的传说！鲁迅先生同情李贺的不幸，年轻时便喜欢读他的诗。毛泽东也曾说："李贺的诗很值得一读。"

李贺名句欣赏

1. 衰兰送客咸阳道，天若有情天亦老。——《金铜仙人辞汉歌》

2. 我有迷魂招不得，雄鸡一声天下白。——《致酒行》

3. 报君黄金台上意，提携玉龙为君死。——《雁门太守行》

4. 男儿屈穷心不穷，枯荣不等嗔天公。——《野歌》

5. 男儿何不带吴钩，收取关山五十州。请君暂上凌烟阁，若个书生万户侯？——《南园十三首》

6. 吾不识青天高，黄地厚，惟见月寒日暖，来煎人寿。——《苦昼短》

7. 大漠沙如雪，燕山月似钩。何当金络脑，快走踏清秋。——《马诗》

8. 昆山玉碎凤凰叫，芙蓉泣露香兰笑。——《李凭箜篌引》

9. 劝君终日酩酊醉，酒不到刘伶坟上土。——《将进酒》

10. 可怜日暮嫣香落，嫁与春风不用媒。——《南园十三首》

11. 不须浪饮丁都护，世上英雄本无主。——《浩歌》

12. 我当二十不得意，一心愁谢如枯兰。——《开愁歌》

13. 舍南有竹堪书字，老去溪头作钓翁。——《南园十三首》

14. 寻章摘句老雕虫，晓月当帘挂玉弓。不见年年辽海上，文章何处哭秋风。——《南园十三首》

15. 遥望齐州几点烟，一泓海水杯中泻。——《梦天》

16. 秋坟鬼唱鲍家诗，恨血千年土中碧。——《秋来》

夹缝中求生存

李商隐

佣贩不忘凌云志，[①]
春诵夏弦待天时。[②]
五试方登进士榜，
十年不离青袍衣。[③]
既蒙令狐赐恩宠，
又向王氏迎美妻。
自此宦途罹党祸，[④]
终是人生永凄迷。

【注】

① 佣贩：即下文的“佣书贩舂”。

② 春诵夏弦：古代学校里读诗，只口诵的叫“诵”，用乐器配合的叫“弦”。“春诵夏弦”原指应根据季节采取不同的学习方式，后泛指读书、学习。

③ 青袍：泛指品位低级的官吏。

④ 党祸：指因结朋党而酿成的灾祸。据史料记载，李商隐是在无意之中被裹挟于唐朝“牛李党争”的灾难之中的。

【记】

李商隐，河南沁阳人。10岁前后父亲去世，李商隐和母亲、弟妹们生活非常贫困。作为长子，李商隐便过早地背负上了撑持门户的责任，他在文章中提到自己在少年时期曾“佣书贩舂”，即通过为别人抄书、舂米当苦力挣钱以贴补家用。早年的经历使他养成忧郁、敏感、清高的性格。

令狐楚对李商隐的才华非常欣赏，不仅教授其写作技巧，还资助他的家庭生活，鼓励他与自己的子弟交游。在令狐楚的帮助下，李商隐进步非常迅速，由此他获得了极大的信心，曾赋诗《谢书》对令狐楚表达感激之情，诗曰：“自蒙夜半传书后，不羡王祥有佩刀。”

令狐楚病逝后，李商隐应泾原节度使王茂元的聘请做了他的幕僚，并迎娶了王茂元的小女儿王晏媄为妻。但就是这桩婚姻将其拖入了“牛李党争”的政治旋涡中。因为王茂元与李德裕交好而被视为“李党”成员；而令狐楚父子则属于“牛党”。李商隐的行为很轻易地被“牛党”解读为对刚刚去世的恩主的背叛。李商隐很快就为此付出了惨重的代价，在接下来的“选官”考试中，虽然他成绩优异，却以“此人不堪”为由被除名。此后不管怎样挣扎，他终生也没有摆脱“牛李党争”这张无形的罗网，李商隐耗尽了一生的努力也终无处堪用其情，46 岁时于家中凄然病逝。唐人崔珏有诗《哭李商隐》：“虚负凌云万丈才，一生襟抱未曾开。鸟啼花落人何在，竹死桐枯凤不来。”

李商隐名句欣赏

1. 此情可待成追忆，只是当时已惘然。——《锦瑟》

2. 直道相思了无益，未妨惆怅是清狂。——《无题》

3. 春心莫共花争发，一寸相思一寸灰。——《无题》

4. 身无彩凤双飞翼，心有灵犀一点通。——《无题》

5. 天意怜幽草，人间重晚晴。——《晚晴》

6. 纵使有花兼有月，可堪无酒又无人。——《春日寄怀》

7. 嫦娥应悔偷灵药，碧海青天夜夜心。——《嫦娥》

8. 芭蕉不展丁香结，同向春风各自愁。——《代赠》

9. 秋阴不散霜飞晚，留得枯荷听雨声。——《宿骆氏亭寄怀崔雍崔衮》

10. 桐花万里丹山路，雏凤清于老凤声。——《韩冬郎即席为诗相送》

11. 刘郎已恨蓬山远，更隔蓬山一万重！——《无题》

12. 春蚕到死丝方尽，蜡炬成灰泪始干。——《无题》

13. 如何四纪为天子，不及卢家有莫愁！——《马嵬》

14. 历览前贤国与家，成由勤俭破由奢。——《咏史》

15. 阶下青苔与红树，雨中寥落月中愁。——《端居》

16. 中路因循我所长，古来才命两相妨。——《有感》

17. 莫为无人欺一物，他时须虑石能言。——《明神》

18. 无端嫁得金龟婿，辜负香衾事早朝。——《为有》

19. 惟有绿荷红菡萏，卷舒开合任天真。此花此叶常相映，翠减红衰愁杀人。——《赠荷花》

20. 永忆江湖归白发，欲回天地入扁舟。不知腐鼠成滋味，猜意鹓雏竟未休。——《安定城楼》

21. 荷叶生时春恨生，荷叶枯时秋恨成。深知身在情长在，怅望江头江水声。——《暮秋独游曲江》

大小杜

杜甫和杜牧并称为“大小杜”，二人之间有着诸多相似之处，他们都才华横溢，胸怀大志。老杜有着“致君尧舜上，再使风俗淳”的高尚政治理想，小杜有着“平生五色线，愿补舜衣裳”的满腔热情。但老杜身逢“安史之乱”，小杜身处晚唐末世，两人只能是空负报国忧民之心，一身才华却无处施展，最终成为感时伤事之人。

杜甫和杜牧同为晋代大学者、名将杜预之后，有人说：二人虽然都传承了先祖遗风，但却没有先祖的命运。

诗中圣哲

杜　甫

洛阳长安不第身，
投诗献赋失意人。
困守京都犹怀主，
漂泊天下尚忧民。
时艰难有尧舜在，
国破哪得风俗淳。[①]

病骨支离忽长逝，

孤舟一叶伴羁魂。

【注】

① 杜甫《奉赠韦左丞丈二十二韵》一诗中有诗句“致君尧舜上，再使风俗淳”，意谓辅助皇帝成为尧舜那样的贤明君主，使政通人和、风俗淳厚。

【记】

杜甫，河南巩县人，自小好学，7 岁能作诗。他少年时很顽皮，“忆年十五心尚孩，健如黄犊走复来。庭前八月梨枣熟，一日上树能千回”。他的思想核心是儒家的仁政思想，有“致君尧舜上，再使风俗淳”的宏伟抱负。24 岁时在洛阳参加进士考试，结果落第。公元 744 年 4 月，33 岁的杜甫在洛阳与被唐玄宗赐金放还的李白相遇。后来杜甫转赴兖州与李白相会，二人一同寻仙访道，谈诗论文。虽然李白比杜甫大 11 岁，但两人却结下了“醉眠秋共被，携手日同行”的深厚友谊。

36 岁时杜甫到长安应试，由于奸相李林甫编导了一场“野无遗贤”的闹剧，参加考试的士子全部落选。杜甫为实现自己的政治理想，不得不“朝扣富儿门，暮随肥马尘”，虽然“残杯与冷炙，到处潜悲辛”，但客居长安十年依然毫无结果。此间杜甫生活极其艰难，44 岁时幼子饿死。

“安史之乱”中曾被叛军俘虏，冒险逃出长安后到凤翔投奔肃宗，被肃宗授为左拾遗，故世称其为“杜拾遗”。其间因忠于职守反被贬，后弃官几经辗转到了成都。杜甫生命的最后十余年一直“漂泊西南天地间”。公元 770 年冬，杜甫病死在自潭州去岳阳的一条小船上，时年 59 岁。

鲁迅说：“中古之陶潜、李白、杜甫皆第一流诗人，陶潜站得稍稍远一点，李白站得稍稍高一点，杜甫似乎不是古人，好像今天还活在我们堆里似的。”他还说“杜甫是中华民族的脊梁！”

杜甫名句欣赏

1. 纨绔不饿死，儒冠多误身。……读书破万卷，下笔如有神。——《奉赠韦左丞丈二十二韵》

2. 李白斗酒诗百篇。长安市上酒家眠。天子呼来不上船，自称臣是酒中仙。——《饮中八仙歌》

3. 为人性僻耽佳句，语不惊人死不休。——《江上值水如海势聊短述》

4. 天上浮云似白衣，斯须改变如苍狗。——《可叹》

5. 痛饮狂歌空度日，飞扬跋扈为谁雄。——《赠李白》

6. 露从今夜白，月是故乡明。——《月夜忆舍弟》

7. 笔落惊风雨，诗成泣鬼神。——《寄李十二白二十韵》

8. 富贵必从勤苦得，男儿须读五车书。——《柏学士茅屋》

9. 尔曹身与名俱灭，不废江河万古流。——《戏为六绝句》

10. 莫思身外无穷事，且尽生前有限杯。——《绝句漫兴九首》

11. 冠盖满京华，斯人独憔悴。——《梦李白二首》

12. 丹青不知老将至，富贵于我如浮云。……但看古来盛名下，终日坎壈缠其身。——《丹青引赠曹将军霸》

13. 穿花蛱蝶深深见，点水蜻蜓款款飞。——《曲江》

14. 一片花飞减却春，风飘万点正愁人。——《曲江》

15. 出师未捷身先死，长使英雄泪满襟。——《蜀相》

16. 安得如鸟有羽翅，托身白云还故乡。——《杂歌谣辞·大麦行》

17. 渭北春天树，江东日暮云。何时一樽酒，重与细论文。——《春

日怀李白》

18. 新松恨不高千尺，恶竹应须斩万竿。——《将赴成都草堂途中有作先寄严郑公》

19. 厚禄故人书断绝，恒饥稚子色凄凉。欲填沟壑唯疏放，自笑狂夫老更狂。——《狂夫》

杜樊川

杜　牧

出身高门杜家郎，
信手作得好文章。
诗称高绝怀赤壁，
文重辞采赋阿房。[①]
生性狷狷且介介，
终了栖栖复惶惶。
愿补舜衣帝阁迥，[②]
徒怀其宝处危邦。[③]

【注】

① 此两句指杜牧写下了著名的托物咏史诗《赤壁》和借古讽今的赋体散文《阿房宫赋》。

② 唐代杜牧《郡斋独酌》中有诗句“平生五色线，愿补舜衣裳”，这里用五色线比喻自己的出众才能，用舜指代皇帝，缝补衣服比喻治理国家。此句与杜甫的“致君尧舜上，再使风俗淳”所表达情感非常相似。

③ 危邦：不安宁的国家。杜牧生于晚唐乱世，故称危邦。

【记】

杜牧，京兆万年（今陕西西安）人，十几岁时，正值唐宪宗讨伐藩镇，杜牧读书之余特别关心军事，后来专门研究孙子，写过十三篇《孙子》注解。有一次献计平虏，被宰相李德裕采用，大获成功。20岁时博通经史，尤其专注于治乱与军事，23岁作出《阿房宫赋》。26岁进士及第后赴吏部参加最后一关的考核，这一关叫关试。赴考前作诗《及第后寄长安故人》："东都放榜未花开，三十三人走马回。秦地少年多酿酒，已将春色入关来。"末句一语双关，意思是说不用多久自己就将顺利通过关试，真可谓意气风发，志在必得。

杜牧进士及第后何以这么兴奋？据史料记载，唐朝每年科举考试进士录取人数不过六七十人，最多一次为唐高宗咸亨元年，录取人数也不过七十九人。这难度比今天考北大清华难多了，胸有成竹的杜牧能不高兴吗？

可是通过了关试又如何，晚唐的种种乱象，不还是把他逼成了"十年一觉扬州梦，赢得青楼薄幸名"的浪子？杜牧有一首《寓言》："暖风迟日柳初含，顾影看身又自惭。何事明朝独惆怅？杏花时节在江南。""惆怅"一词含蓄地写出了他内心的隐痛，虽然文武兼备，可惜生不逢时，书剑难风流啊！

杜牧名句欣赏

1. 多情却似总无情，唯觉樽前笑不成。蜡烛有心还惜别，替人垂泪到天明。——《赠别》

2. 二十四桥明月夜，玉人何处教吹箫。——《寄扬州韩绰判官》

3. 门外若无南北路，人间应免别离愁。——《赠别》

4. 浮生恰似冰底水，日夜东流人不知。——《汴河阻冻》

5. 日暮东风怨啼鸟，落花犹似坠楼人。——《金谷园》

6. 繁华事散逐香尘，流水无情草自春。——《金谷园》

7. 停车坐爱枫林晚，霜叶红于二月花。——《山行》

8. 深秋帘幕千家雨，落日楼台一笛风。——《题宣州开元寺水阁阁下宛溪夹溪居人》

9. 江东子弟多才俊，卷土重来未可知。——《题乌江亭》

10. 正是客心孤回处，谁家红袖凭江楼。——《南陵道中》

11. 睫在眼前长不见，道非身外更何求。——《登池州九峰楼寄张祜》

12. 只言旋老转无事，欲到中年事更多。——《书怀》

13. 一骑红尘妃子笑，无人知是荔枝来。——《过华清宫绝句》

14. 天阶夜色凉如水，卧看牵牛织女星。——《秋夕》

15. 东风不与周郎便，铜雀春深锁二乔。——《赤壁》

16. 惊飞远映碧山去，一树梨花落晚风。——《鹭鸶》

17. 尽日无人看微雨，鸳鸯相对浴红衣。——《齐安郡后池绝句》

18. 多少绿荷相倚恨，一时回首背西风。——《齐安郡中偶题》

19. 狂风落尽深红色，绿叶成阴子满枝。——《怅诗》

20. 万国笙歌醉太平，倚天楼殿月分明。——《过华清宫绝句》

21. 凭君莫射南来雁，恐有家书寄远人。——《赠猎骑》

五言长城

刘长卿

清才冠世一儒生，[1]
少时读书嵩山中。
进士及第交时运，
黄榜未揭起战争。
有冤受诬一何苦，
无辜迁斥两度逢。
诗调雅畅堪独步，
更凭五言赋闲情。

【注】

① 清才：卓越的才能或品行高洁的人。

【记】

我们认识刘长卿，大多应该缘于他的一首小诗《逢雪宿芙蓉山主人》："日暮苍山远，天寒白屋贫。柴门闻犬吠，风雪夜归人。"全诗语言朴实浅显，写景如画，虽然叙事简朴，但含意却十分深刻。

事实上，中唐诗人刘长卿一生过得并不顺利。这一方面缘于他的生不逢时，比如他才考中进士，还没有到揭榜的时候便爆发了安史之乱。本来应该是辉煌的前程，此时便如鲁迅在《白光》中所描写的那样："这时候便像受潮的糖塔一般，霎时倒塌，只剩下一堆碎片了。他不自觉地旋转了觉得涣散了的身躯，惘惘地走向归家的路。"但更主要的一方面还是缘于他的性格，据史料记载："刘长卿性刚，多忤权门，故两逢迁斥。"意思是说他性情刚强，多次得罪权贵，所以一生宦海沉浮，终不得志。但是他工诗，长于五言，自称"五言长城"。

刘长卿名曾有《酬包谏议佶见寄之什》一诗，诗的最后两句："高文不可和，空愧学相如。"从这两句的意思可以看出：他取名长卿，是因为追慕西汉辞赋家司马相如（字长卿）。而司马相如的取名又是源于蔺相如，蔺相如曾经是赵国的上卿，也就是众卿之长，所以有人据此分析"长卿"之"长"应该读为"zhǎng"而不读"cháng"。

刘长卿名句欣赏

1. 家散万金酬士死，身留一剑答君恩。——《献淮宁军节度使李相公》

2. 江春不肯留行客，草色青青送马蹄。——《送李判官之润州行营》

3. 细雨湿衣看不见，闲花落地听无声。……东道若逢相识问，青袍今已误儒生。——《送严士元》

4. 江上几回今夜月，镜中无复少年时。——《贬睦州祖庸见赠》

5. 人来千嶂外，犬吠百花中。细草香飘雨，垂杨闲卧风。——《过横山顾山人草堂》

6. 解印孤琴在，移家五柳成。夕阳临水钓，春雨向田耕。——《过前安宜张明府郊居》

7. 秋草独寻人去后，寒林空见日斜时。——《长沙过贾谊宅》

8. 苍苍竹林寺，杳杳钟声晚。荷笠带斜阳，青山独归远。——《送灵澈上人》

9. 平芜万里无人去，落日千山空鸟飞。——《登松江驿楼北望故园》

10. 山僧独在山中老，唯有寒松见少年。——《寻盛禅师兰若》

11. 猿啼客散暮江头，人自伤心水自流。同作逐臣君更远，青山万里一孤舟。——《重送裴郎中贬吉州》

12. 山色湖光并在东，扁舟归去有樵风。莫道野人无外事，开田凿井白云中。——《东湖送朱逸人归》

13. 欲扫柴门迎远客，青苔黄叶满贫家。——《酬李穆见寄》

14. 桂花寥寥闲自落，流水无心西复东。——《长沙赠衡岳祝融峰般若禅师》

15. 白云千里万里，明月前溪后溪。——《苕溪酬梁耿别见寄》

从民间恶霸到著名诗人

韦应物

衣冠鼎盛望族首，
早年豪纵韦苏州。[1]
横行乡里遭人厌，
出入宫闱从帝游。
逢乱失势改前恶，
折节苦读识往羞。[2]
为官清正时反省，
忠于吏职唯民忧。

【注】

① 韦应物因曾出任过苏州刺史，世称“韦苏州”。

② 折节：改变平日的志向行为。

【记】

韦应物出身名门望族，年纪轻轻就可以当上了唐玄宗的侍卫，得以出入宫廷之中。由于这种特殊的出身和身份，韦应物年少时可以说臭名远扬。他在自己的诗《逢杨开府》中讲道：“少事武皇帝，无赖恃恩私。身作里中横，家藏亡命儿。朝持樗蒲局，暮窃东邻姬。司隶不敢捕，立在白玉墀。”可见他的纨绔、无赖和霸道，这个时期的韦应物简直就是乡里的祸害，非常招人憎恶。

安史之乱后，唐玄宗逃到了蜀地，韦应物也随之失去了职位。再加上韦氏作为名门望族，动乱时遭到了杀戮。没有了皇帝、家族的庇护，失势后的韦应物痛改前非，开始立志读书，从一个富贵无赖子弟一变而成为忠厚仁爱的儒者，他的诗歌创作也从此开始了。

后来任地方官期间，韦应物勤于吏职，简政爱民，并时时反躬自责，为自己没有尽到责任空费俸禄而自愧。他的诗《寄李儋元锡》中说道“身多疾病思田里，邑有流亡愧俸钱”，一派仁者忧时爱民的心肠，感动着后世读者。

苏州刺史届满之后，韦应物没有得到新的任命，此时他一贫如洗，居然无川资回京候选，不久就客死他乡，终年 56 岁。

韦应物名句欣赏

1. 独怜幽草涧边生，上有黄鹂深树鸣。春潮带雨晚来急，野渡无人舟自横。——《滁州西涧》

2. 仓禀无宿储，徭役犹未已。方惭不耕者，禄食出闾里。——《观田家》

3. 去年花里逢君别，今日花开已一年。世事茫茫难自料，春愁黯黯独成眠。身多疾病思田里，邑有流亡愧俸钱。闻道欲来相问讯，西楼望月几回圆。——《寄李儋元锡》

4. 满郭春风岚已昏，鸦栖散吏掩重门。虽居世网常清净，夜对高僧无一言。——《县内闲居赠温公》

5. 送君江浦已惆怅，更上西楼看远帆。——《送王校书》

6. 怀君属秋夜，散步咏凉天。空山松子落，幽人应未眠。——《秋夜寄邱员外》

7. 浮云一别后，流水十年间。欢笑情如旧，萧疏鬓已斑。——《淮上喜会梁川故人》

8. 我有一瓢酒，聊以慰风尘。——《简卢陟》

9. 此日相逢思旧日，一杯成喜亦成悲。——《燕李录事》

10. 怪来诗思清人骨，门对寒流雪满山。——《休假日访王侍御不遇》

11. 寒树依微远天外，夕阳明灭乱流中。——《自巩洛舟行入黄河即事，寄府县僚友》

12. 乔木生夏凉，流云吐华月。——《同德寺雨后，寄元侍御、李博士》

13. 欲持一瓢酒，远慰风雨夕。落叶满空山，何处寻行迹。——《寄全椒山中道士》

14. 不寐倦长更，披衣出户行。月寒秋竹冷，风切夜窗声。——《杂曲歌辞·上皇治》

韩　柳

中唐散文家韩愈、柳宗元并称韩柳，在唐宋八家中位居第一、第二位。韩柳并称，指古文而言，他们二人提倡先秦两汉的文章，是唐朝古文运动的倡导者。苏轼称韩愈为“文起八代之衰”。诗歌史上，韩、柳不是同一流派，世人评论诗歌，多以韩愈与孟郊等并称，称为“韩孟”诗派。柳宗元继承了陶渊明传统，与王维、孟浩然、韦应物并称“王孟韦柳”。

清人曾撰苏姓宗祠联：“一门父子三词客，千古文章四大家。”上联指苏门三父子，下联即指唐代韩愈、柳宗元和北宋欧阳修、苏轼。

文章巨公

韩　愈

童年凄苦困无穷，
三岁丧父赖长兄。
焚膏继晷自勤志，[①]
广陌通衢任纵横。
不惧流俗倡师道，
谏迎佛骨轻死生。

独步千古句奇绝，
文宗百代诵嘉名。

【注】

① 焚膏继晷：夜里点了油灯，继续白天的事。形容学习、工作勤奋。该成语出自韩愈《进学解》："焚膏油以继晷，恒兀兀以穷年。"膏：油脂，指灯烛。晷（guǐ）：日影，指白天。勤志：一心一意为实现自己的志愿而努力。

【记】

韩愈出生于官宦之家，祖辈都曾在朝或在地方为官，韩愈 3 岁丧父，由其兄韩会抚养成人。他自念是孤儿，从小便刻苦攻读，无须别人督促，7 岁时读书，言出成文，13 岁时就能写文章。韩愈四次参加进士考试，25 岁时登进士第。

有人曾这样评价韩愈："他刚直敢任，人格伟岸，诚为伟丈夫。如此人中鸾凤，却也是性情中人。"这种性格也直接影响了他的仕途。36 岁韩愈晋升为监察御史，当时关中地区大旱，韩愈在查访后发现灾民流离失所，关中饿殍遍地。当时的京兆尹李实却封锁消息，谎报称关中粮食丰收，百姓安居乐业。愤怒之下韩愈上《论天旱人饥状》疏，反遭李实等谗害，同年十二月被贬为连州阳山县令。

元和十四年（819）正月，宪宗派使者去凤翔迎佛骨，长安一时间掀起信佛狂潮，韩愈不顾个人安危，毅然上《论佛骨表》极力劝谏，要求将佛骨烧毁，以免误导吏民。宪宗览奏后非常生气，要处死韩愈，后经过朝廷重臣及皇亲国戚说情，韩愈被贬为潮州刺史。被贬后，他写下"一封朝奏九重天，夕贬潮阳路八千，欲为圣明除弊事，肯将衰朽惜残年"的诗句，表达了自己忠心进谏、一心为国为民的情怀。

55岁时转任吏部侍郎，人称“韩吏部”。两年后在长安逝世，终年57岁。获赠礼部尚书，谥号文，故称“韩文公”。

韩愈名句欣赏

1. 业精于勤荒于嬉，行成于思毁于随。——《进学解》

2. 强者必怒于言，懦者必怒于色。——《原毁》

3. 欲修其身者，先正其心；欲正其心者，先诚其意。——《原道》

4. 不塞不流，不止不行。——《原道》

5. 若俯首帖耳，摇尾而乞怜者，非我之志也。——《应科目时与人书》

6. 焚膏油以继晷，恒兀兀以穷年。——《进学解》

7. 取其一，不责其二；即其新，不究其旧。——《原毁》

8. 穷居而野处，升高而望远，坐茂树以终日，濯清泉以自洁。采于山，美可茹；钓于水，鲜可食。起居无时，惟适之安。——《送李愿归盘谷序》

9. 白雪却嫌春色晚，故穿庭树作飞花。——《春雪》

10. 蚍蜉撼大树，可笑不自量。——《调张籍》

11. 兰之猗猗，扬扬其香。不采而佩，于兰何伤。——《猗兰操》

12. 少年乐新知，衰暮思故友。——《除官赴阙至江州寄鄂岳李大夫》

13. 断送一生惟有酒，寻思百计不如闲。莫忧世事兼身事，须著人间比梦间。——《遣兴》

14. 还有小园桃李在，留花不发待郎归。——《镇州初归》

15. 绝浮尘，死生哀乐两相弃，是非得失付闲人。——《忽忽》

16. 刳肝以为纸，沥血以书辞。——《归彭城》

17. 山净江空水见沙，哀猿啼处两三家。筼筜竞长纤纤笋，踯躅闲开艳艳花。——《答十一功曹》

18. 暂拳一手支头卧，还把鱼竿下钓沙。——《题秀禅师房》

柳河东

柳宗元

少年成才名高扬，
鼎新革故酬君王。
绠绝身破迁永柳，[①]
运蹇时乖向蛮荒。[②]
探胜搜奇远群小，
畅山肆水倾壶觞。
幽思苦语凭谁诉，
漫天飞雪钓寒江。

【注】

① 柳宗元在《瓶赋》中写道："绠绝身破，何足怨咨。"绠，音 gěng，绳索，"绠绝"即绳索断了，此处指革新派的重要人物王叔文被赐死"永贞革新"失败一事。永柳：永州和柳州。

② 运蹇时乖：时运不佳，处于逆境。

【记】

柳宗元祖上世代为官，其父柳镇曾任侍御史等职，母亲卢氏祖上亦世代为官。柳宗元出生于京城长安，在母亲的启蒙教育下对知识产生了强烈的兴趣。

21 岁进士及第，柳宗元名声大振。进入官场后的柳宗元对政治的黑暗腐败有了更深入的了解，逐渐萌发了改革的愿望，成为王叔文革新派的重要人物。但这次革新很快便夭折了：唐顺宗做了不足 7 个月皇帝便被迫禅让，王叔文被赐死，柳宗元、刘禹锡被赶出京城，前后共 180 多天的“永贞革新”宣告失败。

永贞革新失败后，柳宗元被贬为永州司马。在永州为官的 10 年时间，他改变当地陋习，兴办学校，开荒垦地，鼓励生产，做了很多实事。他破除陈旧思想，带动了人们思维方式的更新。他还在哲学、政治、历史、文学等方面进行钻研，并游历永州山水，结交当地士人，写下《永州八记》，《柳河东全集》中 540 多篇诗文中有 317 篇创作于永州。

公元 815 年，柳宗元应诏入京，但并没有受到重用，回京一个月后又被改贬为柳州刺史。四年后在柳州因病去世，享年 47 岁。柳宗元因官终于柳州刺史，又称“柳柳州”。

柳宗元名句欣赏

1. 从此忧来非一事，岂容华发待流年。——《岭南江行》

2. 海畔尖山似剑铓，秋来处处割愁肠。若为化作身千亿，散向峰头望故乡。——《与浩初上人同看山寄京华亲故》

3. 回看天际下中流，岩上无心云相逐。——《渔翁》

4. 二十年来万事同，今朝岐路忽西东。皇恩若许归田去，晚岁当为邻舍翁。——《重别梦得》

5. 破额山前碧玉流，骚人遥驻木兰舟。春风无限潇湘意，欲采蘋花不

自由。——《酬曹侍御过象县见寄》

6. 一身去国六千里，万死投荒十二年。桂岭瘴来云似墨，洞庭春尽水如天。——《别舍弟宗一》

7. 城上高楼接大荒，海天愁思正茫茫。惊风乱飐芙蓉水，密雨斜侵薜荔墙。岭树重遮千里目，江流曲似九回肠。共来百越文身地，犹自音书滞一乡。——《登柳州城楼寄漳汀封连四州》

8. 宦情羁思共凄凄，春半如秋意转迷。山城过雨百花尽，榕叶满庭莺乱啼。——《柳州二月榕叶落尽偶题》

9. 渡头水落村径成，撩乱浮槎在高树。——《雨晴至江渡》

10. 几岁开花闻喷雪，何人摘实见垂珠？若教坐待成林日，滋味还堪养老夫。——《柳州城西北隅种柑树》

11. 宁为有闻而死，不为无闻而生。——《上扬州李吉甫相公献所著文启》

12. 激浊而扬清，废贪而立廉。——《永州韦使君新堂记》

13. 功者自功，祸者自祸。——《天说》

元　白

24 岁的元稹与大他八岁的白居易同科及第，两人结为终生诗友，共同倡导新乐府运动，世称“元白”。

两人之间经常有诗歌唱和，即使分处异地，也经常有书信往来，并发明了“邮筒传诗”。一次，元稹出使东川，白居易与好友李建同游慈恩寺，席间想念元稹，便即兴赋诗《同李十一醉忆元九》：“花时同醉破春愁，醉折花枝作酒筹。忽忆故人天际去，计程当日到梁州。”而此时正在梁州的元稹也在思念白居易，他在同一天晚上写了一首《梁州梦》：“梦君同绕曲江头，也向慈恩院院游。亭吏呼人排去马，忽惊身在古梁州。”二人真可谓梦魂相随，千里神交。

后来两人都先后遭贬，艰难中他们经常联络，互相鼓励和慰藉。白居易这样评价元稹，“所得惟元君，乃知定交难”。他有诗写道：“君写我诗盈寺壁，我题君句满屏风。与君相遇知何处，两叶浮萍大海中。”而元稹对白居易的关心，更凝结为千古名篇《闻乐天授江州司马》：“残灯无焰影幢幢，此夕闻君谪九江。垂死病中惊坐起，暗风吹雨入寒窗。”

风流才子

元　稹

负罢双文弃山盟，
又作奇句吊韦丛。
薛涛红裙换道袍，
安氏共谁享温情。
采春香魂归碧水，
裴淑深爱成虚空。
虽云修道难守道，
言说痴情却滥情。

【记】

公元799年，21岁的元稹到蒲州任小职，与其母系远亲崔姓之少女双文恋爱。双文才貌双全，且家中富有，但却没有权势。求官心切的元稹权衡得失，最后与双文分手娶了新任京兆尹韦夏卿的女儿韦丛。也许是深受良心的谴责，也许是对初恋情人的难以忘怀，此后元稹以自己的初恋为原型，创作了传奇小说《莺莺传》（亦名《会真记》），即后来《西厢记》的前身。

不料韦丛27岁便死去，元稹悲痛而作“曾经沧海难为水，除却巫山不是云”以志衷情。但这句话很快便成了对元稹的绝妙讽刺，因为后来他与多名女子感情上存有瓜葛。先是纳当地女子安仙嫔为妾，安氏死后又娶裴淑为妻。婚姻之外，元稹的生命里至少还出现过两个女人：薛涛和刘采春。最终心灰意冷的薛涛因为他抛却红尘，终身未嫁；而极度绝望的刘采春却投河自尽（还有一种说法，元稹和刘采春的感情最终无疾而终，刘采春的结局如何，后人亦无从知晓）。唐朝的四大才女（另外两位李季兰、鱼玄机）被元稹抛弃了俩，难怪后人说他滥情。正如元好问所言："心画心声总失真，文章宁复见为人？"

但元稹在政治上还是有一番作为的，曾一度拜相。奉命出使剑南东川时，大胆劾奏不法官吏，平反许多冤案。在任浙东观察使的六年中，兴修水利，发展农业，颇有政绩，深得百姓拥戴。

元稹名句欣赏

1. 曾经沧海难为水，除却巫山不是云。取次花丛懒回顾，半缘修道半缘君。——《离思》

2. 惟将终夜长开眼，报答平生未展眉。——《遣悲怀》

3. 山水万重书断绝，念君怜我梦相闻。——《酬乐天频梦微之》

4. 秋丛绕舍似陶家，遍绕篱边日渐斜。不是花中偏爱菊，此花开尽更无花。——《菊花》

5. 诚知此恨人人有，贫贱夫妻百事哀。——《遣悲怀》

6. 寥落古行宫，宫花寂寞红。白头宫女在，闲坐说玄宗。——《行宫》

7. 弃置今何道，当时且自亲。还将旧时意，怜取眼前人。——《莺莺传》

8. 安得故人生羽翼，飞来相伴醉如泥。——《寄乐天》

9. 觉来不语到明坐，一夜洞庭湖水声。——《梦成之》

10. 两纸京书临水读，小桃花树满商山。——《西归绝句》

11. 才见岭头云似盖，已惊岩下雪如尘。千峰笋石千株玉，万树松萝万朵银。——《使东川·南秦雪》

12. 若使江流会人意，也应知我远来心。——《嘉陵水》

13. 凤有高梧鹤有松，偶来江外寄行踪。花枝满院空啼鸟，尘榻无人忆卧龙。心想夜闲唯足梦，眼看春尽不相逢。何时最是思君处，月入斜窗晓寺钟。——《鄂州寓馆严涧宅》

14. 满眼伤心冬景和，一山红树寺边多。仲宣无限思乡泪，漳水东流碧玉波。——《远望》

15. 山翠湖光似欲流，蜂声鸟思却堪愁。西施颜色今何在，但看春风百草头。——《春词》

香山居士

白居易

苦学手成胼，[1]
才名动长安。
珠联长恨曲，
玉缀琵琶篇。
赋诗唯崇实，
讽喻不避艰。
在位便笃行，
去职能乐天。

【注】

① 胼：音 pián，指手脚磨起老茧。词语有“胼胝”：音 pián zhī，俗称“老茧”。

【记】

白居易祖籍太原，生于河南新郑。他聪颖过人，读书十分刻苦。他在《与元九书》中说自己“昼课赋，夜课书，间又课诗，不遑寝息矣，以至于口舌生疮，手肘成胝，既壮而肤革不丰盈，未老而齿发早衰白”。35 岁时被授予县尉一职，此间作《观刈麦》《长恨歌》等诗歌。后来回朝任职，不畏权贵近臣，直言上书论事。本着“文章合为时而著，歌诗合为事而作”这一现实主义创作原则，白居易写了很多讽喻诗。

元和十年六月三日凌晨，宰相武元衡上早朝时因遭遇刺客而抛尸街头。白居易因率先上疏请急捕凶手，被认为是越职言事，后又遭到诽谤而被贬为江州司马。这次被贬成为他一生的转折点：之前他以“兼济天下”为志；此后他的行事渐渐转向“独善其身”，笔下闲适、感伤的诗歌也逐渐增多。第二年，45 岁的白居易写下了名篇《琵琶行》。五年后还京，累迁中书舍人。因朝中朋党倾轧，两年后请求外放，先后为杭州、苏州刺史，颇得民心。59 岁时定居洛阳，71 岁以刑部尚书致仕。在洛阳以诗、酒、禅、琴及山水自娱，常与刘禹锡唱和，时称“刘白”。

公元 846 年 8 月去世，葬于龙门，享年 75 岁。他去世后，唐宣宗李忱写诗悼念：“童子解吟《长恨》曲，胡儿能唱《琵琶》篇。文章已满行人耳，一度思卿一怆然。”

白居易名句欣赏

1. 试玉要烧三日满，辨材须待七年期。——《放言五首》
2. 田园寥落干戈后，骨肉流离道路中。——《望月有感》
3. 争得大裘长万丈，与君都盖洛阳城。——《新制绫袄成感而有咏》
4. 随富随贫且欢乐，不开口笑是痴人。——《对酒》

5. 一丛深色花，十户中人赋。——《买花》

6. 世间好物不坚牢，彩云易散琉璃脆。——《简简吟》

7. 在天愿作比翼鸟，在地愿为连理枝。——《长恨歌》

8. 思悠悠，恨悠悠，恨到归时方始休，月明人倚楼。——《长相思·汴水流》

9. 花非花，雾非雾。夜半来，天明去。来如春梦几多时？去似朝云无觅处。——《花非花》

10. 行路难，不在水不在山，只在人情反覆间。——《太行路》

11. 春风桃李花开日，秋雨梧桐叶落时。——《长恨歌》

12. 我生本无乡，心安是归处。——《初出城留别》

13. 人人避暑走如狂，独有禅师不出房。非是禅房无热到，但能心静即身凉。——《苦热题恒寂师禅室》

14. 玉容寂寞泪阑干，梨花一枝春带雨。——《长恨歌》

15. 劝君莫打枝头鸟，子在巢中望母归。——《鸟》

16. 更待菊黄家酿熟，共君一醉一陶然。——《与梦得沽酒闲饮且约后期》

17. 声来枕上千年鹤，影落杯中五老峰。——《题元十八溪居》

18. 不堪红叶青苔地，又是凉风暮雨天。——《秋雨中赠元九》

19. 偶得幽闲境，遂忘尘俗心。始知真隐者，不必在山林。——《玩新庭树，因咏所怀》

20. 荣枯事过都成梦，忧喜心忘便是禅。——《寄李相公崔侍郎钱舍人》

21. 我有所念人，隔在远远乡。我有所感事，结在深深肠。——《夜雨》

苦吟诗人

孟郊比贾岛大28岁，人称“诗囚”，贾岛人称“诗奴”。他们都遭际不遇，官职卑微，一生穷困，一生苦吟：孟郊“一生空吟诗，不觉成白头”，贾岛“二句三年得，一吟双泪流”。他们都是韩愈的诗友，诗作受到了韩愈的大力赞赏。宋代欧阳修以两人并举，谓“孟郊、贾岛之徒，又得其悲愁郁堙之气”，苏轼有“郊寒岛瘦”之论。

诗　囚

孟　郊

少年隐迹居嵩山，
终身悲愁处贫寒。
性情耿介故旧少，[①]
时运乖蹇官途艰。[②]
公务多废赋章句，
抱负难舒向林泉。
平生闲吟多穷苦，
满怀哀怨贯诗篇。

【注】

① 耿介：正直；不同于流俗。

② 乖蹇：音 guāi jiǎn，（命运）不好；不顺利。

【记】

孟郊两举进士不第，性格耿介倔强，所以诗作也多写世态炎凉与民间苦难。在应试期间，他结识了韩愈，得到了韩愈的表扬与推崇，诗名大振，成为韩愈这一诗派的名士。

孟郊 46 岁时才中进士，后任溧阳县尉。韩愈在《送孟东野序》中曾说："东野之役于江南也，有若不释然者。"由此可知，去做一个小小的县尉是与孟郊的愿望很相违背的，因而他也就不可能尽到一个县尉的职责。溧阳城外不远有个地方叫投金濑（lài），又有故平陵城，那里草木丛生，树林遮蔽，下有积水一潭，孟郊往往坐于水旁闲吟，或徘徊赋诗其间，以致公务多废。于是县令报告上级，另外请了一个人来代他做县尉之事，同时把他薪俸的一半分给那人，以至于孟郊的生计穷困至极。

56 岁时由于官职调动，孟郊的生活有所改变，可以免于冻饿了，然而不久他又遭遇了丧子之痛。元和九年（814），64 岁的孟郊因为暴疾卒于河南阌乡县。

孟郊清寒终身，为人耿介倔强，正如他在《衰松》一诗中所说："终是君子材，还思君子识。"他为人处世处处显示出一个伟岸君子的姿态，对时俗采取一种不合作态度，就连他所结交的官僚和朋友等也大多是些重道德、守古遗的人物，他死后就是由郑余庆买棺殓葬的。

孟郊名句欣赏

1. 君子量不极，胸吞百川流。——《投赠张端公》

2. 青春须早为，岂能长少年。——《劝学》

3. 春风得意马蹄疾，一日看尽长安花。——《登科后》

4. 慈母手中线，游子身上衣。临行密密缝，意恐迟迟归。谁言寸草心，报得三春晖。——《游子吟》

5. 君子山岳定，小人丝毫争。——《秋怀》

6. 心心复心心，结爱务在深。——《结爱》

7. 兽中有人性，形异遭人隔。人中有兽心，几人能真识。……虽笑未必和，虽哭未必戚。面结口头交，肚里生荆棘。——《择友》

8. 求友须在良，得良终相善。求友若非良，非良中道变。欲知求友心，先把黄金炼。——《求友》

9. 有财有势即相识，无财无势即路人。——《伤时》

10. 近世交道衰，青松落颜色。人心忌孤直，木性随改易。既摧栖日干，未展擎天力。终是君子材，还思君子识。——《衰松》

11. 君心匣镜中，一破不复全。妾心藕中丝，虽断犹牵连。——《去妇》

12. 百川有余水，大海无满波。器量各相悬，贤愚不同科。——《寄崔纯亮》

13. 镜破不改光，兰死不改香。始知君子心，交久道益彰。——《赠别崔纯亮》

14. 寄泣须寄黄河泉，此中怨声流彻天。愁人独有夜灯见，一纸乡书泪滴穿。——《闻夜啼赠刘正元》

诗　奴

贾　岛

门第寒微家清贫，
孤苦无依入佛门。
见素抱朴轻俗士，[1]
爱奇耽幽好苦吟。
韩子垂青堪有幸，[2]
浪仙失怙本无根。[3]
贫困潦倒唯一死，
剩有病驴伴古琴。

【注】

① 见素抱朴：现其本真，守其纯朴，谓不为外物所牵。“见”音 xiàn。

② 韩子：我国历史上被称为“韩子”的有两人，一是战国韩非，二是唐朝韩愈，这里指韩愈。贾岛的才华被韩愈发现，后来受教于韩愈。

③ 贾岛字阆仙，又字浪仙。失怙：《诗经·小雅》有句：“无父何怙，无母何恃。”因而后世“无怙”指死去父亲，“无恃”指没有母亲。

【记】

号称“诗奴”的贾岛，一生可用三个词语来概括：空门、入仕、苦吟。

贾岛是一个农村娃，出身清贫，门第寒微。10 岁那年，父母双亡，一没爹妈可拼，二没靠山可倚，为求温饱，贾岛便早早遁入空门做起了出家人，法号无本。无本者，无根无蒂、空虚寂灭之谓也。禅房寂寂，年轻气盛的贾岛怎能耐得住青灯为伴？

后来他还俗赴考，但多次赴考均名落孙山，更使他悲伤的是，好友孟郊突发急病而死。直到垂老之年，贾岛才出任长江县主簿，三年后就染疾卒于任上，时年65岁。据说死去之日，家无一钱，只有一头病驴和一张古琴。

贫困的家庭景况，枯寂的禅房生活，养成贾岛孤僻冷漠而内向的性格。他耽幽爱奇，淡于荣利，喜怒鲜形于色，世事颇少萦怀。一生不喜与常人往来，《唐才子传》称他“所交悉尘外之士”。但他一生酷爱吟诗，在字句上狠下功夫，常常为构思佳句而忘乎所以，“虽行坐寝食，苦吟不辍”。贾岛因此被视为唐代苦吟诗人的典型。韩愈曾赠诗云：“孟郊死葬北邙山，从此风云得暂闲。天恐文章浑断绝，故生贾岛著人间。”

贾岛名句欣赏

1. 十年磨一剑，霜刃未曾试。今日把示君，谁有不平事？——《剑客》

2. 客舍并州已十霜，归心日夜忆咸阳。无端更渡桑干水，却望并州是故乡。——《渡桑干》

3. 秋风吹渭水，落叶满长安。——《忆江上吴处士》

4. 无钱买松栽，自生蒿草枝。在日赠我文，泪流把读时。——《哭卢仝》

5. 两句三年得，一吟双泪流。知音如不赏，归卧故山秋。——《题诗后》

6. 峰悬驿路残云断，海浸城根老树秋。——《寄韩潮州愈》

7. 绝顶人来少，高松鹤不群。——《宿山寺》

8. 一日不作诗，心源如废井。——《戏赠友人》

9. 丈夫未得意，行行且低眉。素琴弹复弹，会有知音知。——《送别》

10. 朝云藏奇峰，暮雨洒疏滴。——《感秋》

11. 君子忌苟合，择交如求师。——《送沈秀才下第东归》

12. 上不欺星辰，下不欺鬼神。知心两如此，然后何所陈。……掘井须到流，结交须到头。——《不欺》

13. 破却千家作一池，不栽桃李种蔷薇。蔷薇花落秋风起，荆棘满庭君始知。——《题兴化寺园亭》

14. 共君今夜不须睡，未到晓钟犹是春。——《三月晦日送春》

15. 怪禽啼旷野，落日恐行人。——《暮过山村》

16. 鬓边虽有丝，不堪织寒衣。——《客喜》

17. 高楼直上百余尺，今日为君南望长。——《送别》

18. 不缘毛羽遭零落，焉肯雄心向尔低！——《病鹘吟》

一代诗豪

刘禹锡

正义难敌邪恶强，
一代诗豪遭毁伤。
已贬穷山不毛地，
何惧恶水助凄凉。
长安观花归期短，
桃诗惹祸谪路长。[①]
闲铭陋室见真趣，
文中高品千古扬。

【注】

① 此处指刘禹锡因写桃花诗两度遭贬之事。

【记】

刘禹锡，字梦得，洛阳人，其先人为中山靖王刘胜。他既聪明又勤奋，很小就开始学习儒家经典和吟诗作赋，19 岁前后，刘禹锡游学长安，在士林中获得很高的声誉。22 岁时与柳宗元同榜进士及第，此后与韩愈、柳宗元均在御史台任职，三人结为好友，过从甚密。

33岁时柳宗元参与王叔文的“永贞革新”，因触犯了藩镇、宦官和大官僚们的利益，仅100多天改革便宣告失败，刘禹锡与柳宗元等八人被贬。十年后刘禹锡与柳宗元等人奉召回京，时过境迁，但刘禹锡的豪猛之气并没有变。他写了一首诗《元和十年自朗州至京戏赠看花诸君子》：“紫陌红尘拂面来，无人不道看花回。玄都观里桃千树，尽是刘郎去后栽。”末两句是说，“京城那些似乎了不起的新贵们，也不过是我被排挤出外以后被提拔起来的罢了”。从被贬之地朗州回到京城仅两年，刘禹锡和柳宗元等再度被贬。又一个十年之后，刘禹锡奉旨调回洛阳，他刚毅的性格会改变吗？请看《再游玄都观》：“百亩庭中半是苔，桃花净尽菜花开。种桃道士归何处，前度刘郎今又来。”诗中“种桃道士”暗指当初打击王叔文、贬斥刘禹锡的权贵们。

这就是刘禹锡，一个始终不曾绝望的斗士，他以浪子之身被朝廷流放至“巴山楚水凄凉地”二十三年，却依然唱出了“沉舟侧畔千帆过，病树前头万木春”的时代最强音。

刘禹锡名句欣赏

1. 莫道谗言如浪深，莫言迁客似沙沉。千淘万漉虽辛苦，吹尽狂沙始到金。——《浪淘沙》

2. 自古逢秋悲寂寥，我言秋日胜春朝。——《秋词》

3. 九曲黄河万里沙，浪淘风簸自天涯。如今直上银河去，同到牵牛织女家。——《浪淘沙》

4. 旧时王谢堂前燕，飞入寻常百姓家。——《乌衣巷》

5. 东边日出西边雨，道是无晴却有晴。——《竹枝词》

6. 人世几回伤往事，山形依旧枕寒流。——《西塞山怀古》

7. 庭前芍药妖无格，池上芙蕖净少情。唯有牡丹真国色，花开时节动京城。——《赏牡丹》

8. 莫道桑榆晚，为霞尚满天。——《酬乐天咏老见示》

9. 行到中庭数花朵，蜻蜓飞上玉搔头。——《和乐天春词》

10. 斑竹枝，斑竹枝，泪痕点点寄相思。楚客欲听瑶瑟怨，潇湘深夜月明时。——《潇湘神》

11. 万户千门成野草，只缘一曲后庭花。——《台城》

12. 芳林新叶催陈叶，流水前波让后波。——《乐天见示伤微之、敦诗、晦叔三君子，皆有深分，因成是诗以寄》

13. 长恨人心不如水，等闲平地起波澜。——《竹枝词》

14. 游人莫笑白头醉，老醉花间有几人。——《杏园花下酬乐天见赠》

15. 洞庭秋月生湖心，层波万顷如熔金。——《洞庭秋月行》

16. 将略兵机命世雄，苍黄钟室叹良弓。遂令后代登坛者，每一寻思怕立功。——《韩信庙》

17. 巴山楚水凄凉地，二十三年弃置身。怀旧空吟闻笛赋，到乡翻似烂柯人。——《酬乐天扬州初逢席上见赠》

唐朝二司空

司空曙和司空图是经常容易被搞混的两个人，其实司空图比司空曙晚出生了100多年，司空图是河中虞乡（今属山西省）人，司空曙是广平（今属河北省）人。

司空是以官职名为氏，持有这个姓氏的人在历史上和现实中都不多见。历史上常把司空曙和司空图并称，如“大历才人，工诗以擅风雅；中条隐士，避乱而励清操”，上联典指唐代诗人司空曙，为“大历十才子”之一，下联典指唐末诗人、诗论家司空图，曾隐居中条山，著有《诗品二十四则》，对后世诗评有很大影响。再如“咸通郎中诗品，无体不备；大历才子华章，有口皆碑”，上联指司空图事典，下联指司空曙事典。

大历才子

司空曙

性情耿介负奇才，
仕途蹭蹬实伤怀。[①]
吟诗多有幽凄调，
失爱却因少米柴。

【注】

① 蹭蹬：音 cèng dèng，路途险阻难行，比喻遭遇挫折。

【记】

司空曙，唐朝诗人，大历年间进士。家中非常贫穷，以至于时常至于无米可炊的地步，但他却能做到安然自若。曾经因为病中生活难以为继，连自己心爱的女人也无法养活，只得把她打发了事。(《唐才子传》记载：“尝病中不给，遣其爱姬。”)

司空曙家境贫寒，情性耿介，不结交权贵要人，曾流寓长沙，迁谪江右。苗发《送司空曙之苏州》中有句云“归国人皆久，移家君独迟”，可见其在外留滞之久。因此他的诗作多暗伤流景，诗调凄恻哀婉。《闲园即事寄暕公》一诗云：“欲就东林寄一身，尚怜儿女未成人。柴门客去残阳在，药圃虫喧秋雨频。近水方同梅市隐，曝衣多笑阮家贫。深山兰若何时到，羡与闲云作四邻。”

明代文人曾称誉他的交游诗“情多，所以难得”。其名句如“雨中黄叶树，灯下白头人”(《喜外弟卢纶见宿》)，善状目前之景，无限凄感，见乎言表。《喜外弟卢纶见宿》全诗为“静夜四无邻，荒居旧业贫。雨中黄叶树，灯下白头人。以我独沉久，愧君相见频。平生自有分，况是蔡家亲。”

司空曙名诗名句赏析

1. 钓罢归来不系船，江村月落正堪眠。纵然一夜风吹去，只在芦花浅水边。——《江村即事》

2. 身闲何处无真性，年老曾言隐故乡。——《题暕上人院》

3. 故人江海别，几度隔山川。乍见翻疑梦，相悲各问年。孤灯寒照雨，湿竹暗浮烟。更有明朝恨，离杯惜共传。——《云阳馆与韩绅宿别》

4. 峡口花飞欲尽春，天涯去住泪沾巾。来时万里同为客，今日翻成送故人。——《峡口送友人》

5. 栈霜朝似雪，江雾晚成云。——《送崔校书赴梓幕》

6. 世乱同南去，时清独北还。他乡生白发，旧国见青山。晓月过残垒，繁星宿故关。寒禽与衰草，处处伴愁颜。——《贼平后送人北归》

7. 今日登临唯有泪，不知风景在何山。——《登岘亭》

8. 古道松声暮，荒阡草色寒。——《哭王注》

9. 雁惜楚山晚，蝉知秦树秋。——《题江陵临沙驿楼》

10. 半山槲叶当窗下，一夜曾闻雪打声。——《雪》

11. 湖草青青三两家，门前桃杏一般花。迁人到处唯求醉，闻说渔翁有酒赊。——《过长林湖西酒家》

12. 绿岸草深虫入遍，青丛花尽蝶来稀。——《早夏寄元校书》

13. 共对一尊酒，相看万里人。——《送郑明府贬岭南》

14. 晓发梳临水，寒塘坐见秋。乡心正无限，一雁度南楼。——《寒塘》

15. 全欺芳蕙晚，似妒寒梅疾。撩乱发青条，春风来几日。——《新柳》

耐辱居士

司空图

少有文才不见称，

得遇贵人便相从。[①]

世乱犹视忠义贵，

乡居更觑绢帛轻。
幽栖泉石乐耆老，②
独处林下交高僧。
唐祚难兴哀帝死，③
绝食殉国呕血终。

【注】

① 贵人：指下文绛州刺史王凝。

② 耆老：老年人，特指德行高尚受尊敬的老人。耆，音 qí。

③ 唐祚：唐朝的皇位和国统；祚，音 zuò。

【记】

司空图是一个知恩图报的人，史称他少有文才但却不见称于乡里。后来以文章为绛州刺史王凝所赏识，王凝回朝任礼部侍郎，司空图擢进士上第，此后在王凝的赞许下名声益振。不久，王凝因事被贬到商州，司空图有感于其知遇之恩，主动上表请求随行。后来朝廷要提拔司空图，他因不忍心离开王凝，以至于拖延逾期，结果又被贬官。

公元 880 年，黄巢起义军攻入长安。司空图的弟弟有个奴仆叫段章参加了黄巢起义，曾热情地劝他参加起义军，他不肯，便回到故乡河中。后来唐僖宗逃到成都，他追随未及便回到家乡，从此时直到他去世的二十多年时间，司空图基本上是过着一种消极的隐居生活。他在王官谷庄园特地修了一个亭子，取名为“休休亭”，并写了一篇《休休亭记》以明其志。《新唐书·司空图传》记载：“豫为冢棺，遇胜日，引客坐圹中赋诗。”意思是说，他预先准备了棺材坟地，遇到好天气，就带领客人们坐在墓穴里饮酒赋诗。（圹：音 kuàng，墓穴）

当时王重荣兄弟镇守汉中，很仰慕他的名声，常多馈赠，他都拒绝不纳，后骗他作碑文，并赠绢数千匹，司空图就把绢堆放在虞乡市上，任众人取用。屠夫皇帝朱温召司空图为礼部尚书，司空图佯装老朽不任事，后被放还。公元 908 年，唐哀帝被弑，司空图绝食而死，终年 72 岁。

司空图名句赏析

1. 将取一壶闲日月，长歌深入武陵溪。——《丁未岁归王官谷》

2. 侬家自有麒麟阁，第一功名只赏诗。——《力疾山下吴村看杏花》

3. 逢人渐觉乡音异，却恨莺声似故山。——《漫书五首》

4. 汉人学得胡儿语，却向城头骂汉人。——《河湟有感》

5. 悠悠干禄利，草草废渔樵。身世堪惆怅，风骚顿寂寥。——《寄怀元秀上人》

6. 落花无言，人淡如菊。——《二十四诗品 · 典雅》

7. 不著一字，尽得风流。——《二十四诗品 · 含蓄》

8. 黄昏把酒祝东风，且从容。——《酒泉子》

9. 闲吟秋景外，万事觉悠悠。此夜若无月，一年虚过秋。——《中秋》

10. 好似梨花相映处，更胜松雪日初晴。——《杨柳枝寿杯词》

11. 此生只是偿诗债，白菊开时最不眠。——《白菊杂诗》

12. 人间万恨已难平，栽得垂杨更系情。犹喜闰前霜未下，菊边依旧舞身轻。——《白菊》

13. 凡鸟爱喧人静处，闲云似妒月明时。世间万事非吾事，只愧秋来未有诗。——《山中》

14. 几时金雁传归信，剪断香魂一缕愁。——《灯花三首》

15. 病来胜未病，名缚便忘名。……暑湿深山雨，荒居破屋灯。——《杂诗九首》

16. 不是流莺独占春，林间彩翠四时新。应知拟上屏风画，偏坐横枝亦向人。——《鹂》

17. 名应不朽轻仙骨，理到忘机近佛心。昨夜前溪骤雷雨，晚晴闲步数峰吟。——《山中》

花间派

花间词派产生于晚唐五代时期的前蜀，是中国古代诗词学流派之一，其名来自于后蜀赵崇祚所编词集《花间集》。词作内容多为歌咏旅愁闺怨、合欢离恨，局限于男女燕婉之私，因此被称为“花间词派”。

温庭筠、韦庄是代表作家，二人并称“温韦”，两人虽都侧重写艳情离愁，但风格不同，温词秾艳华美，韦词疏淡明秀。陆游在《花间集跋》中说：“方斯时，天下岌岌，生民救死不暇，士大夫乃流宕如此。可叹也哉！或者亦出于无聊故耶！”是对他们的反现实主义创作倾向一针见血的批评。

花间词派鼻祖

温庭筠

少年失怙伤早孤，
八叉成韵无检幅。①
逐弦成曲擅音律，
倚声填词超凡俗。
捉刀代笔成怪癖，②
作弊助人乱场屋。③

才高罕能适时用，

讥刺权贵入穷途。

【注】

① 检幅：修整边幅，指注意细节。

② 捉刀代笔：代人出力或代写文章。

③ 场屋：科举考试的地方，又称科场。

【记】

温庭筠，字飞卿，唐初宰相温彦博之后裔，相貌奇丑，人称“温钟馗”。然而他富有天才，文思敏捷。晚唐考试律赋，八韵一篇，据说他叉手一吟便成一韵，八叉八韵即告完稿，时人亦称为“温八叉”“温八吟”。词赋诗篇冠绝一时，与李商隐齐名，时称二人为“温李”，和段成式三人都排行十六，故称“三十六体”。

温庭筠早年苦心学文，年轻时即以词赋兼工而知名，进京应试时京师人士争相与之结交。但因为他“士行尘杂，不修边幅”，整日和京城无赖子弟饮酒赌博，很快就有了坏名声，因此累年不能中第。后来又因为讥讽当朝宰相令狐绹、应举进士时代人捉刀扰乱科场等行为，一生坎坷，终身潦倒。元朝人辛文房《唐才子传》记载，“庭筠仕终国子助教，竟流落而死”，惋惜之情溢于言表。

然而，温庭筠对词的贡献却永远受到后人的尊敬。他是第一位专力于“倚声填词”的诗人，是民间词转为文人词的重要标志。温庭筠被推崇为“花间词派”鼻祖，成为“婉约词派”的直接源头，对五代以后词的大发展起了很强的推动作用。李煜、欧阳修、柳永、晏几道、李清照、陆游都深受他的影响；明朝文人则人人读花间，少长诵温词；清朝乾隆末年，一统词坛百余年的“常州词派”则把温词视为经典。

温庭筠名句欣赏

1. 梳洗罢，独倚望江楼，过尽千帆皆不是，斜晖脉脉水悠悠，肠断白蘋洲。——《望江南》

2. 梧桐树，三更雨，不道离情正苦。一叶叶，一声声，空阶滴到明。——《更漏子》

3. 照花前后镜，花面交相映。新帖绣罗襦，双双金鹧鸪。——《菩萨蛮》

4. 江上柳如烟，雁飞残月天。——《菩萨蛮》

5. 杨柳又如丝，驿桥春雨时。画楼音信断，芳草江南岸。鸾镜与花枝，此情谁得知？——《菩萨蛮》

6. 鸡声茅店月，人迹板桥霜。——《商山早行》

7. 冰簟银床梦不成，碧天如水夜云轻。雁声远过潇湘去，十二楼中月自明。——《瑶瑟怨》

8. 杏花含露团香雪，绿杨陌上多离别。灯在月胧明，觉来闻晓莺。——《菩萨蛮》

9. 摇摇弱柳黄鹂啼，芳草无情人自迷。——《经西坞偶题》

10. 雨后却斜阳，杏花零落香。——《菩萨蛮》

11. 红花初绽雪花繁，重叠高低满小园。——《杏花》

12. 咸阳桥上雨如悬，万点空濛隔钓船。——《咸阳值雨》

13. 羌管一声何处曲，流莺百啭最高枝。——《题柳》

14. 团圆莫作波中月，洁白莫为枝上雪。——《三洲词》

15. 河源怒触风如刀，剪断朔云天更高。——《塞寒行》

16. 山月不知心里事，水风空落眼前花。——《梦江南》

17. 下国卧龙空寤主，中原得鹿不由人。——《经五丈原》

晚唐诗人、词人

韦　庄

父母早亡少孤贫，
疏旷不拘才过人。①
四海蓬飘为禄米，
六旬及第始安身。
客居江南迷美景，
出使西蜀抚黎民。
半生劳顿逢兵乱，
忧时因为秦妇吟。②

【注】

① 豪放豁达，不拘小节。

② 因为：意思是“于是创作了”。有别于现在的因果连词“因为”。

【记】

韦庄，长安杜陵（今陕西省西安市附近）人，为唐睿宗时文昌右相韦待价七世孙、苏州刺史韦应物四世孙，其家族至韦庄时已衰落。

韦庄父母早亡，家境寒微。他自少孤贫力学，才敏过人，但早年屡试不第，年近六十的韦庄才得中进士，被朝廷任命为“草诏”的校书郎，开始了他的仕途生涯。由于对时局中兴的期望值不高，韦庄又开始为“著身”而早做打算。

64岁的时候，韦庄被授予左补阙一职。在此期间，他主要干了与政局无关却与历史文化传承相关的两件事。其一，与兄弟韦蔼合作编著《又玄集》，集中收录了“才子一百五十人，名诗三百首”。其中有妇女诗十九家，不但为诗集收录女子诗开了先例，也对妇女为中华文化事业的奉献做了充分的肯定。其二，为虽然没有通过或参加科举考试，但其作品和能力都有一定社会影响的历史人物，如李贺、贾岛、温庭筠、陆龟蒙等十人奏请，追赠为进士名誉或赠予官职。

韦庄曾经家陷黄巢兵乱，身困重围，又为疾病所困。48岁那年三月，在洛阳他写了著名的《秦妇吟》。长诗《秦妇吟》反映战乱中妇女的不幸遭遇，在当时颇负盛名。后人将《孔雀东南飞》《木兰诗》与韦庄的《秦妇吟》并称为“乐府三绝”。

韦庄名句欣赏

1. 江雨霏霏江草齐，六朝如梦鸟空啼。无情最是台城柳，依旧烟笼十里堤。——《台城》

2. 人人尽说江南好，游人只合江南老。春水碧于天，画船听雨眠。垆边人似月，皓腕凝霜雪。未老莫还乡，还乡须断肠。——《菩萨蛮》

3. 不知魂已断，空有梦相随。除却天边月，没人知。——《女冠子》

4. 千山万水不曾行，魂梦欲教何处觅？——《木兰花》

5. 春日游，杏花吹满头，陌上谁家年少？足风流，妾拟将身嫁与，一生休。纵被无情弃，不能羞。——《思帝乡》

6. 桃花春水渌，水上鸳鸯浴。凝恨对残晖，忆君君不知。——《菩

萨蛮》

7. 别来半岁音书绝，一寸离肠千万结。——《应天长》

8. 西邻有女真仙子，一寸横波剪秋水。——《秦妇吟》

9. 满空寒雨漫霏霏，去路云深锁翠微。——《途中望雨怀归》

10. 送君江上日西斜，泣向江边满树花。——《送人归上国》

11. 槐陌蝉声柳市风，驿楼高倚夕阳东。往来千里路长在，聚散十年人不同。但见时光流似箭，岂知天道曲如弓。平生志业匡尧舜，又拟沧浪学钓翁。——《关河道中》

12. 扶桑已在渺茫中，家在扶桑东更东。此去与师谁共到，一船明月一帆风。——《送日本国僧敬龙归》

13. 外地见花终寂寞，异乡闻乐更凄凉。——《思归》

14. 孤竹庙前啼暮雨，汨罗祠畔吊残晖。——《鹧鸪》

15. 更把玉鞭云外指，断肠春色在江南。——《古离别》

晚唐奇葩诗人

罗　隐

纵然被褐藏光辉，①
十考不第铩羽归。②
笔锋犀利书善恶，
慧眼洞明鉴是非。
把酒高歌作狂态，
仗才傲物多愆违。③
文章满腹终有遇，
岂得落落空余悲！

【注】

① 被褐：穿着粗布短袄，谓处境贫困。音 pī hè。

② 铩羽：翅膀被摧残，比喻失意或失败。铩，音 shā。

③ 愆违：失时。

【记】

上天慷慨地给了罗隐一身才华，但却吝啬于给他施展才华的机会。26岁时他到京师应进士考试，历经七年而不第。35 岁时自编其文为《谗书》，更加为统治阶级所憎恶，因而罗衮赠诗说：“谗书虽胜一名休。”后来又断断续续考了几年，总共考了十多次，最终还是失望而归。

然而，上天给了他一双洞彻世事的慧眼，让他看尽了社会的黑暗、人性的卑劣，所以他的诗文大多以讥刺为主。求官之途的再三失败，使他的性格变得愈加古怪。《北梦琐言》里记载，有一次罗隐乘船，面对波涛涌伏、水光接天的情景，他不禁诗兴大发，开始扣舷吟诗。船夫提醒他：“你不要太聒噪，船上有朝廷命官！”罗隐一听便火冒三丈：“什么朝廷命官，我用脚夹着笔写的文章都能超过他们。”于是他的狂妄大名随之传遍天下，也难怪他多次应试却终究难以考中了。罗隐原名罗横，后来索性改名为罗隐，以示绝仕归隐之意。

55 岁的时候，经人推荐罗隐跟上了曾写下名句“陌上花开，可缓缓归矣”的吴越国的创建者钱镠，此后罗隐从钱塘县令一直做到盐铁发运使，开心舒畅地活到 77 岁。其间曾多次写诗表达对钱镠的感激之情，其中有几句曰：“曾忧世乱阴难合，且喜春残色上存。莫背阑杆便相笑，与君俱受主人恩。”

罗隐名句欣赏

1. 不论平地与山尖，无限风光尽被占。采得百花成蜜后，为谁辛苦为谁甜？——《蜂》

2. 时来天地皆同力，运去英雄不自由。——《筹笔驿》

3. 家国兴亡自有时，吴人何苦怨西施。西施若解倾吴国，越国亡来又是谁？——《西施》

4. 钟陵醉别十余春，重见云英掌上身。我未成名卿未嫁，可能俱是不如人。——《赠妓云英》

5. 国计已推肝胆许，家财不为子孙谋。——《夏州胡常侍》

6. 两鬓不堪悲岁月，一卮犹得话尘埃。——《送裴饶归会稽》

7. 千载是非难重问，一江风雨好闲吟。——《渚宫秋思》

8. 三千年后知谁在，何必劳君报太平。——《黄河》

9. 三月穷途无胜事，十年流水见归心。——《皇陂》

10. 野花相笑落满地，山鸟自惊啼傍人。——《春日登上元石头故城》

11. 若教解语应倾国，任是无情亦动人。——《牡丹花》

12. 暖气潜催次第春，梅花已谢杏花新。半开半落闲园里，何异荣枯世上人。——《杏花》

13. 芳草台边魂不归，野烟乔木弄残晖。可怜高祖清平业，留与闲人作是非。——《望思台》

14. 芳草有情皆碍马，好云无处不遮楼。山将别恨和心断，水带离声入梦流。——《魏城逢故人》

15. 敢恨守株曾失意，始知缘木更难求。——《答宗人衮》

16. 羡他南涧高眠客，春去春来任物华。——《寄南城韦逸人》

17. 尽道丰年瑞，丰年事若何？长安有贫者，为瑞不宜多！——《雪》

皮　陆

皮日休曾为苏州从事，身为苏州人的陆龟蒙带着诗文前去拜访，二人自此相识，结为莫逆之交，并称“皮陆”。皮陆二人都堪称“奇士”，有着强烈的切磋互补的愿望，而实现这种愿望的最好方式就是诗歌唱和。此后他们常常“以笔墨相娱乐”，由此产生的诗作数量很多，最后合编为《松陵集》。

二人的散文中有些忧时愤世的小品，这在某种程度上显示了他们虽称隐士而实际上并没有忘记天下的人生状态。他们的追求与坚持，也正如鲁迅《小品文的危机》中所说，在唐末，他们“正是一塌糊涂的泥塘里的光彩和锋芒”。

醉吟先生

皮日休

为人耿介厌奉承，
性情淡泊拙谋营。
考官邀见惊貌寝，[①]
刚胆反唇显芒锋。
多有诗作忧时弊，

常怀慈悲恤民情。
早年盛名满都邑，
晚岁陷贼难觅踪。

【注】

① 貌寝：亦作“貌侵”，相貌丑陋。

【记】

皮日休聪明能干，在诗歌、散文以及辞赋等领域均有显著的建树，20多岁时便已出名，但他的仕途却始终充满着丛生的荆棘。其主要原因是他为人耿介，不爱阿谀奉承，一些达官权贵对他也不怎么买账，因此皮日休便没有得到有效的引荐，第一次参加进士考试便黯然而归。

第二年进京参加考试时，吸取了教训的皮日休便带上了自己的作品集向有关人士投赠。这一回的主考官礼部侍郎郑愚极为欣赏他的诗文，还没有发榜时，他就派人请皮日休到自己府衙里座谈。郑愚原以为皮日休的诗文如此出众，人也应该长得眉清目秀。但事实上皮日休的左眼角下塌，远远看去，简直就像“独眼龙”一般。出乎意料的郑愚此时不由半开玩笑半当真地说道：“您的学识可谓才高八斗，学富五车，只是您仅有一只眼睛，那真是太可惜了呀！”皮日休的回答更让这位考官大人出乎意料：“侍郎大人可千万不能因为我这一只眼睛，而使您原本长有两只眼睛的人也丧失了眼力啊！”反唇相讥的代价是，皮日休的成绩从较高的位置被排在了最后一名。后来由于对自己卑微的官职不满，皮日休便毅然投奔了黄巢起义军，但在起义失败后却不知所踪。

有学者认为皮日休是“一位忧国忧民的知识分子”，其诗文多为同情民间疾苦之作。

皮日休名句欣赏

1. 尽道隋亡为此河，至今千里赖通波。若无水殿龙舟事，共禹论功不较多？——《汴河怀古》

2. 落尽残红始吐芳，佳名唤作百花王。竞夸天下无双艳，独占人间第一香。——《牡丹》

3. 万顷湖天碧，一星飞鹭白。——《秋江晓望》

4. 醉少最因吟月冷，瘦多偏为卧云寒。——《寄毗陵魏处士朴》

5. 烟浪溅篷寒不睡，更将枯蚌点渔灯。——《钓侣二章》

6. 惟书有色，艳于西子；惟文有华，秀于百卉。——《目箴》

7. 杉桂交阴一里余，逢人浑似洞天居。千株橘树唯沽酒，十顷莲塘不买鱼。藜杖闲来侵径竹，角巾端坐满楼书。襄阳无限烟霞地，难觅幽奇似此殊。——《陈先辈故居》

8. 酒病校来无一事，鹤亡松老似经年。——《初冬偶作》

9. 殷勤莫怪求医切，只为山樱欲放红。——《病中书情寄上崔谏议》

10. 吟罢不知诗首数，隔林明月过中天。——《寒夜文宴得泉字》

11. 莫为爱诗偏念我，访君多得醉中还。——《秋晚访李处士所居》

12. 醒来山月高，孤枕群书里。酒渴漫思茶，山童呼不起。——《闲夜酒醒》

13. 玉颗珊珊下月轮，殿前拾得露华新。至今不会天中事，应是嫦娥掷与人。——《天竺寺八月十五日夜桂子》

14. 瘿床闲卧昼迢迢，唯把真如慰寂寥。——《病中美景颇阻追游因寄鲁望》

江湖散人

陆龟蒙

性喜隐逸善日休，[1]
高蹈从不交俗流。[2]
癖好书册常抄录，
擅长农学细考究。
诗干仕禄难趁愿，[3]
船载书茶任风流。
田家自有渔樵乐，
何需沽酒浇闲愁？

【注】

① 善：交好。日休：即前面提到的晚唐诗人皮日休。

② 高蹈：高超；超脱。

③ 干：音 gān，求取。

【记】

陆龟蒙年轻时便通贯六经大义，尤其精通《春秋》。举进士不第后隐居松江甫里，不与流俗交往。自己在山下经营茶园，每年收取租茶后，自煮，自斟，自品，自饮，其乐无穷。他还经常携带书籍、茶具、笔墨、钓具等泛舟往来于太湖之中，自称江湖散人。他癖好藏书，每得一珍本图书，熟读背诵后加以抄录，并多加校雠后再行抄写，以至于他的每本书都有一个副本。躬耕南亩、垂钓江湖之余，他写下了许多诗、赋、杂著，并于公元879年卧病期间自编《笠泽丛书》，其中有许多反映农事活动和农民生活的田家诗。

陆龟蒙是中国封建社会中一个非同寻常的文人，其意义在于，当他对以诗书干禄的官僚集团失望之后，并没有像阮籍等人那样借酒浇愁乃至不可自拔，而是找到了另一种身份认同与角色定位，那就是脱离知识阶层，走向乡间，奔向林泉，成为农夫和渔夫。更为可贵的是，他虽胸怀天下，饮誉文坛，却能将历来不为文人和士大夫所重视的农具，进行细致的研究总结，甘做小人之事。比如研究中国犁的学者，言必称颂陆龟蒙的《耒耜经》。作为农学家，陆龟蒙的贡献不仅在于农业器具方面，其他诸如植物保护、动物饲养等方面也多有建树。

陆龟蒙名句欣赏

1. 几年无事傍江湖，醉倒黄公旧酒垆。觉后不知明月上，满身花影倩人扶。——《和袭美春夕酒醒》

2. 蝮蛇一螫手，壮士即解腕。——《别离》

3. 丈夫非无泪，不洒离别间。——《别离》

4. 莫倚高枝纵繁响，也应回首顾螳螂。——《咏蝉》

5. 蓬莱有路教人到，应亦年年税紫芝。——《新沙》

6. 素花多蒙别艳欺，此花真合在瑶池。无情有恨何人觉？月晓风清欲堕时。——《和袭美木兰后池三咏·白莲》

7. 奴颜婢膝真乞丐，反以正直为狂痴。——《江湖散人歌》

8. 不用临池更相笑，最无根蒂是浮名。——《和袭美木兰后池三咏·浮萍》

9. 生为并蒂花，亦有先后落。——《美人》

10. 唯愁别后当风立，万树将秋入恨来。——《有别二首》

11. 岂知千丽句，不敌一谗言。——《离骚》

12. 春恨与谁同酩酊，玄言何处问逍遥。——《奉酬袭美病中见寄》

13. 江上悠悠人不问，十年云外醉中身。——《丁香》

14. 何须万里外，即此是天涯。——《村中晚望》

15. 人寿期满百，花开唯一春。——《惜花》

16. 香径长洲尽棘丛，奢云艳雨只悲风。吴王事事须亡国，未必西施胜六宫。——《吴宫怀古》

17. 正是霜风飘断处，寒鸥惊起一双双。——《冬柳》

18. 九秋风露越窑开，夺得千峰翠色来。——《秘色越器》

19. 一雨一风皆遂性，花开花落尽忘机。——《奉和袭美题达上人药圃二首》

九华山人

杜荀鹤

出身低微家贫寒，
饱负才名享词坛。
屡试不第难酬志，
适逢乱局复归山。
诗成一家荀鹤体，
文存三百肺腑言。
半生清名中道废，[1]
谄事权贵为求官。

【注】

① 中道：中途，半道。

【记】

才华横溢、终未酬志的杜荀鹤在诗坛颇负盛名，他一生以诗为业，自成一家。自说“乍可百年无称意，难教一日不吟诗”，又云“不是营生拙，都缘觅句忙”。南宋诗论家严羽在《沧浪诗话》中标举其诗为“杜荀鹤体”。其特点是善用白描手法反映社会现实，语言通俗浅近，不求雕琢，在唐代律体诗中独辟蹊径。

杜荀鹤一生最富戏剧性而又备受争议者莫过于他“苦求为官”一事了，这就不得不介绍一下朱温。朱温，五代时期梁朝第一位皇帝，专横霸道，是有名的屠夫皇帝。据说他手下的官吏每天上班之前，都要先与家人辞行，做好赴死的准备，晚上回家后全家相贺又活了一天。杜荀鹤竟然选择了向这个杀人不眨眼的魔鬼朱温投诗求官。

据说杜荀鹤面见朱温时因恐惧而汗如雨下、面色惨然、浑身发抖、神不附体。好不容易答问完毕回到客舍后，竟然惊惧成病，一夜之间泻了几十回，躺在床上不能动弹，几乎要死去。但当第二天朱温再次召见他的时候，杜荀鹤竟然立即忘了病症，趋步如飞，言语行动好像正常人一样。《鉴诫录》记载，朱温后来专门给礼部打招呼，杜荀鹤得中进士第八名，并被授予翰林学士、主客员外郎，可惜杜荀鹤竟“遘重疾，旬日而卒”。（遘重疾：害重病、生大病。遘：音 gòu）

杜荀鹤名句欣赏

1. 泾溪石险人兢慎，终岁不闻倾覆人。却是平流无石处，时时闻说有沉沦。——《泾溪》

2. 少年辛苦终身事，莫向光阴惰寸功。——《题弟侄书堂》

3. 自小刺头深草里，而今渐觉出蓬蒿。时人不识凌云木，直待凌云始道高。——《小松》

4. 夫因兵死守蓬茅，麻苎衣衫鬓发焦。桑柘废来犹纳税，田园荒后尚征苗。时挑野菜和根煮，旋斫生柴带叶烧。任是深山更深处，也应无计避征徭。——《山中寡妇》

5. 昼短夜长须强学，学成贫亦胜他贫。——《喜从弟雪中远至有作》

6. 无人开口不言利，只我白头空爱吟。——《山居自遣》

7. 江湖苦吟士，天地最穷人。——《郊居即事投李给事》

8. 雨匀紫菊丛丛色，风弄红蕉叶叶声。北畔是山南畔海，只堪图画不堪行。——《闽中秋思》

9. 男子受恩须有地，平生不受等闲恩。——《投长沙裴侍郎》

10. 酒瓮琴书伴病身，熟谙时事乐于贫。宁为宇宙闲吟客，怕作乾坤窃禄人。诗旨未能忘救物，世情奈值不容真。平生肺腑无言处，白发吾唐一逸人。——《自叙》

11. 风暖鸟声碎，日高花影重。——《春宫怨》

12. 山雨溪风卷钓丝，瓦瓯篷底独斟时。醉来睡着无人唤，流到前溪也不知。——《溪兴》

13. 朝喜花艳春，暮悲花委尘。不悲花落早，悲妾似花身。——《春闺怨》

南唐后主

李　煜

善诗工书画，[1]
疏于做君王。
灿灿金莲花，
翩翩美窅娘。
巧置洞天锦，
难敌宋师强。
魂归牵机药，[2]
遗恨失南唐。

【注】

① 工：长于；善于。

② 牵机药乃古代帝王赐死近臣和妃子时所用毒药，据说服下后，人的头部会开始抽搐，最后与足部佝偻相接而死。此药因毒死南唐李煜而出名。

【记】

“做个才子真绝代，可怜薄命做君王”，作为艺术家的李煜是非常成功的，但作为政治家的李煜却是极其失败的。正如柏杨所说：“南唐皇帝李煜先生词学的造诣，空前绝后，用在填词上的精力，远超过用在治国上。”

具有艺术家气质的李煜，连玩都玩出了名堂。他有一个舞女名叫窅娘，擅长跳一种采莲舞。据说窅娘跳舞时好像莲花凌波，俯仰摇曳之态优美动人。有一次，李煜看窅娘跳舞时为她扮演的凌波仙子的优美舞姿深深着迷，不由忽发奇想：如果做一朵金莲花，让身轻如燕的窅娘在上面翩翩起舞该是一件多么美妙的事情？于是他特谕工部用黄金铸造了一座高六米的巨型莲台，让窅娘在高高的莲台上为其跳舞。采莲女出身的窅娘舞动起来真可谓“天外飞仙过，步步生莲花”。

李煜曾还用嵌有金线的红丝罗帐装饰墙壁，又用绿宝石镶嵌窗格，以红罗朱纱糊在窗上，屋外则广植梅花，于花间设置彩画小木亭，仅容二座，李煜就和爱姬周氏赏花对饮。每逢春盛花开，就以隔筒为花器插花，置于梁栋、窗户、墙壁和台阶上，号为“锦洞天”。每年七夕生日时，李煜必命人用红、白色丝罗百余匹，作月宫天河之状，整夜吟唱作乐，天明才撤去。但是，在他梦未醒时，宋军的铁骑已开到金陵城下。

毛泽东说：“南唐李后主虽多才多艺，但不抓政治，终于亡国。”

李煜名句欣赏

1. 一重山，两重山。山远天高烟水寒，相思枫叶丹。菊花开，菊花残。塞雁高飞人未还，一帘风月闲。——《长相思》

2. 砌下落梅如雪乱，拂了一身还满。……离恨恰如春草，更行更远还生。——《清平乐》

3. 多少恨，昨夜梦魂中。还似旧时游上苑，车如流水马如龙。花月正春风。——《忆江南·多少恨》

4. 林花谢了春红，太匆匆，无奈朝来寒雨晚来风。胭脂泪，相留醉，几时重，自是人生长恨水长东。——《相见欢》

5. 四十年来家国，三千里地山河。——《破阵子》

6. 帘外雨潺潺，春意阑珊。罗衾不耐五更寒。梦里不知身是客，一晌贪欢。独自莫凭栏，无限江山，别时容易见时难。流水落花春去也，天上人间。——《浪淘沙》

7. 问君能有几多愁，恰是一江春水向东流。——《虞美人》

8. 浪花有意千里雪，桃花无言一队春。一壶酒，一竿身，快活如侬有几人。——《渔父》

9. 一棹春风一叶舟，一纶茧缕一轻钩。花满渚，酒盈瓯，万顷波中得自由。——《渔父》

10. 芦花深处泊孤舟，笛在月明楼。——《望江南》

11. 世事漫随流水，算来一梦浮生。——《乌夜啼》

12. 无言独上西楼，月如钩，寂寞梧桐深院锁清秋。剪不断，理还乱，是离愁，别是一般滋味在心头。——《相见欢》

处士第一人

林 逋

性喜吟诗多佳句，
恬淡好古远荣利。
布衣终身隐山林，
梅为妻兮鹤为子。

【记】

林逋被后人称为和靖先生，北宋著名隐逸诗人。幼时刻苦好学，通晓经史百家。性情孤高自好，不慕荣利。长大后，曾漫游江淮间，后隐居杭州西湖孤山，终生不仕不娶，唯喜植梅养鹤，自谓“以梅为妻，以鹤为子”，是谓“梅妻鹤子”。常驾小舟遍游西湖诸寺庙，与高僧诗友相往还。林逋布衣终身，长年以湖山为伴，相传20余年足不及城市。与家中童子约定：每逢客人到来，便纵鹤放飞，他见鹤必棹舟归来，现在杭州西湖孤山仍有“放鹤亭”。

林逋作诗随写随弃，从不留存。有人问：“何不录以示后世？”答曰：“我方晦迹林壑，且不欲以诗名一时，况后世乎？”有心人偷偷地把他写的诗记了下来，现有300余首传世。

林逋晚年，自为墓于庐侧，作诗云：“湖上青山对结庐，坟前修竹亦萧疏。茂陵他日求遗稿，犹喜曾无封禅书。”据《汉书》记载，司马相如死后，汉武帝从他的家中取回一篇遗书，上面建议汉武帝也应像秦始皇一样举行“封禅”大典。此诗最后两句则是说自己一辈子，一个献媚的字也没有写过。林逋是一个真正活出了自我的人，提到他，总会不自觉想起宋朝晚他100年出生、被称为“洛中八俊”之一的著名文人朱敦儒。若问为何？且读一读他的《西江月》：

日日深杯酒满，朝朝小圃花开。自歌自舞自开怀。且喜无拘无碍。青史几番春梦，黄泉多少奇才。不须计较与安排。领取而今现在。

林逋名句欣赏

1. 众芳摇落独暄妍，占尽风情向小园。疏影横斜水清浅，暗香浮动月黄昏。霜禽欲下先偷眼，粉蝶如知合断魂。幸有微吟可相狎，不须檀板共金樽。——《山园小梅》

2. 吴山青，越山青。两岸青山相对迎，谁知离别情？君泪盈，妾泪盈。罗带同心结未成，江头潮已平。——《长相思》

3. 此夜芭蕉雨，何人枕上闻。——《宿洞霄宫》

4. 纤钩时得小溪鱼，饱卧花阴兴有余。自是鼠嫌贫不到，莫惭尸素在吾庐。——《猫儿》

5. 知师一枕清秋梦，多为林间放鹤天。——《送慈师北游》

6. 野兴几多寻竹径，风情些小上茶楼。——《黄家庄》

7. 鹤闲临水久，蜂懒采花疏。——《小隐自题》

8. 金谷年年，乱生春色谁为主。余花落处，满地和烟雨。——《点绛唇》

9. 烟横落木寒初静，水带微阳晚未沉。——《玉梁峡口怀朱严从事之官岭外两夕舟次于此》

10. 一榻竹风横懒架，半轩花月到顽盆。——《春日怀历阳后园游兼寄宣城天使》

11. 几度枕肱人迹外，半窗松雪论天倪。——《寄太白李山人》

12. 最爱晚天吟枕上，好云遥耸数峰长。——《追和彭城太尉夏月寄题湖上湛源大师房》

13. 湖水倒窥疏影动，屋檐斜入一枝低。——《梅花》

14. 拂水远天孤傍晚，夹村微雨一犁春。——《杂兴》

15. 屈己者能处众，好胜者必遇敌。——《省心录》

16. 知不足者好学，耻下问者自满。——《省心录》

17. 面誉者，背必非。——《省心录》

白衣卿相

柳　永

浮名换低唱，
奉旨填词章。
十里荷花盛，
三秋桂子香。
晓风伴残月，
多情伤别肠。
重义青楼女，
聚金吊七郎。

【记】

柳永出身官宦世家，少时学习诗词，有功名用世之志。26 岁进京参加科举，此时的柳永踌躇满志，自信“定然魁甲登高第”，但是由于词风不合当朝口味而落第。愤慨之下柳永作《鹤冲天》：“才子词人，自是白衣卿相。……忍把浮名，换了浅斟低唱。”后来柳永又参加了科考，而且成绩遥遥领先，但发榜之前宋真宗看到了柳永的名字，御手一挥便划去了柳永的大名：“且去浅斟低唱，何要浮名？”从此，心怀苦闷的柳永便自称“奉旨填词柳三变”，一心作赋填词。宋人叶梦得《避暑录话》记载，“凡有井水处，即能歌柳词”，可见柳永词在当时已经深受欢迎。民间更是流传着这样的歌谣：“不愿君王召，愿得柳七叫；不愿千黄金，愿得柳七心；不愿神仙见，愿识柳七面。”

宋仁宗为人宽容且爱才，他亲政后为柳永开启了方便之门。1034 年，51 岁的柳永考中了进士，终于梦想成真的柳永喜悦不已。为官期间他深受百姓爱戴，被称为“名宦”，最后以屯田员外郎致仕，故世称他为柳屯田。

辞官后的柳永穷愁潦倒，四年后便与世长辞，终年 70 岁。据说他死的时候一贫如洗，没有亲人祭奠。歌伎们敬佩他的才学和痴情，凑钱替其安葬。每年清明节，又相约赴其坟地祭扫，并相沿成习，世称“吊柳七”或“吊柳会”。

柳永名句欣赏

1. 多情自古伤离别，更那堪，冷落清秋节！今宵酒醒何处？杨柳岸，晓风残月。——《雨霖铃・寒蝉凄切》

2. 对潇潇暮雨洒江天，一番洗清秋。渐霜风凄紧，关河冷落，残照当楼。是处红衰翠减，苒苒物华休。唯有长江水，无语东流。——《八声甘州》

3. 不忍登高临远，望故乡渺邈，归思难收。——《八声甘州》

4. 月露冷、梧叶飘黄。……故人何在，烟水茫茫。……海阔山遥，未知何处是潇湘。……断鸿声里，立尽斜阳。——《玉蝴蝶》

5. 毕竟不成眠，一夜长如岁。……系我一生心，负你千行泪。——《忆帝京》

6. 斜阳暮草茫茫，尽成万古遗愁。——《双声子》

7. 剪裁用尽春工意，浅蘸朝霞千万蕊。——《木兰花》

8. 草色烟光残照里。无言谁会凭栏意。……衣带渐宽终不悔，为伊消得人憔悴。——《蝶恋花》

9. 重湖叠巘清嘉。有三秋桂子，十里荷花。——《望海潮·东南形胜》

10. 吹破残烟入夜风，一轩明月上帘栊。——《鹧鸪天》

11. 长安古道马迟迟，高柳乱蝉嘶。——《少年游》

12. 我不求人富贵，人须求我文章。——《西江月》

13. 孤棹烟波，小楼风月，两处一般心。——《少年游》

14. 更回道、重城不见，寒江天外，隐隐两三烟树。——《采莲令·月华收》

15. 渐呜咽，画角数声残。对闲窗畔，停灯向晓，抱影无眠。——《戚氏》

一代贤相

范仲淹

两岁丧父家窭贫，[①]
生性纯孝智过人。
一代布衣成名士，
两袖清风做诤臣。[②]
在朝主政安社稷，
出师戍边保黎民。
先忧后乐行大义，
一身正气有范君。

【注】

① 窭贫：音 jù pín，贫穷。

② 诤臣：能直言规劝国君缺失的臣子。

【记】

范仲淹的父亲因病卒于任所，母亲谢氏贫困无依，只得抱着两岁的范仲淹改嫁，范仲淹也改从继父之姓，取名朱说（yuè）。公元 1011 年，23 岁的范仲淹得知家世后伤感不已，毅然辞别母亲前往南都应天府求学。27

岁时，范仲淹苦读及第，迎母归养，改回本名。

任吏部员外郎、权知开封府期间，范仲淹在京城大力整顿官僚机构，剔除弊政，开封府“肃然称治”，时称“朝廷无忧有范君，京师无事有希文”。因不满宰相吕夷简把持朝政，48岁时被罢黜出京。范仲淹后来辗转各地为官，因秉公直言而屡遭贬斥。梅尧臣作文《灵乌赋》力劝范仲淹少说话，少管闲事，自己逍遥就行。范仲淹回作《灵乌赋》，强调自己“宁鸣而死，不默而生”，尽显为民请命的凛然大节。后来边事吃紧，仁宗以范仲淹众望所归，派其戍边。庆历三年（1043），范仲淹回京出任参知政事，不久发起“庆历新政”。新政受挫后范仲淹被贬出京。在邓州为官时，百姓安居乐业，范仲淹闲暇之余到书院讲学，写诗作文，其传世名篇《岳阳楼记》及许多诗文均写于邓州。

作为宋学开山、士林领袖，他倡导的“先忧后乐”思想，为儒家思想中的进取精神树立了一个新的标杆。毛泽东说：“中国历史上有些知识分子是文武双全，不但能够下笔千言，而且是知兵善战。范仲淹就是这样的一个典型。”

范仲淹名句欣赏

1. 年年今夜，月华如练，长是人千里。——《御街行·秋日怀旧》

2. 浊酒一杯家万里，燕然未勒归无计。——《渔家傲·秋思》

3. 明月楼高休独倚，酒入愁肠，化作相思泪。——《苏幕遮》

4. 一派青山景色幽，前人田地后人收。后人收得休欢喜，还有后人在后头。——《书扇示门人》

5. 千峰秀处白云骄，吏隐云边岂待招。数仞堂高谁富贵，一枝巢隐自逍遥。杯中好物闲宜进，林下幽人静可邀。莫道官清无岁计，满山芝术长

灵苗。——《桐庐郡斋书事》

6. 好山深会诗人意，留得夕阳无限时。——《登表海楼》

7. 春尽桃花无处觅，空余流水到人间。——《风水洞》

8. 独上西楼为君久，满城明月会云销。——《依韵酬邠州通判王稷太博》

9. 瓢思颜子心还乐，琴遇钟君恨即销。——《睢阳学舍书怀》

10. 当炉一曲竹枝歌，肠断江南奈尔何。游子未归春又老，夜来风雨落花多。——《书酒家壁》

11. 半雨黄花秋赏健，一江明月夜归迟。世间荣辱何须道，塞上衰翁也自知。——《郡斋即事》

12. 云山苍苍，江水泱泱，先生之风，山高水长。——《严先生祠堂记》

13. 江上往来人，但爱鲈鱼美。君看一叶舟，出没风波里。——《江上渔者》

14. 善国者，莫先育才：育才之方，莫先劝学。——《上时相议制举书》

千古伯乐

欧阳修

少小凄哀四岁孤，
获秆画沙诲学书。
苦志探赜行高志，[1]
弃繁行简尚本初。
四方英才集门下，
千古伯乐为奋呼。
登山临水时忘返，
三遭贬谪竟何如。

【注】

① 探赜：音 tàn zé，探索奥秘。

【记】

欧阳修幼年丧父，母亲郑氏用荻秆在沙地上教欧阳修读书写字。欧阳修自幼刻苦勤奋，常从城南李家借书抄读，往往书不待抄完，便已能成诵。欧阳修 24 岁金榜题名，因宋代有“榜下择婿”的风俗，刚一中进士就被恩师胥偃定为自己的女婿，真可谓双喜临门。

后来因参与革新他几度遭贬，不朽名篇《醉翁亭记》便是“庆历新政”失败后，被贬为滁州太守时所作。欧阳修为政“宽简”，让自己和百姓都过得轻松，在这样的指导思想下，滁州反而被治理得井井有条。

欧阳修一生笔耕不辍，晚年还经常拿出自己年轻时写的文章来修改。夫人心疼地规劝道：“这么大岁数了，还费这个心。难道还是小孩子，怕先生骂你吗？”欧阳修笑道：“不怕先生骂，却怕后生笑。”他曾对同僚谢绛说：“我平生所作的文章，多半在‘三上’，即马上、枕上、厕上。”这种严谨的意识和认真的态度，成就了一代文学巨匠。

不仅如此，欧阳修还堪称千古伯乐。不但成就了苏轼、苏辙、曾巩等文坛巨匠，张载、程颢、吕大钧等旷世大儒的出名都与欧阳修的学识、眼光和胸怀密不可分。他一生桃李满天下，包拯、韩琦、文彦博、司马光等，都曾得到过他的激赏与推荐。“唐宋八大家”中，宋代五人均出自他的门下，而且都是以布衣之身被他相中、提携而名扬天下的。

欧阳修名句欣赏

1. 人生自是有情痴，此恨不关风与月。——《玉楼春》

2. 独立小桥风满袖，平林新月人归后。——《蝶恋花》

3. 遥知湖上一樽酒，能忆天涯万里人。——《西湖寄谢法曹韵》

4. 一生勤苦书千卷，万事销磨酒百分。——《退居述怀寄北京韩侍中二首》

5. 离愁渐远渐无穷，迢迢不断如春水。——《踏莎行》

6. 聚散苦匆匆，此恨无穷，今年花胜去年红，可惜明年花更好，知与谁同。——《浪淘沙》

7. 泪眼问花花不语，乱红飞过秋千去。——《蝶恋花》

8. 去年元夜时，花市灯如昼。月上柳梢头，人约黄昏后。今年元夜时，月与灯依旧。不见去年人，泪湿春衫袖。——《生查子·元夕》

9. 今年重对芳丛处，追往事，又成空。敲遍阑干，向人无语，惆怅满枝红。——《少年游》

10. 风清月白偏宜夜，一片琼田。谁羡骖鸾，人在舟中便是仙。——《采桑子》

11. 白发戴花君莫笑，六幺摧拍盏频传，人生何处似尊前。——《浣溪沙》

12. 寂寞起来褰绣幌，月明正在梨花上。——《蝶恋花》

13. 谁如颍水闲居士，十顷西湖一钓竿。——《寄韩子华》

14. 惟有吟哦殊不倦，始知文字乐无穷。——《戏答圣俞持烛之句》

15. 万树苍烟三峡暗，满川明月一猿哀。——《黄溪夜泊》

16. 雄心壮志两峥嵘，谁谓中年志不成。——《苏才翁挽诗》

17. 羡子年少正得路，有始扶桑初日升。——《送徐生之渑池》

18. 春风有意艳桃花，桃花无意惹诗情。——《四月九日幽谷见绯桃盛开》

苏 梅

“汉书下酒”的苏舜钦与宋诗“开山祖师”梅尧臣合称“苏梅”。在对诗歌的政治作用的认识上，苏舜钦与梅尧臣是一致的。他们批评“以藻丽为胜”的文学风气，而大力赞扬“任以古道”的诗风。

苏舜钦是慷慨、豪迈、积极要求改变现实的诗人，他的诗歌热情奔放，这一点有别于梅尧臣诗的委婉古淡、含蓄深远。

沧浪翁

苏舜钦

短章醉墨人传颂，[①]
子美文笔少成名。[②]
诗文复古流俗笑，
汉书下酒豪气生。
废纸换钱宴宾客，
谗人离间去汴京。
居闲得悟山水乐，
何妨长做沧浪翁。

【注】

① 短章醉墨：指酒后信笔所写的简短文字。短章：指篇幅较短的诗文篇章。

② 苏舜钦，字子美。另：唐朝诗人杜甫也字子美。

【记】

说起苏舜钦，就不能不提到因一篇名文崔生的“宋代四绝”：据说滕子京接到范仲淹的《岳阳楼记》后不禁喜出望外，当即就请大书法家苏舜钦书写，并请著名雕刻家邵竦将它雕刻在木匾上。于是楼、记、书法、雕刻并称“四绝”，并立了“四绝碑”保存在岳阳楼。可惜我们现在看到的并不是当时的“四绝匾”，它于宋神宗年间毁于大火，今天所见是乾隆年间著名大书法家、刑部尚书张照所书写。

苏舜钦最为人津津乐道的故事莫过于“汉书下酒”一事。他在岳父家里时，每天黄昏时边读书边饮酒，动辄一斗。岳父对此深感疑惑，就派人去偷偷观察。当时苏舜钦正在读《汉书·张良传》，当他读到张良行刺秦始皇抛出的大铁椎只砸中秦始皇的随从车辆时，便拍案叹息道：“真可惜呀！没有打中。”于是满满喝了一大杯酒。读到张良说：“自从我在下邳起义后，与皇上在陈留相遇，这是天意让我遇见陛下呀！”他又拍案叹道：“君臣相遇，如此艰难！”又喝下一大杯酒。岳父杜祁公听说后不禁大笑道：“有这样的下酒物，一斗不算多啊！”

苏舜钦乐以山水为伴，曾以四万贯钱买下废园进行修筑，傍水造亭，因感于“沧浪之水清兮，可以濯吾缨；沧浪之水浊兮，可以濯吾足”，题名“沧浪亭”，自号沧浪翁，并作《沧浪亭记》。沧浪亭石柱上的对联道出了其中情趣：“清风明月本无价，近水遥山皆有情。”

苏舜钦名句欣赏

1. 春阴垂野草青青，时有幽花一树明。晚泊孤舟古祠下，满川风雨看潮生。——《淮中晚泊犊头》

2. 嘉果浮沉酒半醺，床头书册乱纷纷。北轩凉吹开疏竹，卧看青天行白云。——《暑中杂咏》

3. 别院深深夏席清，石榴开遍透帘明。树阴满地日当午，梦觉流莺时一声。——《夏意》

4. 夜雨连明春水生，娇云浓暖弄阴晴。帘虚日薄花竹静，时有乳鸠相对鸣。——《初晴游沧浪亭》

5. 山蝉带响穿疏户，野蔓盘青入破窗。二子逢时犹死饿，三闾遭逐便沉江。——《沧浪静吟》

6. 清泉绝无一尘染，长松自是拔俗姿。——《无锡惠山寺》

7. 万物盛衰天意在，一身羁苦俗人轻。——《过苏州》

8. 景清境胜反不足，叹息此际无交游。——《中秋夜吴江亭上对月》

9. 栽培剪伐须勤力，花易凋零草易生。——《题花山寺壁》

10. 浩荡清淮天共流，长风万里送归舟。应愁晚泊喧卑地，吹入沧溟始自由。——《和淮上遇便风》

11. 万物盛衰天意在，一身羁苦俗人轻。无穷好景无缘住，旅棹区区暮亦行。——《过苏州》

12. 丈夫志，当景盛，耻疏闲。壮年何事憔悴，华发改朱颜。拟借寒潭垂钓，又恐鸥鸟相猜，不肯傍青纶。刺棹穿芦荻，无语看波澜。——《水调歌头》

13. 秋色入林红黯淡，日光穿竹翠玲珑。——《沧浪亭怀贯之》

14. 人生多求复多怨，天公供尔良独难。——《田家词》

宋诗“开山祖师”

梅尧臣

出身农家少时贫，
因慕贤君名尧臣。
作诗力反西昆体，[①]
为官羞登权贵门。
怜幼惜老爱黎庶，
明德修行孚缙绅。[②]
时有雅士来访晤，
从来德高必有邻。

【注】

① 西昆体：北宋初年诗坛上声势最盛的一个诗歌流派，追求辞藻华美、对仗工整，但思想内容贫乏空虚，脱离社会现实，缺乏真情实感。

② 缙绅：古代称有官职的或做过官的人，也作搢绅。孚：使人信服。

【记】

梅尧臣少即能诗，与苏舜钦齐名，时号“苏梅”，又与欧阳修并称“欧梅”。在诗歌创作上，他从早期模拟西昆体，到逐步脱离，直至最后的“变尽昆体”，为宋诗奠定了发展方向。他作诗主张写实，力求平淡含蓄。刘克庄在《后村诗话》中称之为宋诗的“开山祖师”。北宋诗人如欧阳修、稍后的王安石以及苏轼等，都受到他的熏陶，对他极度崇敬，欧阳修更是始终称梅尧臣为“诗老”，以表示内心的钦慕。

梅尧臣曾说过，“下不以傲接，上不以意迎”。他在京任职时，足迹“不登权门”，即使对于当时官拜京兆尹的好友欧阳修，他也不愿前往其家。在建德任职时，颇能体察民间疾苦，尽自己的力量做了许多惠政于民的事情。他经常深入乡间百姓家微服私访，与农人、烧瓦匠、贫妇交谈，了解民间疾苦，还亲自赶赴山林大火现场、洪水泛滥的溪流进行实地察看。他革除弊政，事必躬亲，当时建德为山区小县，县署外有一圈破旧的竹篱需要修护，因此成了官吏向百姓勒索的借口，梅尧臣到来之后果断以土墙代替竹篱。

梅尧臣在建德县为官五年，当地民众为了纪念梅尧臣，把县城所在地取名“梅城”（梅城命名的由来还有其他说法），延续至今。

梅尧臣名句欣赏

1. 野凫眠岸有闲意，老树着花无丑枝。——《东溪》

2. 谁道田家乐？春税秋未足。——《田家语》

3. 陶尽门前土，屋上无片瓦。十指不沾泥，鳞鳞居大厦。——《陶者》

4. 适与野情惬，千山高复低。好峰随处改，幽径独行迷。霜落熊升树，林空鹿饮溪。人家在何许，云外一声鸡。——《鲁山山行》

5. 疲马不畏鞭，暮途知几千。当须量马力，始得君马全。——《疲马》

6. 月缺不改光，剑折不改刚。月缺魄易满，剑折铸复良。势利压山岳，难屈志士肠。男儿自有守，可杀不可苟。——《古意》

7. 五更千里梦，残月一城鸡。——《梦后寄欧阳永叔》

8. 读易忘饥倦，东窗尽日开。庭花昏自敛，野蝶昼还来。——《闲居》

9. 谁将作美酒，醉看月生东。——《和范景仁王景彝殿中杂题》

10. 陶令生涯漉酒巾，门前种柳万条新。——《和范景仁王景彝殿中杂题》

11. 天地不争行，日月不争明。昼夜自显晦，冬春自枯荣。夸父逐日死，共工触天倾。二子不量力，空有千古名。……我愿会良友，醉颜日常赪。东海为酒卮，五湖为杯羹。……归来卧酒家，岂得惭公卿。乐亦但如此，举世任营营。——《饮酒呈邻几原甫》

12. 状难写之景，如在目前；含不尽之意，见于言外。——欧阳修《六一诗话》引梅尧臣之语

三　苏

“三苏”之称始见于宋王辟之《渑水燕谈录》：“苏氏文章擅天下，目其文曰‘三苏’，盖洵为老苏，轼为大苏，辙为小苏也。”宋仁宗嘉祐初年，苏洵带领苏轼、苏辙都到了东京（今河南开封），由于欧阳修的赏识和推誉，他们的文章很快闻名于世。一时学者竞相仿效，士大夫争相传诵。

清人撰联赞曰：“一门父子三词客，千古文章四大家。”伟大的无产阶级革命家朱德也曾高度评价：“一门三父子，都是大文豪。诗赋传千古，峨眉共比高。”

注：千古文章四大家指韩愈、柳宗元、欧阳修、苏轼。

大器晚成

苏　洵

少不近书唯嬉游，
赴举落榜始知羞。
认墨作糖缘发愤，[①]
焚稿归心竟考求。[②]
三苏游京人激赏，

二子及第谁比侔。[3]
虽属晚成终大器，
躬自勤苦天道酬。

【注】

① 认墨作糖：相传有一年端午节，程夫人看苏洵一直待在书房连早餐也忘吃了，就特地剥了几只粽子，连一碟白糖送进书房。中午进去收拾盘碟时，发现粽子已经吃完，糖碟却原封未动，然而苏洵的嘴边却是墨迹斑斑。原来苏洵只顾专心读书，方才竟把砚台当成糖碟，拿粽子蘸着墨吃了。

② 考求：探索研求。

③ 比侔：齐等，等同，相比。

【记】

由于父亲健在，没有养家之累，苏洵年少时不喜欢读书。青少年时代效仿李白和杜甫，游览了不少地方。过了 20 岁尚未发奋读书，依然终日嬉戏游玩。对于苏洵的无所事事，其父竟然“纵而不问”。

苏洵总仗着自己聪明，以为读书并不是什么难事。但是应举落第的失败，使他痛自检讨，奋发努力。《三字经》中有“苏老泉，二十七；始发愤，读书籍”的说法。据他所作文章《上欧阳内翰第一书》记载：“洵少年不学，生二十五年，始知读书，从士君子游。年既已晚，而又不遂刻意厉行，以古人自期。而视与己同列者，皆不胜己，则遂以为可矣。其后困益甚……由是尽烧曩时所为文数百篇，取《论语》《孟子》《韩子》及其他圣人、贤人之文，而兀然端坐，终日以读之者七八年矣。”苏洵发誓读书未成熟之前，不写任何文章。

嘉祐初年（1056），48 岁的苏洵带着 20 岁的苏轼和 18 岁的苏辙进京应试，谒见翰林学士欧阳修。欧阳修十分赞赏苏洵的文章，并极力向朝廷推荐，苏洵文名因而大盛。第二年苏轼苏辙同榜应试及第，更是轰动京师，“一日父子隐然名动京师，而苏氏文章遂擅天下”。许多考生争读他们的文章，甚至学习他们朴实高古的风格。当时有谚曰，“苏文生，吃菜根；苏文熟，吃羊肉”，足见三苏文章受世人重视的程度。

苏洵名句欣赏

1. 为将之道，当先治心。泰山崩于前而色不变，麋鹿兴于左而目不瞬，然后可以制利害，可以待敌。——《心术》

2. 一忍可以支百勇，一静可以制百动。——《心术》

3. 吾之所短，吾抗而暴之，使之疑而却；吾之所长，吾阴而养之，使之狎而堕其中。——《心术》

4. 事有必至，理有固然，惟天下之静者，乃能见微而知著。——《辨奸论》

5. 知无不言，言无不尽，百人誉之不加密，百人毁之不加疏。——《衡论·远虑》

6. 项籍有取天下之才，而无取天下之虑；曹操有取天下之虑，而无取天下之量；玄德有取天下之量，而无取天下之才。——《项籍论》

7. 时既久，胸中之言日益多，不能自制，试出而书之，已而再三读之，浑浑乎觉其来之易矣。——《上欧阳内翰第一书》

8. 教化之本，出于学校。——《议法》

9. 夫功之成，非成于成之日，盖必有所由起；祸之作，不作于作之日，亦必有所由兆。——《管仲论》

10. 明于大而暗于小。——《高祖》

11. 夫天下未尝无贤者，盖有有臣而无君者矣。——《管仲论》

12. 佳节久从愁里过，壮心偶傍醉中来。暮归冲雨寒无睡，自把新诗百遍开。——《九日和韩魏公》

无可救药的乐天派

苏　轼

其　一

巴山蜀水毓奇才，[①]
一袭青衫翩然来。
已因才大得盛赞，
又缘名高受疑猜。
政界群小齐发力，
文坛大师向乌台。
绝地逃生黜黄州，
悲歌一曲写壮怀。

其　二

扁舟草履随其缘，
闲云野鹤自翛然。[②]
打坐炼丹品美味，
煮茶温酒玩名山。
为政为官为民庶，

醉书醉画醉诗篇。
清风明月时入梦，
琼阁道骨一坡仙。

其　三

道大难容戴罪身，
著文倡道不染尘。
定心致公远浮利，
颐神养性乐天真。
朋来共尽一壶酒，
友去独对满溪云。
茫茫大江水照月，
了无牵挂做闲人。③

【注】

① 毓：生育，养育。

② 翛然：形容无拘无束、自由自在的样子。翛：音 Xiāo。

③ 苏轼《行香子·述怀》有诗句："几时归去，做个闲人。对一张琴，一壶酒，一溪云。"

【记】

苏轼之"轼"原意为车前的扶手，取其默默无闻却扶危救困、不可或缺之意。他以一篇《刑赏忠厚之至论》深受主考官欧阳修赏识，却因欧阳修误认为文章是自己的弟子曾巩所作，为了避嫌，使他只得了第二名。了解真相后欧阳修不禁对苏轼大加赞赏："此人文章必独步天下。"又说：

"三十年后，恐怕人们只知有苏文，而不知有我了。"

王安石为相后，苏轼的许多师友包括当初赏识他的欧阳修，因反对新法均被迫离京。苏轼也因上书谈论新法的弊病而惹怒了王安石，于是请求出京任职。他在地方为官时革新除弊，因法便民，颇有政绩。

苏轼43岁调任湖州知州，给皇上写了一封《湖州谢上表》，里面有"知其愚不适时，难以追陪新进；察其老不生事，或能牧养小民"等语，结果彻底激怒了新党。他们从苏轼的诗作中挑出自认为隐含讥讽的句子进行上纲上线的诬陷，上任才三个月的苏轼被御史台的吏卒逮捕，受牵连者达数十人。这就是北宋著名的"乌台诗案"。

在新党纷纷要置苏轼于死地之时，救援活动也随之展开，朝中许多元老纷纷上书，连一些变法派的有识之士也劝谏神宗不要杀苏轼。关键时刻，已退居金陵的王安石的上书可谓一言九鼎："安有圣世而杀才士乎？"于是坐牢103天的苏轼得以从轻发落，贬为黄州团练副使。宋哲宗即位后，苏轼曾被召还朝廷，且一路高升。但当他看到新兴势力拼命压制王安石集团人物以及尽废新法后，再次向皇帝上书，对旧党执政后暴露出的腐败现象进行了抨击。由此，他又引起了旧党的极力反对。苏轼至此既不能容于新党，又不能见谅于旧党，因而再度自求外调。后来他任职杭州，留下了著名的"苏公堤""苏堤春晓"等著名景点。

"问汝平生功业，黄州惠州儋州。"58岁时苏轼被贬惠州，留下了"日啖荔枝三百颗，不辞长作岭南人"(《惠州一绝》)的佳句。62岁时又被贬儋州（今海南儋县）。据说在宋朝，放逐海南是仅比满门抄斩罪轻一等的处罚。"我本儋耳氏，寄生西蜀州"，苏轼他却把儋州当成了自己的第二故乡，他在这里办学堂，倡学风，以致许多人不远千里，追至儋州跟从苏轼学习。苏轼成为儋州文化的开拓者、播种人。

徽宗即位后，天下大赦，苏轼得以北归，然而却于归途中卒于常州

（今属江苏），葬于汝州郏城县（今河南郏县），享年65岁。林语堂在《苏东坡传》一书中这样评价他："苏东坡是一个无可救药的乐天派、一个伟大的人道主义者、一个百姓的朋友……一位在政治上专唱反调的人，一个月夜徘徊者、一个诗人。"

苏轼名句欣赏

1. 春色三分，二分尘土，一分流水。细看来，不是杨花，点点是离人泪。——《水龙吟》

2. 殷勤且更尽离觞。此身如传舍，何处是吾乡！——《临江仙·送王缄》

3. 殷勤昨夜三更雨，又得浮生一日凉。——《鹧鸪天》

4. 万事到头都是梦，休休。明日黄花蝶也愁。——《南乡子》

5. 拣尽寒枝不肯栖，寂寞沙洲冷。——《卜算子》

6. 欲寄相思千点泪，流不到，楚江东。——《江城子》

7. 枝上柳绵吹又少，天涯何处无芳草！——《蝶恋花》

8. 人生到处知何似？应似飞鸿踏雪泥。——《和子由渑池怀旧》

9. 欲把西湖比西子，淡妆浓抹总相宜。——《饮湖上初晴后雨》

10. 暮鼓朝钟自击撞，闭门孤枕对残红。——《书双竹湛师房》

11. 扁舟一棹归何处？家在江南黄叶村。——《书李世南所画秋景》

12. 荷尽已无擎雨盖，菊残犹有傲霜枝。一年好景君须记，最是橙黄橘绿时。——《赠刘景文》

13. 天下有大勇者，卒然临之而不惊，无故加之而不怒。——《留侯论》

14. 云散月明谁点缀？天容海色本澄清。……九死南荒吾不恨，兹游奇绝冠平生。——《六月二十日夜渡海》

15. 余生欲老海南村，帝遣巫阳招我魂。杳杳天低鹘没处，青山一发是中原。——《澄迈驿通潮阁》

16. 春宵一刻值千金，花有清香月有阴。——《春宵》

17. 几时归去，作个闲人。对一张琴，一壶酒，一溪云。——《行香子》

18. 山下兰芽短浸溪，松间沙路净无泥，萧萧暮雨子规啼。——《浣溪沙》

颍滨遗老

苏 辙

天下才气集一门，
小苏器识亦无伦。
遍览百家识成败，
纵谈今古作奇文。
宁将官位赎兄罪，
敢具奏疏斥佞臣。
不有至情何能尔，①
生性内敛守真纯。

【注】

① 尔：这样，如此。

【记】

关于苏辙之“辙”，苏洵在《名二子说》中解释说：天下的车没有不顺着辙走的，虽然论功劳，车辙是没份的，但如果车翻马毙，也怪不到辙的头上。虽然“辙”不易致福，却也难以招灾，这与苏辙相对内敛的性格倒颇为相符。

苏氏兄弟一同参加了由宋仁宗主持的“制科”殿试，苏轼考了第一，这第一叫作“制科三等”。宋史《苏轼传》记载，“自宋初以来，制策入三等，惟吴育与轼而已”，据说吴育得的还是第三次等，一二等皆虚设。仁宗当天回后宫对曹皇后感慨说：“今天朕为子孙后代得了两位清平宰相。”一位是苏轼，另一位便是苏辙，制科考试入四等。考前有个小插曲：考生们报名很踊跃，主考官开玩笑说，苏氏兄弟在此，你们觉得有希望吗？于是考生散去大半。因为制科考试的选拔非常严格，据说在宋朝 319 年的历史中，科举考试选了 4 万多进士，而制科考试只举行过 22 次，平均每 14.5 年举行一次，成功通过的人只有 41 人。还有史料记载，考期临近了，苏辙偏又生病，宰相韩琦竟下令延期。

古来兄弟相亲相知相念之乐未见有过“二苏”者，翻看一下他们的文集，很大一部分是两人的互答之作：“但愿人长久，千里共婵娟”，“与君世世为兄弟，更结来世未了因”，“自信老兄怜弱弟，岂关天下无良朋”，读来令人动容。苏轼被贬黄州时，苏辙上书请求以自己的官职为兄赎罪。

苏辙名句欣赏

1. 天下之乐无穷，而以适意为悦。——《武昌九曲亭记》

2. 幽居一室少尘缘，妻子相看意自闲。行到南窗修竹下，恍然如见旧溪山。——《南斋竹三绝》

3. 角胜争先非老事，凭栏寓目思悠悠。——《竞渡》

4. 最怜人散西轩静，暖暖斜阳著树明。——《踏青》

5. 冷枕单衣小竹床，卧闻秋雨滴心凉。——《病退》

6. 种棠经岁便成科，秋雨调匀气渐和。——《次韵毛君感事书怀》

7. 西出阳关万里行，弯弓走马自忘生。——《李公麟阳关二绝》

8. 人生在世，不出一番好议论，不留一番好事业，终日饱食暖衣，无所用心，何自别于禽兽？以拙养巧，以讷养辩。——《上刘长安书》

9. 早岁读书无甚解，晚年省事有奇功。——《省事》

10. 人必知道而后知爱身，知爱身而后知爱人，知爱人而后知保天下。——《汉昭帝》

11. 东坡何罪？独以名太高。吾欲为曲，为曲必屈，曲可为乎；吾欲为直，为直必折，直可为乎？——《栾城集》

12. 陌上红尘霏似雾，云间明月冷如冰。——《正月十六日》

13. 宇宙非不宽，闭门自为阻。心知外尘恶，且忍闲居苦。——《见儿侄唱酬次韵五首》

14. 上有毫发之意，则下有丘山之取。——《栾城集》

15. 得已而不已，不得已而已之，二者皆乱也。——《晋武帝》

16. 以烦手烹鱼，则鱼必溃；使学者制锦，则锦必伤。——《荀龙知澶州李孝纯知棣州》

苏门名士

《宋史·黄庭坚传》记载："黄庭坚与张耒、晁补之、秦观俱游苏轼门下，天下称为四学士。"而最先将此四人并称且加以宣传的却是苏轼本人，他在《答李昭玘书》一文中说："如黄庭坚鲁直、晁补之无咎、秦观太虚、张耒文潜之流，皆世未之知，而轼独先知。"在苏轼的众多门生和崇拜者中，他最欣赏和重视这四个人。由于苏轼的推誉，四人很快名满天下，真可谓"附骥尾而行益显"。

江西诗派开山之祖

黄庭坚

江西诗派谁开山？
鲁直文笔超尘凡。①
章法得失袭老杜，
宦途起落共子瞻。②
为政从不虐黎庶，
教子常得思先贤。
终生磊落无愧怍，③
一身正气传千年。

【注】

① 黄庭坚，字鲁直。

② 苏轼，字子瞻。

③ 愧怍：音 kuì zuò，惭愧；羞愧。

【记】

黄庭坚，北宋著名文学家，诗风奇崛瘦硬，力摈轻俗之习，开一代风气，为江西诗派的开山鼻祖。生前与苏轼齐名，世称“苏黄”。书法精妙，与苏轼、米芾、蔡襄并称“宋四家”。

他幼年便聪颖过人，读书数遍就能背诵，被他舅舅李常称为千里之才。七岁作《牧童诗》：“骑牛远远过前村，吹笛风斜隔岸闻。多少长安名利客，机关用尽不如君。”八岁作诗送人赴举：“万里云程着祖鞭，送君归去玉阶前。若问旧时黄庭坚，谪在人间今八年。”

但是黄庭坚一生却历尽沧桑，几经宦海波澜，从未显位执掌大权，但是他不苟附进，淡泊名利。黄庭坚走上仕途之初，就具有强烈的施仁政、抚黎民、建功业的思想，虽然仕途多舛，但他所倡导的“当官莫避事，为吏要清心”“不以民为梯，俯仰无所怍”的从政主张，贯穿于他一生的仕途之中，深受后人景仰和爱戴。

黄庭坚的曾祖父黄中理曾主持制订《黄氏家规》，不仅本族奉为祖训，也被当地百姓奉为楷模，世称“黄金家规”。出生于书香世家的黄庭坚更是非常注重对子弟的教育，流传下来的《家诫》一文，正是这一思想的具体体现。因此，在他所出生的有着“华夏进士第一村”美誉的双井村，黄氏家族中仅宋代就出了 48 位进士，其中 4 人官至尚书。

黄庭坚名句欣赏

1. 桃李春风一杯酒，江湖夜雨十年灯。——《寄黄几复》

2. 四顾山光接水光，凭栏十里芰荷香。清风明月无人管，并作南楼一味凉。——《鄂州南楼书事》

3. 万里归船弄长笛，此心吾与白鸥盟。——《登快阁》

4. 贤愚千载知谁是，满眼蓬蒿共一丘。——《清明》

5. 梅影横斜人不见，鸳鸯相对浴红衣。——《题惠崇画扇》

6. 藏书万卷可教子，遗金满籯常作灾。……观水观山皆得妙，更将何物污灵台。——《题胡逸老致虚庵》

7. 春无踪迹谁知。除非问取黄鹂。百啭无人能解，因风飞过蔷薇。——《清平乐》

8. 未到江南先一笑，岳阳楼上对君山。——《雨中登岳阳楼望君山》

9. 何如一身无四壁，满船明月卧芦花。——《薄薄酒二章》

10. 春风春雨花经眼，江北江南水拍天。——《次元明韵寄子由》

11. 坐对真成被花恼，出门一笑大江横。——《王充道送水仙花五十支》

12. 黄花白发相牵挽，付与时人冷眼看。——《鹧鸪天》

13. 世上滔滔声利间，独凭棋局老青山。心游万里不知远，身与一山相对闲。——《观叔祖少卿弈棋》

14. 丑妇千秋万岁同室，万金良药不如无疾。薄酒一谈一笑胜茶，万里封侯不如还家。——《薄薄酒二章》

15. 日晴花色自深浅，风软鸟声相应酬。谈笑一樽非俗物，对公无地可言愁。——《闰月访同年李夷伯子真于河上子真以诗谢次韵》

16. 人得交游是风月，天开图画即江山。——《王厚颂》

17. 世上岂无千里马，人中难得九方皋。酒船鱼网归来是，花落故溪深一篙。——《过平舆怀李子先时在并州》

婉约派一代词宗

秦　观

博览群书有志求，
献赋获赏苏徐州。[①]
性喜词作长丽句，
身怀气侠尚壮游。
文辞名高传千古，
官场路蹇抱百忧。[②]
七年颠沛流落死，
晚景哪堪如海愁。

【注】

① 苏徐州，即苏轼。

② 蹇：Jiǎn，艰阻，不顺利。

【记】

秦观少时聪颖，生性豪爽，博览群书，抱负远大。熙宁十年苏轼自密州移知徐州，29 岁的秦观前往拜谒，写诗道“我独不愿万户侯，惟愿一识苏徐州”。次年，他应苏轼之请写了一篇《黄楼赋》，苏轼称赞他“有屈、宋才”。在苏轼的劝说下，秦观开始发奋读书，积极准备参加科考。可是命运不济，两度应考均名落孙山。元丰七年（1084），35岁的秦观自编诗文集十卷后，苏轼为之作书并向王安石推荐，王安石称他“有鲍、谢清新之致”。

秦观36岁考中进士，在苏轼的帮助下任职京城。哲宗亲政后，“新党”执政，苏轼、秦观等人一同遭贬。出身下层，屡遭流贬，秦观的遭遇几乎是封建社会众多下层文士悲剧命运的缩影。他以其婉约凄美的词作，传递出广大文士共同的悲哀，因此受到了普遍的推崇和褒誉。李调元《雨村词话》甚至推誉其“首首珠玑，为宋一代词人之冠”。

45岁的秦观被贬杭州、郴州、雷州等地。七年后于北还途中逝世于藤州（今广西藤县），享年52岁。据说此前秦观游光华亭，口渴想要喝水，等人把水送来的时候，秦观面含微笑地看着，就此去世。当苏轼闻知秦观去世的噩耗时不禁失声痛哭，两日不能进食，叹道：“少游已矣，虽万人何赎！”王士禛诗云：“风流不见秦淮海，寂寞人间五百年。”

秦观名句欣赏

1. 两情若是久长时，又岂在朝朝暮暮。——《鹊桥仙》

2. 春去也，飞红万点愁如海。——《千秋岁》

3. 自在飞花轻似梦，无边丝雨细如愁。——《浣溪沙》

4. 便做春江都是泪，流不尽许多愁。——《江城子》

5. 雾失楼台，月迷津度，桃源望断无寻处。可堪孤馆闭春寒，杜鹃声里斜阳暮。驿寄梅花，鱼传尺素，砌成此恨无重数。郴江幸自绕郴山，为谁流下潇湘去。——《踏莎行》

6. 斜阳外，寒鸦万点，流水绕孤村。——《满庭芳》

7. 漠漠轻寒上小楼，晓阴无赖似穷秋。——《浣溪沙》

8. 夜月一帘幽梦，春风十里柔情。——《八六子·倚危亭》

9. 名缰利锁，天还知道，和天也瘦。——《水龙吟》

10. 一夕轻雷落万丝，霁光浮瓦碧参差。有情芍药含春泪，无力蔷薇卧晓枝。——《春日》

11. 风定小轩无落叶，青虫相对吐秋丝。——《秋日》

12. 无奈归心，暗随流水到天涯。——《望海潮》

13. 莺嘴啄花红溜，燕尾点波绿皱。——《如梦令》

14. 芳菲歇去何须恨，夏木阴阴正可人。——《三月晦日偶题》

15. 日典春衣非为酒，家贫食粥已多时。——《春日偶题呈钱尚书》

16. 水边灯火渐人行，天外一钩残月、带三星。——《南歌子》

17. 天寒水鸟自相依，十百为群戏落晖。过尽行人都不起，忽闻水响一齐飞。——《还自广陵》

超逸绝尘

张　耒

才调曾得二苏赞，
把酒论文共言欢。
诗作写就纸为贵，
宦途举足路维艰。
衣食难继长劳顿，
贫病交加久赋闲。[①]
痛悼恩师怒长上，
固守志趣号柯山。

【注】

① 赋闲：指没有职业在家闲着；失业在家。晋人潘岳辞官家居，曾作《闲居赋》，因而后人便把没有职业的“闲居”叫作赋闲。

【记】

张耒游学于陈州时得到了苏辙的厚爱，后时苏轼来陈州与其弟话别时，张耒得以谒见苏轼，颇受其青睐，自此张耒便成为苏氏兄弟的门下客，是“苏门四学士”中辞世最晚的一位。

张耒先后在安徽、河南等地做了十多年地方官，为政十分辛苦。苏轼回京后，张耒、黄庭坚、晁补之及秦观等人也相继被调任京官，闲暇之日他们或举酒欢宴，或游京都名胜，诗文酬唱，互相砥砺，共受苏轼薰沐。这段生活成为他们难以忘怀的欢乐时光，也是北宋文坛上的盛事，“一文一诗出，人争传诵之，纸价为贵”。

宋哲宗亲政后，新党得势，苏轼等人被贬，苏门弟子也相继被逐出京城。后苏轼遇赦从儋州北还途中卒于常州，张耒在颍州举哀，痛悼一代文豪和恩师，竟因此触怒了上方又一次被贬。作为罪臣，他不得住官舍和佛寺，只能在柯山旁租屋而居。荒树枯木，蓬蒿满眼，令人惆怅。但张耒并没有向敌对势力屈服，终生以闻道苏轼自负，且引为人生最大的志趣。在柯山脚下，张耒与苏轼的弟子潘大临彼此安慰，相濡以沫，共守大节。据载，当时的郡守瞿汝文怜其家贫，欲为其购买一份公田，以种植豆粟蔬菜等贴补家用，张耒敬谢不取。因为柯山的哀乐使张耒难以忘怀，故他自号为“柯山”。

张耒名句欣赏

1. 长夏村墟风日清，檐牙燕雀已生成。蝶衣晒粉花枝舞，蛛网添丝屋角晴。落落疏帘邀月影，嘈嘈虚枕纳溪声。久斑两鬓如霜雪，直欲渔樵过此生。——《夏日》

2. 渡头鸣春村径斜，悠悠小蝶飞豆花。——《海州道中二首》

3. 溪声夜涨寒通枕，山色朝晴翠染衣。——《屋东》

4. 一尘不染香到骨，姑射仙人风露身。——《腊初小雪后圃梅开》

5. 新月已生飞鸟外，落霞更在夕阳西。——《和周廉彦》

6. 荒田寂寂无人声，水边跳鱼翻水响。——《海州道中》

7. 残雪暗随冰笋滴，新春偷向柳梢归。——《早春》

8. 庭前落絮谁家柳，叶里新声是处莺。——《暮春》

9. 日暮北风吹雨去，数峰清瘦出云来。——《初见嵩山》

10. 芳草有情，夕阳无语，雁横南浦，人倚西楼。——《风流子》

11. 别离滋味浓于酒，著人瘦。此情不及墙东柳，春色年年如旧。——《秋蕊香》

12. 梦觉隔窗残月尽，五更春鸟满山啼。——《福昌官舍》

13. 业无高卑志当坚，男儿有求安得闲。——《示秬秸》

14. 沛公百万保咸阳，自古柔仁伏暴强。慷慨悲歌君勿恨，拔山盖世故应亡。——《项羽》

15. 萧条古寺松阴下，檐铎风中乳鸽飞。——《题南禅院壁》

16. 一尺盆池数种荷，鱼虾亦解起风波。尔来未识天池乐，更有鲸鹏奈尔何。——《鱼虾》

17. 西风一入庭前树，便有秋声到枕边。——《酒病中寄李十二招饮五首》

18. 老翁睡起支颐坐，初听新蝉第一声。——《绀碧》

两个犟老头

王安石和司马光，一个坚决变法，一个激烈反对，一个外号“拗相公”，一个人称“司马牛”，性格一个比一个倔。但政见上的争执，并不影响他们人格的伟大。他们心怀家国，爱民如子，修身养性，两袖清风，堪称士大夫的典范。王安石罢相后多被小人诋毁，晚景凄凉，66岁时病逝于江宁。听到王安石去世的消息，司马光无不惆怅地说：“不可毁之太过。”又说：“王安石为人并不甚坏，其过端在刚愎自用，死后朝廷应以优礼葬之。”

五个月后，比王安石大两岁的司马光也于公元1086年去世。两个享誉天下的神童、两个影响深远的文学家、两个曾经的老对手、两个和而不同的君子，竟然在同一年去世，着实让人感觉不可思议。

荆国公

王安石

学贯千载伟才生，
致位宰相遇神宗。
殚精矫世富邦国，[①]
竭智变俗强甲兵。

不营私产怀天下，
固守善道负高行。②
新法尽废空余恨，
山风送雨向金陵。

【注】

① 矫世：纠正世俗。

② 负：具有，享有。

【记】

王安石在生活上是一个不拘小节的人，常常衣裳肮脏，须发纷乱，仪表邋遢，且很少洗澡，以至于身上生出的虱子竟然堂而皇之地爬到了他的胡须之上。苏洵曾经描述王安石说，“衣臣虏之衣，食犬彘之食”，“囚首丧面而谈诗书”。

关于王安石胡须上的虱子，还有一段让人忍俊不禁的糗事。

据说有一天，宰相王安石和大臣王禹玉一同觐见皇上，商讨国家大事。王安石侃侃而谈，一只虱子不紧不慢地从他的领子爬上了他抖动的胡须上。王禹玉看到了，却不敢在皇上面前提醒他。皇上也看到了，边看边笑，也顾不得王安石在说什么。唯有王安石自己不知道，犹自口沫四溅地长篇大论。退朝后，王安石问皇上为何发笑，王禹玉指着王安石胡子上的虱子告诉了他。王安石命令仆人把它抓走。王禹玉说：“不可以随便把它弄走，要歌颂一下。”王安石问怎么歌颂？王禹玉说：“屡游相须，曾经御览，未可杀也。”（多次游览相爷的胡须，曾经被皇上召见过，不可以杀了）这个王禹玉，就是那个貌似宽厚却曾经极力构陷苏轼的王珪。

王安石最为人称道又倍受人诟病的事情是他的锐行变法，为了富国强兵，扭转北宋积贫积弱的局势，王安石和保守派进行了不屈不挠的斗争。“天变不足畏，祖宗不足法，人言不足恤”（《宋史·王安石列传》），便是他大义凛然的宣言。但由于王安石变法触犯了保守派的利益，加上自身性格及用人不当等因素，变法最终以失败告终。司马光上台后，全部废除新法，王安石为之奋斗一生的事业宣告结束，加之老年丧子，他的晚年过得异常凄苦。

但王安石的品行却是让任何人——不论是他的朋友还是他的敌人——都十分敬佩的。他一生质朴、节俭、博学多才，在当时士大夫中有着极高的威望，他曾经位居宰相，但却从不坐轿子、不纳妾、死后无任何遗产，这种高风亮节古今中外几人能比？

黄庭坚曾这样评价他：“余尝熟观其（王安石）风度，真视富贵如浮云，不溺于财利酒色，一世之伟人也。”

王安石名句欣赏

1. 不畏浮云遮望眼，自缘身在最高层。——《登飞来峰》

2. 延缘久未已，岁晚惜流光。——《岁晚》

3. 细数落花因坐久，缓寻芳草得归迟。——《北山》

4. 千门万户曈曈日，总把新桃换旧符。——《元日》

5. 聚天下之人，不可以无财；理天下之财，不可以无义。——《乞制置三司条例》

6. 折得一枝香在手，人间应未有。——《甘露歌》

7. 浓绿万枝红一点，动人春色不须多。——《咏石榴花》

8. 春色恼人眠不得，月移花影上栏杆。——《春夜》

9. 一水护田将绿绕，两山排闼送青来。——《书湖阴先生壁》

10. 可怜新月为谁好，无数晚山相对愁。——《北望》

11. 墙角数枝梅，凌寒独自开。遥知不是雪，为有暗香来。——《梅花》

12. 年少从他爱梨栗，长成须读五车书。——《赠外孙》

13. 纵被春风吹作雪，绝胜南陌碾成尘。——《北陂杏花》

14. 看似寻常最奇崛，成如容易却艰辛。——《题张司业诗》

15. 病身最觉风露早，归梦不知山水长。——《葛溪驿》

16. 山桃溪杏两三栽，为谁零落为谁开？——《浣溪沙》

17. 屋绕湾溪竹绕山，溪山却在白云间。临溪放杖依山坐，溪鸟山花共我闲。——《定林所居》

18. 良骥自奋蹄，慢马须加鞭。——《慢马加鞭》

19. 诗书千载经纶志，松竹四时萧洒心。——《郑子宪西斋》

20. 人怜直节生来瘦，自许高材老更刚。——《与舍弟华藏院忞君亭咏竹》

温国公

司马光

泰而不骄一鸿儒，[①]
警枕励志人叹服。[②]
进居朝堂为王佐，[③]
退处洛邑修史书。
破瓮救友智已见，
典田葬妻世所无。[④]
积劳成疾溘然逝，
民思其德罢市哭。

【注】

① 泰而不骄：态度安详舒泰却不骄傲。《论语·子路》子曰："君子泰而不骄，小人骄而不泰。"

② 警枕：古代一种木头制成的圆枕，人们熟睡翻身时头很容易从上面滑落而被警醒，因此称这种圆枕为警枕，也叫醒枕。清人陆以湉《冷庐杂识·警枕》："钱武肃王用警枕，司马温公亦用警枕。兴王贤相，勤劳正相同也。"

③ 王佐：即"佐王"（古汉语倒装），佐，辅佐。成语有"王佐之才"，指具有非凡的治国能力。

④ 典田葬妻：司马光的妻子去世后，清贫的司马光拿不出钱给妻子办丧事，只好把仅有的三顷薄田典当出去，置棺理丧。

【记】

司马光的博学一方面缘于他的好学强记，另一方面缘于他父亲的着意培养。由于他既诚实聪明，又十分懂事，父亲每逢出游或和同僚密友交谈时，总喜欢把他带在身边。耳濡目染的少年司马光在知识和见识方面都"凛然如成人"。

司马光20岁参加会试高中进士甲科，从此步入仕林。熙宁二年（1069），宋神宗重用王安石主持变法。王安石主张开源，司马光主张节流，曾经志趣相投的两人因政见不同而逐渐出现了矛盾。后来王安石在京城大张旗鼓地进行变法，司马光退居洛阳，绝口不提政事，于"独乐园"中专心编撰《资治通鉴》，66岁时终于完稿，时间前后长达19年。

据说司马光闲居洛阳期间，有一年元宵节，夫人想出去看灯。司马光说，家里点得有灯，何必出去看？夫人说，顺便想看看游人。司马光说：那我是鬼吗？（宋朝吕本中的《轩渠录》：司马温公洛阳闲居，时上元节，夫人欲出看灯，公曰：家中点灯，何必出看。妇人曰：兼欲看游人。公曰：某是鬼耶？）傻傻的道学气背后不乏幽默之情。

司马光做事用功，刻苦勤奋，“日力不足，继之以夜”，《资治通鉴》从发凡起例至删削定稿，他都亲自动笔，不假他人之手。他在《进资治通鉴表》中说：“臣今筋骨癯瘁，目视昏近，齿牙无几，神识衰耗，旋踵而忘。臣之精力，尽于此书。”成书不到两年，他便积劳而逝。

司马光的灵柩送往夏县时，京城的人们罢市前往凭吊，有的人甚至卖掉衣物去参加祭奠，街巷中的哭泣声超过了车水马龙的声音。等到安葬的时候，哭祭他的人仿佛哭自己的亲人一般哀痛。岭南封州的父老们，也都纷纷祭奠司马光，京城及全国各地都画出他的像来祭祀，吃饭前一定要先对着画像祭祀一番。

司马光名句欣赏

1. 若问古今兴废事，请君只看洛阳城。——《过故洛阳城》

2. 更无柳絮因风起，惟有葵花向阳倾。——《客中初夏》

3. 男儿努力平生志，肯使功名落草莱。——《和子渊除夜》

4. 人生百岁隙中光，唯有高名久不亡。千古但令编简在，清风养物一何长。——《读颍公清风庥》

5. 醉吟终日不知老，经史满堂谁道贫。长掩柴荆避寒暑，只将花卉记冬春。——《酬邵尧夫见示安乐窝中打乖吟》

6. 故人通贵绝相过，门外真堪置雀罗，我已幽慵僮更懒，雨来春草一番多。——《闲居》

7. 直缘迂僻求闲地，岂是孤高慕古人。英俊满朝皆稷契，太山何少一飞尘。——《和白都官见赠》

8. 解鞍纵马悄无事，隐几看书随处家。——《河北道中作》

9. 独闭柴荆老春色，任他陌上暮尘红。——《次韵和复古春日五绝句》

10. 长芦瘦竹映渔家，灯火渺茫寒照水。——《松江》

11. 竹林近水半边绿，桃树连村一片红。尽日解鞍山店雨，晚天回首酒旗风。——《寒食许昌道中寄幕府诸君》

12. 小院地偏人不到，满庭鸟迹印苍苔。——《夏日西斋书事》

13. 四望逶迤万叠山，微通云栈落尘寰。谁知吏道自可隐，未必仙家有此闲。酒熟何人能共醉，诗成无事复相关。浮生适意即为乐，安用腰金鼎鼐间。——《和赵子舆龙州吏隐堂》

14. 才德全尽谓之“圣人”，才德兼亡谓之“愚人”，德胜才谓之“君子”，才胜德谓之“小人”。凡取人之术，苟不得圣人，君子而与之，与其得小人，不若得愚人。——《资治通鉴》

济南二安

李清照号易安居士，辛弃疾字幼安，因两人字号中都有一“安”字，且都为济南人，故称“济南二安”，又称“山东二安”。为宋代词坛“婉约派”与“豪放派”代表人物。

李清照将“语尽而意不尽，意尽而情不尽”的婉约风格发展到了顶峰，以至赢得了婉约派词人“宗主”的地位，成为婉约派代表人物之一。她杰出的艺术成就赢得了后世文人的高度赞扬，后人认为她的词“不徒俯视巾帼，直欲压倒须眉”。辛弃疾本是智勇双全的英雄，天生一副英雄相貌：肤硕体胖，目光有棱，精神壮健如虎。他的人生理想本来是在战场上纵横驰骋博取功名，“把诗书马上，笑驱锋镝”，但由于生在一个错误的时代，只得“笔作剑锋长”，将本该用以简述“弓刀事业”的雄才来建立词史上的丰碑。

千古第一才女

李清照

书香门第百媚身，
聪慧颖悟才过人。
把酒赏花多闲趣，

赌书泼茶有逸闻。
琴瑟和鸣情切切，[①]
云鸿失侣痛深深。
独听苦雨三秋夜，
愁中谁解泪一痕？

【注】

① 琴瑟和鸣：比喻夫妇情笃和好。元人徐琰《青楼十咏·言盟》：“结同心尽了今生，琴瑟和谐，鸾凤和鸣。”情切切：情意十分真切，形容人的感情深厚，情意真挚。

【记】

李清照生于书香门第，父亲李格非精通经史，母亲王氏也知书能文，在家庭的熏陶下，她小小年纪便文采出众。18岁与大她三岁的赵明诚结婚，婚后生活安定幸福。两人都喜好读书，每次饭后烹茶的时候就用比赛的方式决定饮茶先后，一人提问某典故出自哪本书哪一卷的第几页第几行，对方答中先喝，可是由于赢者往往太过开心，反而将茶水洒了一身，于是便有了“赌书泼茶”的千古佳话。

公元1129年8月赵明诚去世，9月金兵南犯，46岁的李清照带着沉重的书籍文物开始逃难，她雇船、求人、投亲靠友，一个人苦苦坚持着。其间，她寄存在洪州的两万卷书、两千卷金石拓片被南侵的金兵焚掠一空，到越州时随身携带的五大箱文物又被贼人破墙盗走。

三年后在杭州再嫁张汝舟，但张汝舟是个地地道道的渣男，开始时表现得彬彬有礼，结婚之后很快就露出原形，原来他接近李清照的目的无非是想占有她身边尚存的文物。李清照曾在给友人的信中沉痛地说：“猥以桑

榆之晚景，配兹驵侩之下材。”（驵侩：音 zǎng kuài，市侩小人）

刚烈的李清照宁愿坐牢，也要坚决起诉张汝舟。因为依照宋朝法律，女人告丈夫，无论对错输赢，都要坐牢两年。虽然由于友人帮忙，李清照最后只坐了九天牢便被释放了，但这段维持仅数个月的婚姻在她心灵深处留下的伤痕却久久难以弥合。

李清照名句欣赏

1. 花自飘零水自流。一种相思，两处闲愁。此情无计可消除，才下眉头，却上心头。——《一剪梅》

2. 物是人非事事休，欲语泪先流。——《武陵春》

3. 枕上诗书闲处好，门前风景雨来佳。——《摊破浣溪沙》

4. 见客入来，袜刬金钗溜。和羞走，倚门回首，却把青梅嗅。——《点绛唇》

5. 闻说双溪春尚好，也拟泛轻舟。只恐双溪舴艋舟，载不动许多愁。——《武陵春》

6. 东篱把酒黄昏后，有暗香盈袖。莫道不销魂，帘卷西风，人比黄花瘦。——《醉花阴》

7. 何须浅碧深红色，自是花中第一流。——《鹧鸪天》

8. 旧时天气旧时衣，只有情怀不似旧家时！——《南歌子》

9. 春归秣陵树，人老建康城。——《临江仙》

10. 楼上晴天碧四垂，楼前芳草接天涯，劝君莫上最高梯。——《浣溪沙》

11. 造化可能偏有意，故教明月玲珑地。共赏金尊沉绿蚁，莫辞醉，此花不与群花比。——《渔家傲》

12. 吹箫人去玉楼空，肠断与谁同倚？——《孤雁儿》

13. 千古风流八咏楼，江山留与后人愁。——《题八咏楼》

14. 花开花落花无悔，缘来缘去缘如水。花谢为花开，花飞为花悲。花悲为花泪，花泪为花碎。花舞花落泪，花哭花瓣飞。花开为谁谢，花谢为谁悲。——《残花》

词中之龙

辛弃疾

命途乖蹇愁万端，
力主复国偏遭弹。
能把长剑斩虏首，
却将软毫写河山。
久在南亩勤稼穑，
时登危楼望中原。[①]
杀贼乏有回天力，
愧居村野伴鹤闲。

【注】

① 危楼：高楼。

【记】

辛弃疾的祖父经常带着辛弃疾“登高望远，指画山河”，这使得他在青少年时代就立下了恢复中原、报国雪耻的志向，因而辛弃疾身上始终有一种燕赵奇士的侠义之气。在中国文学史上，辛弃疾是一位令人敬仰的文武全才，他曾在义军中单人独骑杀了偷盗义军大印的和尚义端，又有过率领五十骑突袭金营活捉叛徒张安国的壮举。

但是，就是这位把洗雪国耻、收复失地作为自己毕生事业的勇士，却蒙受谗劾，备受排挤，长年赋闲乡间。

1181年春，42岁的辛弃疾来到上饶开工兴建带湖新居。他根据带湖四周的地形，亲自设计了“高处建舍，低处辟田”的庄园格局，并对家人说：“人生在勤，当以力田为先。”因此，他把带湖庄园取名为“稼轩”，并以此自号“稼轩居士”。当年十一月，由于受弹劾，官职被罢，带湖新居正好落成，辛弃疾回到上饶，开始了他近20年的闲居生活。但这种游山逛水、饮酒赋诗、闲云野鹤般的生活又如何是他的企求？一支羊毫软笔，又如何能写尽他一腔的悲愤？

1207年秋天，68岁的辛弃疾带着满腔忧愤和爱国之心离开了人世，据说他临终时还大呼“杀贼！杀贼！”在他的墓前，有一幅郭沫若撰写的楹联：“铁板铜琶，继东坡高唱大江东去；美芹悲黍，冀南宋莫随鸿雁南飞。”（美芹悲黍：辛弃疾曾于1165年写文论10篇，又称《美芹十论》，陈述抗金救国、收复失地、统一中国的大计。“悲黍”，黍即小米，据《史书》记载，周室东迁后，周朝志士回到故都，见昔日宗庙夷为田地，黍苗丛生，便悲国家之颠覆，故《诗经》有《黍离》篇）

辛弃疾名句欣赏

1. 城中桃李愁风雨，春在溪头荠菜花。——《鹧鸪天》

2. 白发空垂三千丈，一笑人间万事。——《贺新郎》

3. 不恨古人吾不见，恨古人不见吾狂耳。——《贺新郎》

4. 而今识尽愁滋味，欲说还休。欲说还休，却道天凉好个秋！——《丑奴儿》

5. 天下英雄谁敌手？曹刘。生子当如孙仲谋。——《南乡子》

6. 倩何人唤取，红巾翠袖，揾英雄泪？——《水龙吟》

7. 千金纵买相如赋，脉脉此情谁诉？君莫舞，君不见、玉环飞燕皆尘土！——《摸鱼儿》

8. 只今怀树更怀人，闲愁闲恨一番新。——《浣溪沙》

9. 拍手笑山鸥，一身都是愁。——《菩萨蛮》

10. 布被秋宵梦觉，眼前万里江山。——《清平乐》

11. 西风梨枣山园，儿童偷把长竿。莫遣旁人惊去，老夫静处闲看。——《清平乐》

12. 如今憔悴赋招魂，儒冠多误身。——《阮郎归》

13. 斫去桂婆娑，人道是、清光更多。——《太常引》

14. 书咄咄，且休休。一丘一壑也风流。——《鹧鸪天》

15. 唱彻《阳关》泪未干，功名馀事且加餐。浮天水送无穷树，带雨云埋一半山。——《鹧鸪天·送人》

16. 我见青山多妩媚，料青山、见我应如是。——《贺新郎》

17. 小桃无赖已撩人，梨花也作白头新。——《浣溪沙》

18. 更从今日醉，三万六千场。——《临江仙》

19. 众里寻他千百度，蓦然回首，那人却在，灯火阑珊处。——《青玉案·元夕》

一代诗俊

陈与义

才资卓伟少能文，
学识超绝通古今。
及第为官居闲位，[1]
归家把酒伴诗吟。
以谨待人立声望，
凭德辅政为重臣。
谠言未能动人主，[2]
空负一片忠义心。

【注】

① 及第：科举时代考试中选，特指考取进士。

② 谠言：音 dǎng yán，正直之言，直言。人主：旧时专指一国之主，即帝王。

【记】

陈与义，先祖居京兆（今陕西西安），安史之乱时入蜀避乱，自曾祖时从眉州迁居洛阳。其曾祖陈希亮（字公弼）为北宋仁宗时名臣，为人深受苏轼敬佩，自称平生从不为人作行状墓碑（行状：叙述死者世系、生平、生卒年月、籍贯、事迹的文章，常由死者门生故吏或亲友撰述，留作撰写墓志或为史官提供立传的依据）的苏轼担心陈希亮的事迹失传，破例写下了《陈公弼传》。

陈与义与“词俊”朱敦儒和“文俊”富直柔同列“洛中八俊”。24 岁考中进士，随后被授予文林郎一职，负责开德府（今濮阳）的文化教育工作。三年后辞职，回家与一帮好友吟诗赏画，日子过得好不快活自在。

29 岁时作诗《和张矩臣水墨梅五绝》，其中有“意足不求颜色似，前身相马九方皋”等句子，据说宋徽宗看到以后不禁击节称赏，当即便召见了陈与义，大有相见恨晚之意。陈与义自此名播海内，并被拔擢进用。南宋高宗时陈与义官至参知政事（副宰相），为国事竭忠尽智，呕心沥血。陈与义性格沉稳，不苟言笑，待人接物谦虚谨慎。被他推荐和提拔的官吏很多，但他从来不向外人透露这些事情，更不向被推荐、提拔的人提出任何要求。因此他在士大夫阶层中具有很高的威望，朝臣们大多愿意向他坦露心迹或请求他指点迷津。

陈与义主张武力收复中原，但高宗却甘心偏安江左以求苟延残喘。极度失望的陈与义便称病退职，三年后去世，终年 49 岁。

陈与义名句欣赏

1. 忆昔午桥桥上饮，座中多是豪英。长沟流月去无声。杏花疏影里，吹笛到天明。二十余年如一梦，此身虽在堪惊。闲登小阁看新晴。古今多少事，渔唱起三更。——《临江仙》

2. 吟诗日日待春风，及至桃花开后却匆匆。——《虞美人》

3. 洛阳城里又东风，未必桃花得似、旧时红。——《虞美人》

4. 明朝酒醒大江流，满载一船离恨向衡州。——《虞美人》

5. 飞花两岸照船红，百里榆堤半日风。卧看满天云不动，不知云与我俱东。——《襄邑道中》

6. 白头吊古风霜里，老木沧波无限悲。——《登岳阳楼》

7. 北望可堪回白首，南游聊得看丹枫。——《登岳阳楼》

8. 寂寞小桥和梦过，稻田深处草虫鸣。——《早行》

9. 海棠不惜胭脂色，独立蒙蒙细雨中。——《春寒》

10. 客子光阴诗卷里，杏花消息雨声中。——《怀天经智老因访之》

11. 高枝已约风为友，密叶能留雪作花。昨夜嫦娥更潇洒，又携疏影过窗纱。——《竹》

12. 未必上流须鲁肃，腐儒空白九分头。——《巴丘书事》

13. 孤臣霜发三千丈，每岁烟花一万重。——《伤春》

14. 爱把山瓢莫笑侬，愁时引睡有奇功。醒来推户寻诗去，乔木峥嵘明月中。——《寻诗两绝句》

15. 楚酒困人三日醉，园花经雨百般红。无人画出陈居士，亭角寻诗满袖风。——《寻诗两绝句》

16. 今宵绝胜无人共，卧看星河尽意明。——《雨晴》

17. 无人知此意，歌罢满帘风。——《临江仙》

南宋中兴诗人

南宋中兴四大诗人，又称南宋四大家，指尤袤、杨万里、范成大、陆游四位诗人。他们能摆脱江西诗派的桎梏，写出思想、艺术各具特色的作品，代表了宋代诗歌的第二个繁荣时期，对当时及后世都有很大影响。明人蒋一葵说："乾、淳间，诗人称诚斋、范石湖及陆放翁为巨擘。"尤袤流传下来的作品很少，杨万里、范成大虽比不上陆游，但各有特色。

当时杨万里、陆游的声名尤其著名，钱锺书曾对两人做出如下评价："放翁善写景，而诚斋善写生。放翁如图画之工笔；诚斋则如摄影之快镜，兔起鹘落，鸢飞鱼跃，稍纵即逝而及其未逝，转瞬即改而当其未改，眼明手捷，踪矢蹑风，此诚斋之所独也。"

杨万里有《诚斋集》，范成大有《范石湖集》，陆游有《陆放翁集》传世。

亘古男儿一放翁

陆　游

志在杀敌慰平生，
朝廷苟且难举兵。
仕宦途中屡遭忌，

浣花溪畔曾力耕。
课诗九千可泣鬼，[①]
平戎一策终为空。[②]
忧愤历久成疾患，
临殁未得收汴京。

【注】

① 课诗：写作诗歌。陆游一生勤奋，至老年仍然创作不懈，自言“六十年间万首诗”，是两宋留下诗作最多的诗人，留存于现代的诗作有9000余首。

② 乾道六年（1170），年届半百的陆游应枢密使兼四川宣抚使王炎之托草拟驱逐金人、收复中原的《平戎策》。然而朝廷只想求稳以图保全，很快便否决《平戎策》，王炎被召还临安终身不用，出师北伐的计划毁于一旦。

【记】

公元1125年，陆游的父亲陆宰奉诏由水路进京，在淮河舟上喜得第三子，便取名陆游。同年冬天金兵南下，两年后攻破汴京，北宋灭亡，陆宰携家眷逃回老家山阴。民族的矛盾、国家的不幸、家庭的流离等，这一切都给陆游幼小的心灵带来了不可磨灭的印象。

28岁时陆游进京临安（今杭州）参加科举考试，主考官陈子茂阅卷后取为第一名，因位居秦桧的孙子秦埙之上，秦桧不禁勃然大怒，欲降罪主考。第二年陆游参加礼部考试，秦桧指示主考官不得录取陆游。从此陆游被秦桧嫉恨，仕途不畅。

但此后陆游不管受到什么样的打击，他从来就没有屈服过。在他的诗中有这样一首："一生不作牛衣泣，万事从渠马耳风。……门前剥啄谁相觅，贺我今年号放翁。"说的是陆游任成都府路安抚使参议官时，与范成大一起共事，范成大左右的官员认为陆游不知高下，是个粗野狂放之人。陆游气愤地想："你们说我狂放，我就当个'放翁'，这总比明哲保身的庸人强。"从此陆游便有一个响当当的名号——陆放翁。

陆游一生笔耕不辍，诗、词、文都有很高成就。诗歌语言兼具李白的雄奇奔放与杜甫的沉郁悲凉，诗文中尤以饱含爱国热情见称，对后世产生了深远的影响。刘克庄《后村诗话续集》谓其词"激昂慷慨者，稼轩不能过"。

陆游名句欣赏

1. 零落成泥碾作尘，只有香如故。——《卜算子·咏梅》

2. 山重水复疑无路，柳暗花明又一村。——《游山西村》

3. 纸上得来终觉浅，绝知此事要躬行。——《冬夜读书示子聿》

4. 此生谁料，心在天山，身老沧洲。——《诉衷情》

5. 出师一表真名世，千载谁堪伯仲间！——《书愤》

6. 小楼一夜听春雨，深巷明朝卖杏花。——《临安春雨初霁》

7. 灯前目力虽非昔，犹课蝇头二万言。——《读书》

8. 何方可化身千亿，一树梅花一放翁。——《梅花绝句》

9. 位卑未敢忘忧国，事定犹须待阖棺。——《病起书怀》

10. 伤心桥下春波绿，曾是惊鸿照影来。——《沈园二首》

11. 此身行作稽山土，犹吊遗踪一泫然。——《沈园二首》

12. 丈夫五十功未立，提刀独立顾八荒。……呜呼！楚虽三户能亡秦，岂有堂堂中国空无人！——《金错刀行》

13. 日长似岁闲方觉，事大如山醉亦休。……欲舒老眼无高处，安得元龙百尺楼。——《秋思》

14. 此身合是诗人未？细雨骑驴入剑门。——《剑门道中遇微雨》

15. 水满有时观下鹭，草深无处不鸣蛙。——《幽居初夏》

16. 一竿风月，一蓑烟雨，家在钓台西住。——《鹊桥仙》

17. 一身报国有万死，双鬓向人无再青。——《夜泊水村》

18. 高标逸韵君知否，正是层冰积雪时。——《梅花绝句》

19. 夹路桑麻行不尽，始知身是太平人。——《初夏绝句》

20. 国仇未报壮士老，匣中宝剑夜有声。——《长歌行》

21. 三万里河东入海，五千仞岳上摩天。——《秋夜将晓出篱门迎凉有感》

一代诗宗

杨万里

为人刚直具清操，
仁而有勇称俊豪。[①]
诚斋一体添诗雅，[②]
策论千言见才高。[③]
立朝纵论罪臣宰，
退野拒征归故巢。
终生勤作诗两万，
老屋一隅供逍遥。

【注】

① 俊豪：才智杰出之人。

② 诚斋体：突出特点为“师法自然”，即善于捕捉自然景物表达情感。大至高山流水，小至游蜂戏蝶均可入诗。想象奇特，语言浅近。因杨万里号诚斋，故严羽《沧浪诗话》则称之为“杨诚斋体”。

③ 杨万里曾作《千虑策》。

【记】

杨万里的父亲杨芾精通《易经》，常忍着饥寒购买书籍，十年之内积得藏书数千卷。在父亲的影响下，杨万里自幼读书非常勤奋，广师博学，锲而不舍。因宋光宗曾为其亲书“诚斋”二字，故学者称杨万里为“诚斋先生”，他还在师法前人与自然的基础上创造了独具特色的“诚斋体”。

杨万里立朝刚正，遇事敢言，无所顾忌，因而始终不得大用。他一生视仕宦富贵如敝履，据说他在做京官时，就预先准备好了回家的盘缠锁在卧室箱中，时刻准备弃官归乡。又告诫家人不许置物，以免离职回乡时为其所累。杨万里为官清正廉洁，不以士大夫自居，不扰百姓，不贪钱物。江东转运副使任满时有余钱万缗，他全弃之于官库，一文不取而归。退居南溪之上，自家仅有一隅老屋可避风雨。此后朝廷三番复召杨万里回朝，他都一一谢绝。大明才子解缙赞曰：“文章足以盖一世，清节足矣励万世。”项安世赞曰：“雄吞诗界前无古，新创文机独有今。”

其长子杨长孺为官时敢于抨击权贵，为百姓撑腰做主。曾有皇亲国戚拒租抗税，横行乡里，欺压百姓。杨长孺亲自率领衙差上门捉拿。面对皇亲的不可一世，杨长孺刚正不阿，秉公办案，判曰：“尔为天子亲，我为天子臣；尔犯天子法，我行天子刑。”强宗自知理亏心虚，最终屈服认罪。

杨万里名句欣赏

1. 小荷才露尖尖角，早有蜻蜓立上头。——《小池》

2. 接天莲叶无穷碧，映日荷花别样红。——《晓出净慈寺送林子方》

3. 梅子流酸软齿牙，芭蕉分绿上窗纱。日长睡起无情思，闲看儿童捉柳花。——《闲居初夏午睡起》

4. 红红白白花临水，碧碧黄黄麦际天。——《过杨村》

5. 年年不带看花眼，不是愁中即病中。——《伤春》

6. 野菊荒苔各铸钱，金黄铜绿两争妍。天公支予穷诗客，只买清愁不买田。——《戏笔》

7. 荷边弄水一身香，竹里招风满扇凉。——《静坐池亭》

8. 却是归鸿不能语，一年一度到江南。——《初入淮河四绝句》

9. 闭门觅句非诗法，只是征行便有诗。——《下横山滩头望金华山四首》

10. 落红满路无人惜，蹈作花泥透脚香。——《小溪至新田四首》

11. 丹枫明远树，黄叶暗鸣泉。——《野炊猿藤径树下》

12. 别有香超桃李外，更同梅斗雪霜中。——《腊前月季》

13. 拼却老红一万点，换将新绿百千重。——《又和风雨二首》

14. 绕身无数青罗扇，风不来时也自凉。——《咏芭蕉》

15. 忽有小风人未觉，荠花无数总摇头。——《行圃二首》

16. 鱼儿解作晴天雨，波面吹成落点痕。——《晓坐荷桥四首》

17. 儿童急走追黄蝶，飞入菜花无处寻。——《宿新市徐公店》

18. 童子柳阴眠正着，一牛吃过柳阴西。——《桑荣坑道中》

19. 荷花入暮犹愁热，低面深藏碧伞中。——《暮热游荷池上五首》

20. 百千寒雀下空庭，小集梅梢话晚晴。——《寒雀》

21. 蝴蝶新生未解飞，须卷粉湿睡花枝。——《道傍小憩观物化》

22. 月子弯弯照九州，几家欢乐几家愁。——《竹枝歌》

石湖居士

范成大

诗名一代才绝殊，
为政勋劳照帛竹。[①]
施利惠农不惜力，
杖节北使震羌胡。

【注】

① 帛竹：竹简和白绢，古代初无纸，用竹帛书写文字，引申指书籍、史乘。

【记】

范成大，南宋名臣、文学家、诗人。幼年聪慧，12 岁时便遍读经史，14 岁时开始创作诗文。

曾充任祈请国信使，向金索求北宋诸帝陵寝之地。范成大接受使命后慨然前行，到达金国后，他言词慷慨，最终保全气节而归。当时金国的迎接使者仰慕范成大的名声，以至效仿他戴巾帻。

蜀地为官时，凡是可用的人才，范成大全部招到其幕下，用其所长，不拘于小节，其中优秀突出者经他上书推荐，往往扬名于朝廷。范成大在四川时与陆游以文会友，成为莫逆之交。

致仕后，范成大在石湖度过了长达十年较为闲适而优裕的晚年生活，因号为石湖居士。于淳熙十三年（1186）写下了最后的名作《四时田园杂兴六十首》，后于病中自编诗文全集。

范成大诗歌中价值最高的是使金纪行诗和田园诗。有人评价范成大曰：“千古湖山人物，万年翰墨文章。”

范成大名句欣赏

1. 无风杨柳漫天絮，不雨棠梨满地花。——《碧瓦》

2. 古人愁不尽，留与后人愁。——《江上》

3. 吹开红紫还吹落，一种东风两样心。——《晚步西园》

4. 蝴蝶双双入菜花，日长无客到田家。——《四时田园杂兴·晚春》

5. 日长篱落无人过，惟有蜻蜓蛱蝶飞。——《四时田园杂兴·夏日》

6. 无力买田聊种水，近来湖面亦收租。——《四时田园杂兴·夏日》

7. 童孙未解供耕织，也傍桑阴学种瓜。——《四时田园杂兴·夏日》

8. 东家就食西家宿，世事何缘得两全。——《偶事》

9. 鸟啼一夜劝归去，谁道东川无杜鹃。——《邻山县》

10. 晴色先从喜鹊知，斜阳一抹照天西。——《病中绝句》

11. 酴醿架上蜂儿闹，杨柳行间燕子轻。……一杯且贾明朝事，送了斜阳月又生。——《鹧鸪天》

12. 碧云日暮无书寄，寥落烟中一雁寒。——《鹧鸪天》

13. 闲里方知得此生，痴人身外更经营。君看坐贾行商辈，谁复从容唱渭城？——《题南塘客舍》

14. 小窗日暖犹棋局，穷巷更深尚屐声。莫把摧颓嫌暮景，且将闲散替劳生。——《阴寒终日兀坐》

15. 每岁有诗题白雁，今年无酒对黄花。……宇宙此身元是客，不须弹铗更思家。——《重九独登赏心亭》

16. 纵有千年铁门限，终须一个土馒头。……蝼蚁乌鸢何厚薄，临风拊掌菊花秋。——《重九日行营寿藏之地》

17. 愿我如星君如月，夜夜流光相皎洁。——《车遥遥篇》

18. 江头一尺稻花雨，窗外三更蕉叶风。——《新凉夜坐》

宋明理学

魏晋南北朝时期，佛教、道教迅速传播，儒学面临危机。隋唐时期，儒学家提出三教合一的主张，吸收了佛、道精神，得到新的发展。宋代，逐渐确立了一个以“理”或“天理”为核心的新儒学系统，即理学。代表人物有北宋人程颢、程颐，南宋的朱熹、陆九渊，明朝的王守仁。

宋明理学具体又分为“程朱理学”和“陆王心学”。“程朱理学”认为“理”是世界万物的本源；“理”在社会上是儒家道德伦理，在人身上就是人性，把握“理”就要“格物致知”。“陆王心学”中：陆九渊认为“心即理也”，求“理”就是进行内心的反省；王守仁“致良知”学说认为良知就是本心，就是理，天理就在自己心中，只要克服私欲、回复良知就能成为圣贤。

宋明理学的消极影响：用三纲五常维系专制统治，压抑、扼杀人们的自然欲求。积极作用：重视主观意志力量，注重气节、品德，讲求以理统情、自我节制、发奋立志，强调人的社会责任和历史使命，凸显人性的庄严，对塑造中华民族性格起到了积极作用。

集诸儒之大成者

朱　熹

精研覃思承李侗，[1]
逃禅归儒苦修行。
振举书院明教化，
勤于政务恤民情。
著作宏富号朱子，
学识渊博集大成。
党禁风波悲离世，
邪恶难掩万世名。[2]

【注】

① 覃思：覃 tán，深广；“覃思”即深思。

② 邪恶：指当时迫害朱熹的邪恶势力。

【记】

朱熹被世人尊称为朱子，是程颢、程颐的三传弟子李侗的学生。

淳熙六年（1179），他到江西南康任职时发现了白鹿洞书院废址。并竭力倡导，白鹿洞书院很快得以修复。他制定的《白鹿洞书院教规》是世界教育史上最早的教育规章制度之一，不仅成为后续中国封建社会 700 年书院办学的模式，而且为世界教育界瞩目。

淳熙九年（1182），52 岁的朱熹将《大学章句》《中庸章句》《论语集注》《孟子集注》四书合刊，经学史上的“四书”之名第一次出现。《四书》构成了朱熹完整的理学思想体系，元朝直至明清，《四书集注》长期为历代封建王朝所垂青，成为封建科举的标准教科书。

朱熹66岁时，“党禁”之祸开始，有人捕风捉影地奏劾他“十大罪状”，斥朱熹为“伪学魁首”，朱子门人被流放的流放，坐牢的坐牢，遭到严重打击。

庆元六年（1200）入春以后，朱熹足疾大发，病情恶化。他在生命垂危、左眼已瞎、右眼几乎完全失明的情况下，却以更加旺盛的精力加紧整理残篇。三月初九，71岁的朱熹在“庆元党禁”血雨腥风的运动中去世，尽管反道学的当权者横加阻挠，但参加送葬者仍然有千人之多。

朱熹名句欣赏

1. 半亩方塘一鉴开，天光云影共徘徊。问渠那得清如许，为有源头活水来。——《观书有感》

2. 少年易老学难成，一寸光阴不可轻。未觉池塘春草梦，阶前梧叶已秋声。——《偶成》

3. 胜日寻芳泗水滨，无边光景一时新。等闲识得东风面，万紫千红总是春。——《春日》

4. 须知三绝韦编者，不是寻行数墨人——《朱文公集》

5. 看成鼎内真龙虎，管甚人间闲是非。……未寻跨凤吹箫侣，且伴孤云独鹤飞。——《鹧鸪天》

6. 读书之乐何处寻，数点梅花天地心。——《四时读书乐》

7. 折寄遥怜人似玉，相思应恨劫成灰。沉吟日落寒鸦起，却望柴荆独自回。——《次韵雪后书事二首》

8. 昨夜扁舟雨一蓑，满江风浪夜如何？今朝试卷孤蓬看，依旧青山绿

水多。——《水口行舟》

9. 步随流水觅溪源，行到源头却惘然。始信真源行不到，倚筇随处弄潺湲。——《偶题》

10. 请看东门黄犬，更听华亭清唳，千古恨难收。……永弃人间事，吾道付沧洲。——《水调歌头》

11. 读而未晓则思，思而未晓则读。

12. 见富贵而生谗容者，最可耻。遇贫穷而作骄态者，贱莫甚。——《朱子家训》

13. 施惠勿念，受恩莫忘。——《朱子家训》

14. 善欲人见，不是真善。恶恐人知，便是大恶。——《朱子家训》

15. 谦固美名，过谦者，宜防其诈。默为懿行，过默者，宜防其奸。——《格言联璧·持躬类》

16. 唯能不为，是以可以有为，无所不为者，安能有所为耶。——《四书集注》

象山先生

陆九渊

为官存国象山翁，[①]
蒙幼鞠养赖长兄。[②]
访勇时欲谋雪耻，
为政常得亲俯躬。
落职还乡设讲席，
共朱论道自开宗。[③]

寿终官民皆哭祭，

充衢塞巷为送行。

【注】

① 为官存国：即为官心存君国。陆九渊，“陆王心学”的代表人物。因讲学于象山书院，人称“象山先生”“陆象山”。

② 蒙幼：蒙昧幼稚的儿童。韩愈《祭郑夫人文》：“我生不辰，三岁而孤，蒙幼未知，鞠我者兄。”鞠养：抚养；养育。

③ 朱：指朱熹。自开宗：自立宗派。

【记】

陆九渊为宋明两代“心学”的开山之祖，与朱熹齐名，然而两人见解多不合。朱陆之争起于鹅湖之会，因鹅湖之会而两家分歧公开化，黄宗羲曾说：“两家之学，各成门户，几如冰炭矣。”明朝王守仁继承发展陆九渊学说，成为“陆王学派”，对后世影响极大。

陆九渊出生时，其父因儿子众多，打算把他送给乡人收养，长兄陆九思的妻子此时刚好生了儿子，陆九思就令妻子乳养九渊，而让别人给自己的儿子喂奶。陆九渊后来侍兄嫂如侍父母。

陆九渊尚德，他曾说：“让没有德性的人读书，就是把兵借给土匪。”在朝中提出任贤、使能、赏功、罚罪是医国“四君子汤”，得到孝宗赞许。他曾听长辈讲“靖康之耻”，于是便学习弓马，交结四方之士，慨然要为大宋朝廷复仇。后因给事中王信反对而落职还乡。陆九渊当时名望已高，每开讲席，学者群集，“户外履满，耆老扶杖观听”。他自号“象山翁”，学者尊为“象山先生”。

陆九渊对自己的大限之日有着清晰的感知。1193 年 1 月 16 日，他对家人说："我将死矣。"又对僚臣说："我将告终。"于是便沐浴更衣端坐，两天后安然去世，享年54岁。棺殓时，官员百姓痛哭祭奠，满街满巷充塞着吊唁的人群，出殡时送葬者多达数千人。

陆九渊名句欣赏

1. 读书切戒在慌忙，涵泳工夫兴味长。未晓不妨权放过，切身须要急思量。——《读书》

2. 涓流积至沧溟水，拳石崇成泰华岑。易简工夫终久大，支离事业竟浮沉。——《鹅湖和教授兄韵》

3. 利名风浪日相催，青眼难于世上开。何事诸君冒艰险，杖藜来入白云堆。——《简朱干叔诸友》

4. 晴云冉冉薄斜晖，春静衡门半掩扉。风入墙头丹杏晚，高枝频飐乱花飞。——《晚春出箭溪》

5. 百啭吟春不暂停，长疑春意未丁宁。数声绿树黄鹂晓，如笑从前着意听。——《闻莺》

6. 门掩却寻山背路，堂虚惟阅案头书。……留待西风日停午，只听松竹响萧疏。——《访余昌言不遇留题》

7. 从此劝君休外慕，悦亲端的在诚身。——《题达本庵》

8. 暂就清溪照须鬓，不妨翠雾湿衣巾。——《过普宁寺》

9. 尽此半春留客醉，莫愁一日不花开。水从绿野前头绕，竹向芳菲缺处栽。——《环翠台》

10. 才华甘落诸公后，诚实徒居野老前。腊寺晚成春雪早，梅花静对雪花妍。——《和黄司业喜雪》

11. 六经注我，我注六经。

12. 小杖则受，大杖则走。——《经德堂记》

13. 为学患无疑，疑则有进。小疑则小进，大疑则大进。——《陆象山集·语录》

14. 闻善而慕，知过而惧。

15. 来年尚有新条在，恼乱春风卒未休。

16. 人心有病，须是剥落。剥落得一番，即一番清明。——《陆九渊集》

心学集大成者

王守仁

天然异禀少有为，
早年立志扶颠危。
文可奋笔写诗赋，
武能运筹平乱贼。
蛮荒结庐远俗世，
龙场悟道得旨归。[①]
位高不居德绝世，
一生勋业万古垂。

【注】

① 旨归：要旨，要义。

【记】

王守仁，浙江绍兴府余姚县（今属宁波）人，其祖父根据《论语·卫灵公》所云“知及之，仁不能守之，虽得之，必失之”，为他取名为“守仁”。后因曾筑室于会稽山阳明洞，自号阳明子，学者称之为阳明先生，亦称王阳明。

王守仁曾辞官回乡讲学，在绍兴、余姚一带创建书院，宣讲“王学”。王学是明代影响最伟大的哲学思想，其学术思想一时传至日本、朝鲜半岛以及东南亚。王守仁在荡平南中为患数十年的盗贼及平定宁王朱宸濠叛乱时，料事精准，兵到功成，被当时的人称呼为神。嘉靖八年十一月二十九日（1529 年 1 月 9 日），王守仁病逝于江西南安府大庚县青龙港（今江西省大余县境内）舟中，享年 58 岁。临终之际，弟子问他有何遗言，他说：“此心光明，亦复何言！”

他精通儒家、道家、佛家思想，为《陆王心学》之集大成者，与儒学创始人孔子、儒学集大成者孟子、理学集大成者朱熹并称为孔、孟、朱、王。浙大教授胡哲敷说：“五百年来，能把学问在事业上表现出来的只有两人，一为明朝的王守仁，一则清朝的曾国藩。”明代著名文学家徐渭说：“王羲之以书掩其人，王守仁则以人掩其书。”文学大师余秋雨说：“中国历史上能文能武的人很多，但在两方面都臻于极致的却寥若晨星……好像一切都要等到王阳明的出现，才能让奇迹真正产生。”

王守仁名句欣赏

1. 饥来吃饭倦来眠，只此修行玄更玄。说与世人浑不信，却从身外觅神仙。——《答人问道》

2. 吾心自有光明月，千古团圆永无缺。山河大地拥清辉，赏心何必中秋节。——《中秋》

3. 山近月远觉月小，便道此山大于月。若有人眼大如天，当见山高月

更阔。——《蔽月山房》

4. 也知世上风波满，还恋山中木石居。——《舟中除夕》

5. 幽人月出每孤往，栖鸟山空时一鸣。——《龙潭夜坐》

6. 布谷鸟啼村雨暗，刺桐花暝石溪幽。——《罗旧驿》

7. 欲识浑沦无斧凿，须从规矩出方圆。——《别诸生》

8. 天外清秋度明月，人间微雨结轻阴。——《化城寺》

9. 溪深几曲云藏峡，树老千年雪作花。——《陆广晓发》

10. 诗从雪后吟偏好，酒向山中味转佳。——《用实夫韵》

11. 丈夫落落掀天地，岂顾束缚如穷囚。——《啾啾吟》

12. 人人自有定盘针，万化根源总在心。——《咏良知四首示诸生》

13. 老树千年惟鹤住，深潭百尺有龙蟠。——《游靖兴寺》

14. 柏府楼台衔倒影，茅茨松竹泻寒声。——《次韵陆佥宪元日春晴》

15. 赖有遗经堪作伴，喜无车马过相邀。——《元夕二首》

16. 游丝冉冉花枝静，青壁迢迢白鸟过。忽向山中怀旧侣，几从洞口梦烟萝。——《春晴》

17. 千圣皆过影，良知乃吾师。——《传习录》

18. 溪边坐流水，水流心共闲。不知山月上，松影落衣斑。——《山中示诸生》

19. 殃莫大于叨天之功，罪莫大于掩人之善，恶莫深于袭下之能。——《辞封爵普恩赏以彰国典疏》

20. 辱莫重于忘己之耻，四者备而祸全。——《辞封爵普恩赏以彰国典疏》

南宋豪放派诗人

刘克庄

文名久著辞意工，[①]
骈散皆长史学精。
一腔抱负图进取，
百首梅诗发忿声。
五度罢官多谪降，
四番立朝善吏能。[②]
双目染疾愈奋笔，
欲凭诗作比放翁。[③]

【注】

① 工：工巧，精巧。

② 吏能：为政的才能。

③ 放翁：即陆游。

【记】

刘克庄一生仗义执言，敢于抨击时弊，弹劾权臣，胡适在《白话文学史》中评论刘克庄说："有悲壮的感情，高尚的见解，伟大的才气。"

刘克庄生活的南宋小朝廷偏安一隅，已处于风雨飘摇之中，而统治阶级却过着纸醉金迷的生活。作者虽有一腔报国热情却得不到重用，还备受排挤、迫害，于是便将内心的悲愤和不满化为《落梅》一诗："一片能教一断肠，可堪平砌更堆墙。飘如迁客来过岭，坠似骚人去赴湘。乱点莓苔多莫数，偶粘衣袖久犹香。东风谬掌花权柄，却忌孤高不主张。"诗歌最后两句的意思是说："让东风执掌对百花的生杀予夺大权，真是不合情理，它忌妒梅花的孤高，对梅花任意摧残，根本不会怜香惜玉。"正是这两句诗给刘克庄带来了麻烦，被谏官指控为"讪谤当国"，于是刘克庄被罢职，坐废乡野长达 10 年之久，这就是历史上有名的"落梅诗案"。其《病后访梅九绝》这样写道："梦得因桃数左迁，长源为柳忤当权。幸然不识桃并柳，却被梅花累十年。"诗中"梦得"指刘禹锡，因写桃花诗被贬；"长源"指李泌，字长源，因写《咏柳》诗被贬。因写梅花被贬的刘克庄不仅始终没有屈服，相反却开始大写特写梅花，先后写了一百三十余首咏梅诗词。有人说他爱国之心"似放翁"，高洁之志"似稼轩"，其身其品一如梅花。

辞职后的刘克庄在家也没闲着，虽然双目染疾，目不能视，却凭着一番顽强的斗志拼命写诗，意欲与陆游并驱，遗憾的是，到最后也没能实现这个愿望。

刘克庄名句欣赏

1. 忧时元是诗人职，莫怪吟中感慨多。——《有感》
2. 蝼蚁小臣孤愤意，夜窗和泪看舆图。——《感昔二首》
3. 书生空抱闻鸡志，故老能言饮马年。——《瓜洲城》
4. 问长缨，何时入手，缚住戎主？——《贺新郎》
5. 旁观拍手笑疏狂，疏又何妨，狂又何妨！——《一剪梅》

6. 老眼平生空四海，赖有高楼百尺。——《贺新郎》

7. 白发书生神州泪，尽凄凉、不向牛山滴。——《贺新郎》

8. 若对黄花孤负酒，怕黄花、也笑人岑寂。——《贺新郎》

9. 少年自负凌云笔，到而今，春华落尽，满怀萧瑟。——《贺新郎》

10. 旧日王侯园圃，今日荆榛狐兔。——《昭君怨》

11. 只愿常留相见面，未宜轻屈平生膝。——《满江红》

12. 可怜才子如公瑾，未有佳人敌小乔。——《鹧鸪天》

13. 暮云不见关山路，空有天涯故旧情。——《闻黄德常除德安倅》

14. 豪杰虽穷留气在，圣贤不死有书存。归时洗换征衣了，拣个深山紧闭门。——《送张应斗还番易》

15. 白白红红千万朵，不如雪外一枝横。——《莺粟》

16. 闲有工夫忧世事，老无勋业惜年华。——《立春二首》

17. 书生晚抱忧时志，归画残灰理旧编。——《灯夕二首呈刘帅》

18. 雪疏雪密花添伴，溪浅溪深树写真。三弄笛声风过耳，一枝筇影月随身。——《梅花》

19. 溪头一片无情月，偏照愁人泪满衣。——《李园有怀孚若》

20. 屈贾死将千载，刘君来泛湘江。沽酒偶留村店，看山不掩船窗。——《湘江》

孤忠大节

文天祥

识远器大才学广，
扶颠持危豪气扬。[①]
义胆满怀斥佞恶，[②]
家财尽散勤君王。[③]
宋主投海失社稷，
孤臣殉国有忠良。
斯人虽去精义在，
堪与日月争辉光。

【注】

① 扶颠持危：指能够挽回颠危的局面。

② 佞恶：指谄媚和邪恶之人。

③ 勤君王：君王有难，臣下起兵救援。

【记】

文天祥，江西吉州庐陵（今江西省吉安市）人。他相貌英俊且学高才广，《宋史》记载他“体貌丰伟，美皙如玉，秀眉而长目，顾盼烨然”。考取进士朝廷论策时，一万多字的文章一气呵成，宋理宗亲自选拔他为第一名。

元军攻打南宋时，文天祥把家里的资产全部拿出作为军费。尽管他苦心经营，但由于局势所迫最终还是回天乏力。被元朝俘虏后，元世祖忽必烈敬重他的才华与人格，把宰相的位置空了三年之久以等待他的屈服，并于至元十九年十二月八日（1282 年 12 月 8 日）召见文天祥，亲自苦口婆心地劝其投降。面对元朝不可一世的最高统治者忽必烈，文天祥的回答掷地有声：“我是大宋的宰相，国家灭亡了，我但愿一死足矣！”

1283 年 1 月 9 日，文天祥被押解到菜市口刑场。面对监斩官最后的劝告，文天祥大义凛然：“无非就是一死，还有什么话可说？”随后他问监斩官：“哪边是南方？”有人给他指了方向，文天祥面向南方郑重跪拜，然后引颈就刑，从容就义。

“孔曰成仁，孟曰取义，唯其义尽，所以仁至。读圣贤书，所学何事？而今而后，庶几无愧。”这是 48 岁的文天祥死后留在衣带中的绝命诗，读后令人肃然起敬。

文天祥名句欣赏

1. 人生自古谁无死，留取丹心照汗青。——《过零丁洋》

2. 臣心一片磁针石，不指南方不肯休。——《扬子江》

3. 谁怜龟鹤千年语，空负鹏鹍万里心。——《隆兴府》

4. 沧海人间别一天，只容渔父钓苍烟。——《北海口》

5. 犹是江南佳丽地，徘徊把酒看苍天。——《中秋》

6. 西风游子万山影，明月故乡千里心。江上断鸿随我老，天涯芳草为谁深。——《用萧敬夫韵》

7. 满地芦花和我老，旧家燕子傍谁飞。从今别却江南路，化作啼鹃带血归。——《金陵驿二首》

8. 以身殉道不苟生，道在光明照千古。——《言志》

9. 修复尽还今宇宙，感伤犹记旧江山。——《题碧落堂》

10. 镜里朱颜都变尽，只有丹心难灭。——《酹江月》

11. 时穷节乃见，一一垂丹青。——《正气歌》

12. 天地有正气，杂然赋流形。——《正气歌》

13. 痛定思痛，痛何如哉！——《指南录后序》

14. 山河千古在，城郭一时非。——《南安军》

15. 壮心欲填海，苦胆为忧天。——《指南录·赴阙》

16. 但令身未死，随力报乾坤。——《即事》

17. 男子千年志，吾生未有涯。——《南海》

18. 无复屠苏梦，挑灯夜未央。——《除夜》

19. 天荒地老英雄丧，国破家亡事业休。惟有一腔忠烈气，碧空长共暮云愁。——《出狱临刑歌二首》

20. 半壁楚云立，一川湘雨深。乾坤横笛影，江海倚楼心。遗恨飞鸿外，南来访远音。——《题楚观楼》

北方文雄

元好问

长在乡间书香门，
天资聪颖少能文。
遍观百家称才子，
高中科举仕末金。
各地为官施惠政，[1]
旧国沦丧做囚人。
以诗存史勤编撰，
至死难冷故园心。

【注】

① 惠政：仁政，德政。

【记】

元好问，号遗山，世称遗山先生，金末至元初时期著名文学家、历史学家。自幼聪慧，才大学广，七岁能写诗，有“神童”之誉，稍长后其文名震京师，被誉为“元才子”。然而他从 16 岁起开始参加科举考试，一直到 28 岁时仍未成功。35 岁的时候，得到贵人帮助后才以优异成绩考中，留官汴京，然而生活颇为清苦。金亡后，元好问随金朝大批官员被俘，并被押往山东聊城看管两年。此后，元好问抱着“国亡史兴，己所当任”的爱国信念，决心以自己一人之力修一部金史，并为此付出了艰苦的努力和沉重的代价。经过多年的奔波，他积累了相当多的金朝君臣上百万字的资料，后编成《中州集》，填补了中国史学上的空白。《金史》被后世公认为良史，元好问功不可没。元好问以“丧乱诗”奠定了他在文学史上地位，他的“丧乱诗”又掀起了杜甫之后的现实主义诗风的又一高潮。正如清代大文学家、史学家赵翼在《题遗山诗》中说：“国家不幸诗家幸，赋到沧桑句便工。”正是山河的破碎，诗人的忧患，才造就了元好问的旷世之作。

晚年重回故乡，隐居不仕，于家中潜心著述。临终之时嘱咐后人在他的墓碑上只题七个字“诗人元好问之墓”，足见他对自己诗歌创作的重视与肯定。他是唐朝以后，学唐一派诗人中最具有成就的。曾国藩评价道：“元好问是自汉魏至宋金元之际，中国五、七言诗的黄金时代的最后一位大诗人。”

元好问本人也对自己的诗才极为自信，有着与杜甫相提并论的傲气，他在《天涯山》中这样说道：“诗狂他日笑遗山，饭颗不妨嘲杜甫。”（遗山便是元好问自己。“饭颗山”相传是唐代长安附近的一座山，因有“饭颗山头逢杜甫，头戴笠子日卓午”，后遂用“饭颗山”作表示诗作刻板平庸或诗人拘守格律或刻苦写作的典故）

元好问名诗名句欣赏

1. 问世间，情为何物，直教生死相许？——《摸鱼儿·雁丘词》

2. 一语天然万古新，豪华落尽见真淳。——《论诗三十首·其四》

3. 纵横诗笔见高情，何物能浇块垒平？老阮不狂谁会得？出门一笑大

江横。——《论诗三十首·其五》

4. 心画心声总失真，文章宁复见为人。高情千古闲居赋，争信安仁拜路尘！——《论诗三十首·其六》

5. 少陵自有连城璧，争奈微之识碔砆。——《论诗三十首·其十》

6. 诗家总爱西昆好，独恨无人作郑笺。——《论诗三十首·其十二》

7. 江山万古潮阳笔，合在元龙百尺楼。——《论诗三十首·其十八》

8. 朱弦一拂遗音在，却是当年寂寞心。——《论诗三十首·其二十》

9. 有情芍药含春泪，无力蔷薇卧晚枝。拈出退之山石句，始知渠是女郎诗。——《论诗三十首·其二十四》

10. 一掬钓鱼坛上泪，风浩浩，雨冥冥。——《江城子》

11. 候馆灯昏雨送凉，小楼人静月侵床。多情却被无情恼，今夜还如昨夜长。金屋暖，玉炉香。春风都属富家郎。西园何限相思树，辛苦梅花候海棠。——《鹧鸪天》

12. 醉眼千峰顶上，世间多少秋毫。——《清平乐》

13. 画图羡杀扁舟好，万里清江万里天。——《秋江晓发图》

14. 悬流千丈忽当眼，芥蒂一洗平生胸。——《游黄花山》

15. 浩歌一曲酒千钟。男儿行处是，未要论穷通。——《临江仙》

16. 乳燕雏莺弄语，有高柳鸣蝉相和。——《骤雨打新荷》

17. 野蔓有情萦战骨，残阳何意照空城。——《岐阳三首》

18. 只知河朔生灵尽，破屋疏烟却数家。——《癸巳五月三日北渡三首》

19. 老来诗酒犹堪任，家山在眼，亲朋满座，不醉如何。——《促拍丑奴儿　乡邻会饮，有请予增损旧曲者》

元曲四大家

关汉卿、白朴、马致远、郑光祖代表了元代不同时期不同流派杂剧创作的成就，被称为“元曲四大家”。近代王国维的《宋元戏曲史》中说：“元代曲家，自明以来，称关、马、郑、白，然以其年代及造诣论之，宁称关、白、马、郑为妥也。关汉卿一空倚傍，自筹伟词，而其言曲尽人情，字字本色，故当为元人第一。”（一空倚傍：意思是指在艺术、学术等方面独创而全不摹仿）

曲家圣人

关汉卿

位居四家首，
梨园做班头。
提笔著佳作，
登台为伶优。[①]
艺精称曲圣，
才高自风流。
闲来弄风月，
聊解心中愁。

【注】

① 伶优：也作“优伶”，旧时称以演戏为职业的人。关汉卿深谙舞台表演艺术，据史料记载，他常常涂脂抹粉和演员一起登台演戏。

【记】

关汉卿，元代杂剧奠基人，“元曲四大家”之首，被誉为“曲家圣人”，简称“曲圣”。

关汉卿生活的元朝按职业把全国人分为十等，即“一官、二吏、三僧、四道、五医、六工、七匠、八娼、九儒、十丐”，知识分子的地位只比乞丐稍高。元政府对知识分子的打击使一大批知识分子不再去追求功名，而是一心与市井艺术相结合，便有了元杂剧的兴起。被称为“杂剧班头”的关汉卿，其成就的取得更离不开他妻子万贞儿的支持与付出。

万贞儿从来是关汉卿戏曲作品的第一个读者，在看了《窦娥冤》的初稿后说：“自古戏曲都脱不了‘先离后合’‘苦尽甘来’的老套，《窦娥冤》何妨以悲剧结尾，也许更能给人巨大的震撼力。”关汉卿听取了这一意见，结果取得了巨大成功。王国维赞道：“关汉卿的《窦娥冤》与纪君祥的《赵氏孤儿》列入世界悲剧之中，亦无愧色。”

《窦娥冤》等作品后来被翻译到欧洲，关汉卿于1958年被世界和平理事会提名为“世界文化名人”。有人谈到关汉卿的戏曲时说：“以唐诗喻之，则关汉卿似白乐天；以宋词喻之，则关汉卿似柳耆卿。”但又有多少人知道万贞儿在其中做出的贡献？万贞儿当时便告诫丈夫：“戏曲力求通俗易懂，不可咬文嚼字而自炫才华，更要运用活的语言，扣紧观众的心弦。”

关汉卿名句欣赏

1. 我是个蒸不烂、煮不熟、捶不扁、炒不爆、响当当一粒铜豌豆。……我玩的是梁园月，饮的是东京酒，赏的是洛阳花，攀的是章台柳；我也会围棋、会蹴踘、会打围、会插科、会歌舞、会吹弹、会咽作、会吟诗、会双陆；你便是落了我牙、歪了我嘴、瘸了我腿、折了我手、天赐与我这般儿歹症候，尚兀自不肯休；除却是阎王亲自唤，小鬼亲自来勾，三魂归地府，七魄丧冥幽，天哪！那其间才不向烟花路儿上走！——《一枝花·不伏老》

2. 雨里孤村雪里山，看时容易画时难。——《望江亭中秋切鲙》

3. 儿孙自有儿孙福，莫为儿孙作远忧。——《包待制三勘蝴蝶梦》

4. 黄金浮世宝，白发故人稀。——《窦娥冤》

5. 读尽缥缃万卷书，可怜贫杀马相如。汉庭一日承恩召，不说当垆说子虚。——《窦娥冤》

6. 四时春富贵，万物酒风流。澄澄水如蓝，灼灼花如绣。——《白鹤子》

7. 浮云世态纷纷变，秋草人情日日疏。——《四块玉》

8. 适意行，安心坐，渴时饮，饥时餐，醉时歌，困来时就向莎茵卧。日月长，天地阔，闲快活！旧酒投，新醅泼，老瓦盆边笑呵呵，共山僧野叟闲吟和。他出一对鸡，我出一个鹅，闲快活！意马收，心猿锁，跳出红尘恶风波，槐阴午梦谁惊破？离了利名场，钻入安乐窝，闲快活！南亩耕，东山卧，世态人情经历多，闲将往事思量过。贤的是他，愚的是我，争甚么？——《四块玉》

9. 三尺龙泉万卷书，上天生我意何如。不能报国平天下，枉为男儿大丈夫。——《关大王单刀赴独会》

身未仕的亡国遗民

白　朴

幼年逢兵乱，母子痛相失。
贵人时相助，始得免飘离。
学优赖聪颖，勤勉获真知。
绝意求仕进，精心度曲词。[①]
放浪山水间，游走凄凉地。
晚岁游江南，常以悲时局。

【注】

① 绝意：断绝某种意念。度：创作。

【记】

白朴，汴梁（今河南开封）人，出身官僚士大夫家庭，他的父亲白华在朝为高官。白朴出生后不久，汴京城破，蒙古军纵兵大掠，城内士庶惨遭杀戮，财富遭到空前洗劫。战争中，白朴母子相失，幸好当时和白家为世交的元好问把白朴和他的姐姐收留起来。元好问虽也是亡国奔命之臣，生活至为艰辛，但他视白朴姐弟犹如亲生，对他们关怀备至。白朴为瘟疫所袭，生命垂危，元好问昼夜将他抱在怀中，白朴竟于感染疫病后第六日出汗而愈。白朴聪明颖悟，从小喜好读书，元好问对他悉心培养，使他即便在兵荒马乱的幼年也受到了良好的教育。

金国灭亡后，白华北投元朝，此时北方局势也逐步稳定下来。白朴 12 岁时，元好问将白朴姐弟送归其父白华，使失散数年的父子得以团聚。白华十分感激元好问代为抚育儿女之恩，曾有诗谢之曰："顾我真成丧家犬，赖君曾护落窠儿。"

白朴的父亲和元好问都勉励白朴刻苦用功，成就一番事业。然而，蒙古统治者的残暴掠夺，使白朴心灵上的伤痕难以恢复，他对蒙古统治者充满了厌恶。兵荒马乱中母子相失的遭遇，使他常有山川满目之叹，更感到为统治者效劳的可悲。因此，他放弃了官场名利的争逐，而以亡国遗民自适，以写词作赋为业，用歌声宣泄自己胸中的郁积及不满。

白朴晚岁寓居金陵，终身未仕。

白朴名诗名句欣赏

1. 春山暖日和风，阑干楼阁帘栊，杨柳秋千院中。啼莺舞燕，小桥流水飞红。——《天净沙·春》

2. 云收雨过波添，楼高水冷瓜甜，绿树阴垂画檐。纱厨藤簟，玉人罗扇轻缣。——《天净沙·夏》

3. 孤村落日残霞，轻烟老树寒鸦，一点飞鸿影下。青山绿水，白草红叶黄花。——《天净沙·秋》

4. 一声画角谯门，丰庭新月黄昏，雪里山前水滨。竹篱茅舍，淡烟衰草孤村。——《天净沙·冬》

5. 虽无刎颈交，却有忘机友。——《沉醉东风·渔夫》

6. 菡萏花深鸳并宿，梧桐枝隐凤双栖。——《杂剧·裴少俊墙头马上》

7. 不愿酒中有圣，但愿心头无事，高枕卧烟霞。——《水调歌头》

8. 醉后清风到枕，醒来明月当轩。……为问鲲鹏瀚海，何如鸡犬桃源。——《木兰花慢　题阙》

9. 世故重重厄网，生涯小小渔船。白鸥波底五湖天。别是秋光一片。

竹叶醅浮绿醑，桃花浪溃红鲜。醉乡日月武陵边。管甚陵迁谷变。——《西江月　渔父》

10. 明日扁舟东去，梦魂江上人家。——《朝中措　题阙》

11. 别后相思何处，月明千里乡关。——《木兰花慢》

12. 知荣知辱牢缄口，谁是谁非暗点头。——《阳春曲·知几》

13. 我为君王犹妄想，你做皇后尚嫌轻。可知道斗牛星畔客，回首问前程。——《梧桐雨》

曲状元

马致远

盛名久著满菊坛，[①]
人送雅号曲状元。
献诗求进终无果，
便向山林做神仙。

【注】

① 菊坛，亦称“菊部”。传说宋高宗时内宫有菊夫人，善歌舞，精音律，宫中称为“菊部头”，于是便有了“菊部”之称。宋代时将宫廷内歌舞伎的班首称做“菊部头”。很多学者和戏剧家便习惯把戏曲界雅呼为“菊坛”。

【记】

马致远，字千里，晚号东篱，大都（今北京）人，原籍河北，著名戏曲家、杂剧家，被后人誉为“马神仙”“曲状元”。关于其名字由来，有种说法是——寺庙长老和他谈话时引用“非淡泊无以明志，非宁静无以致远”，谈话后他深受启发而改名；而他号称东篱，据说是晚年淡泊名利，以示效陶渊明之志，不过这些说法的真实性尚待考查。

马致远年少时非常好学上进，为马氏后人所津津乐道，他们不时以马致远勤奋好学的故事来激励自己的子孙后代向之看齐。马致远青年时以期追求功名，对“龙楼凤阁”抱有幻想，但事与愿违，他却一生仕途多舛。经历了大蒙古国时期的后期及元政权统治的前期，马致远都未曾担任过显赫的官职，所以他的政治抱负一直没能实现。

因而，马致远一生郁郁不得志，漂泊无依，在官场生涯里，他看透了世俗的可悲和人生的耻辱。对政治的各种不满意，使他最终产生了“隐居山林其乐悠悠”的念头。在他大约50岁的时候隐居田园，以衔杯击缶自娱，过上了一种“酒中仙、尘外客、林间友”的恬静生活。

马致远名句欣赏

1. 林泉隐居谁到此，有客清风至。会作山中相，不管人间事。争甚么半张名利纸！——《清江引》

2. 带野花，携村酒，烦恼如何到心头。谁能跃马常食肉？二顷田，一具牛，饱后休。佐国心，拿云手，命里无时莫刚求。随时过遣休生受。几叶绵，一片绸，暖后休。戴月行，披星走，孤馆寒食故乡秋。妻儿胖了咱消瘦。枕上忧，马上愁，死后休。——《四块玉·叹世三首》

3. 人能克己身无患，事不欺心睡自安。——《岳阳楼》

4. 天公放我平生假，剪裁冰雪，追陪风月，管理莺花。——《悟语》

5. 渔灯暗，客梦回，一声声滴人心碎。孤舟五更家万里，是离人几行

情泪。——《寿阳曲》

6. 人初静，月正明。纱窗外玉梅斜映。梅花笑人偏弄影，月沉时一般孤零。——《落梅风·人初静》

7. 樵夫觉来山月底，钓叟来寻觅。你把柴斧抛，我把鱼船弃。寻取个稳便处闲坐地。——《清江引》

8. 西村日长人事少，一个新蝉噪。恰待葵花开，又早蜂儿闹，高枕上梦随蝶去了。——《清江引》

9. 绿鬓衰，朱颜改，羞把尘容画麟台，故园风景依然在。三顷田，五亩宅，归去来。绿水边，青山侧，二顷良田一区宅，闲身跳出红尘外。紫蟹肥，黄菊开，归去来。——《四块玉·恬退》

10. 酒旋沽，鱼新买，满眼云山画图开。清风明月还诗债。本是个懒散人，又无甚经济才，归去来。——《四块玉·酒旋沽》

南方戏剧界巨擘

郑光祖

戏曲界里称巨擘，①
笔底风云动闺阁。②
艺园勤耕心思巧，
官场受窘缘行拙。③

【注】

① 巨擘：大拇指，比喻在某一方面杰出的人或事物。擘，音 bò。

② 郑光祖的《倩女离魂》成功地塑造了一个对爱情忠贞不渝、感情

真挚热烈的少女形象，堪与《西厢记》相媲美。基于此，元人钟嗣成所著《录鬼簿》称郑光祖“名香天下，声振闺阁”。

③ 行拙：意为不精此道。

【记】

郑光祖从小就受到戏剧艺术的熏陶，青年时期置身于杂剧活动，享有盛誉。他做过杭州的小吏，主要活动在南方，成为南方戏剧圈中的巨擘。郑光祖“为人方直”，不善与官场人物相交往，因此，官场上的人很瞧不起他，因此他的官场生活是很艰难的。

于是郑光祖把他的全部天才贡献于戏曲这一民间艺术，笔端常写出惊人之句。在当时的艺术界享有很高的声誉。伶人都尊称他为郑老先生，他的作品通过众多伶人的传播，在民间产生了广泛的影响。他与苏杭一带的伶人有着紧密的联系，他死后，就是由这里的伶人火葬于杭州的灵隐寺中的。

同许多伟大的艺术家一样，尽管他们的作品多少年来一直为人传诵，但他们本人的身世却鲜为人知。郑光祖也是这样，他默默地在艺术园地耕耘，把他的艺术成果奉献给民众，而后又默默地离开了这个人世。现在甚至连郑光祖的生卒年都无从查证了。

代表作《倩女离魂》是一个富于浪漫色彩的爱情故事，郑光祖以优美的文笔表现了女主公倩女在离魂的状态下，大胆冲破礼教观念与心上人私奔，遂了心愿。这一艺术处理，给明代汤显祖《牡丹亭》的创作带来了有益的启迪。

郑光祖名句欣赏

1. 唤起思量，待不思量，怎不思量。——《蟾宫曲·梦中作》

2. 三十三天，离恨天最高。四百四病，相思病最苦。——《倩女离魂》

3. 敝裘尘土压征鞍，鞭倦袅芦花，弓箭萧萧，一径入烟霞。动羁怀，西风禾黍，秋水蒹葭，千点万点，老树寒鸦，三行两行，写长空历历，雁落平沙。曲岸西边，近水湾鱼网纶竿钓；断桥东壁，傍溪山竹篱茅舍人家。见满山满谷，红叶黄花，正是凄凉时候，离人又在天涯。——《蟾宫曲》

4. 玉漏迟迟，银汉澄澄凉月高；金炉烟烬，锦衾宽剩越难熬。强睚夜永把灯挑，欲求欢梦和衣倒，眼才交，恼人促织叨叨闹。——《驻马听近》

5. 黄卷青灯一腐儒，九经三史腹中居。试看金榜标名姓，养子如何不读书。——《杂剧·㑳梅香骗翰林风月》

6. 寂寞琴书冷竹床，砚池春暖墨痕香。男儿未遂风流志，剔尽青灯苦夜长。——《杂剧·㑳梅香骗翰林风月》

7. 相府堂堂仕宦家，重门深锁碧桃花。治家不用声名振，惟愿安闲度岁华。——《杂剧·㑳梅香骗翰林风月》

8. 燕语莺啼事偶然，蜂媒蝶使苦留连。当炉卓氏心何愧，赢得芳名万古传。

9. 泰山顶上刀磨缺，北海波中马饮枯。男子三十身不立，枉作堂堂大丈夫。

明朝开国元勋

刘　基

万山之巅有乾坤，
南田福地毓台臣。[①]
中举处闲逢兵祸，
授职悉力斗劣绅。[②]
陪幄运策建伟业，[③]
助明开国遗令闻。[④]
晚年归乡棋共酒，
终了难做安禄人。[⑤]

【注】

① 毓：音 yù，生育；养育。台臣：指宰辅重臣。

② 悉力：尽力；全力。

③ 陪幄：陪从帝王左右。

④ 令闻：美好的名声。

⑤ 安禄：安享俸禄。

【记】

刘基与宋濂、高启并称“明初诗文三大家”。出生的浙江南田山武阳村是块风水宝地，据有关资料记载，南田山乃是“万山之巅，独开平壤数十里，号南田福地”。刘基天资聪明且喜好学习，阅读速度极快，据说能七行俱下。12 岁考中秀才，乡间父老皆称其为“神童”。

23 岁的刘基赴元朝京城大都参加会试，一举考中进士。时值元末，兵荒马乱，中举后刘基在家闲居三年。后被授为江西高安县丞，他深入乡间，一身正气，对几个劣迹昭著的豪强恶霸坚决予以严惩，并对县衙内贪赃枉法的官吏进行了整治，高安县的社会风气很快就有了好转。刘基的刚正不阿赢得了百姓的赞誉，后来由于看不惯元朝的腐败与黑暗，愤而辞官蛰居乡里。49 岁时开始跟着朱元璋打天下，他运筹帷幄，拨云见日，在明朝的建立过程中起到了很大作用，朱元璋曾多次称刘基为“吾之子房也”。民间更是广泛流传着“三分天下诸葛亮，一统江山刘伯温”的说法。

朱元璋在人事安排方面征求刘基的意见时，刘基出于大明基业说胡惟庸等人不适合做丞相，从而遭到了胡惟庸的忌恨。后来刘基感染了风寒，胡惟庸带着御医前往探病，吃了御医开的药后他便感觉身体更加不适，两个月后便卒于家中，终年 65 岁。

刘基名句欣赏

1. 金玉其外，败絮其中。——《卖柑者言》
2. 虎之跃也，必伏乃厉。——《连珠》
3. 多能者鲜精，多虑者鲜决。——《郁离子·一志》
4. 智不自智，而后人莫与争智。——《郁离子·大智》
5. 落日下前峰，轻烟生远林。——《晚同方舟上人登师子岩作》

6. 雨过不知龙去处，一池草色万蛙鸣。——《五月十九日大雨》

7. 自是行人行不得，莫教空恨鹧鸪啼。——《山鹧鸪》

8. 莫道花开便是春，莫言沙涨即成津。南风过了东风起，愁杀江头待渡人。——《绝句漫兴》

9. 丹心欲共灯花结，白发偏随漏水长。月色故园同窈窕，虫声此夜独凄凉。——《秋夕》

10. 江海不与坎井争其清，雷霆不与蛙蚓斗其声。——《郁离子》

11. 人情旦暮有翻覆，平地倏忽成山溪。——《梁甫吟》

12. 城外萧萧北风起，城上健儿吹落耳。将军玉帐貂鼠衣，手持酒杯看雪飞。——《北风行》

13. 萋萋芳草小楼西，云压雁声低。两行疏柳，一丝残照，万点鸦栖。春山碧树秋重绿，人在武陵溪。无情明月，有情归梦，同到幽闺。——《眼儿媚·秋思》

14. 一昼一夜，华开者谢；一秋一春，物故者新。激湍之下，必有深潭；高丘之下，必有浚谷。——《司马季主论卜》

15. 虎用力，人用智。……力之用一，而智之用百。——《说虎》

16. 家有悍妇良友不至，国有妒臣贤士不留。

一对苦命师生

方孝孺凭借过人的才华，初次拜谒宋濂便深受其喜爱，一老一少相见恨晚，纵论古今，情同父子。

宋濂晚年被贬，方孝孺怀着悲痛的心情写下了《吁天录》：“臣有寿年，禄庆在天，未逮臣身，愿输弗享，以延师之修龄。”当他得知恩师去世的消息时，难过得更是泪如雨注。任职途中经过夔州时，回想起恩师曾经对自己的谆谆教诲和殷殷期望，方孝孺不禁在宋濂墓前恸哭失声。在汉中为官的近六年时间里，方孝孺每次经过夔州，都会前往祭拜恩师。

然而谁会料到，仅仅数年之后，方孝孺却遭遇了比他的恩师宋濂更为悲惨的结局……

明朝开国文臣之首

宋　濂

英敏强记一神童，①
刻苦向学少驰名。
主修元史奉丹诏，②
教授太子习史经。
开国文臣堪称首，

告老圣上亲饯行。
宠冠天下性缜密，
老而罹祸难善终。

【注】

① 英敏：聪慧而有卓识。

② 丹诏：帝王的诏书，以朱笔书写。

【记】

宋濂被明太祖朱元璋誉为“开国文臣之首”，是少有的纯粹之人。他一直坚定着自己的信仰，纵使朝中再怎么暗流涌动，他也抽身世外，不闻不问，对于他而言，学问修身比阴谋权术要有趣得多。史料记载，宋濂“自少至老，未尝一日去书卷，于学无所不通”。不仅如此，宋濂面对财物非常廉洁，他曾经在自家门上写了这样一句话：“宁可忍饿而死，不可苟利而生。”

宋濂性格慎密，在宫中问对的话，绝对不会告诉别人。朱元璋向他问起大臣的好坏，宋濂也只举出那些好的大臣来应对。朱元璋问其原因，宋濂回答道：“好的大臣和我交朋友，所以我了解他们；那些不好的，我不和他们交往，所以不会了解他们。”朱元璋生性多疑，此时也不由对宋濂大为赞颂：“宋景濂事朕 19 年，未尝有一言之伪，说一人之短，非止君子，抑可谓贤矣。”

然而谁料，就是这么一位终生恭谨之人，晚年却因长孙宋慎牵连胡惟庸案而导致一家遭祸。宋慎与宋濂次子宋璲被处死，朱元璋本想连宋濂也一块处死，后经马皇后及太子朱标力保，才得免一死，最终被流放茂州，途中于夔州病逝，终年 72 岁。他的学生方孝孺曾沉痛地说：“公之量可以包天下，而天下不能容公之一身。”

宋濂名句欣赏

1. 其业有不精，德有不成者，非天质之卑，则心不若余之专耳，岂他人之过哉！——《送东阳马生序》

2. 官卑遭俗骂，家破坐诗穷。——《简吴山长》

3. 清景乐高闲，雅情任狂狷。——《题王允冈山斋》

4. 奈何负恩义，犬豕羞为朋。——《义侠歌》

5. 春风绿酒扶残醉，斜立官桥听早莺。——《为宜兴强如心题复初斋》

6. 种得神瓜如盎大，养来瘦鹤似人长。——《和刘先辈忆山中韵》

7. 为郎有意办罗裳，绣成花鸟好文章。黄昏含愁不敢剪，只恐分开双凤凰。——《越歌》

8. 丁香枝上同心结，九曲灯前白发明。……宫烛不啼偏有泪，湘桃无语自多情。……幸有梦中能聚首，唤醒恨杀短箫声。——《思春辞》

9. 此情纵切何由遂，吟对西南月满窗。——《和王内翰见怀韵》

10. 越王台下是侬家，一尺龙梭学织纱。愿郎莫栽梨子树，遮却房前夜合花。——《越歌》

11. 美人别我城南去，几见楼头凉月生。……丁香枝上同心结，九曲灯前白发明。……宫烛不啼偏有泪，湘桃无语自多情。……幸有梦中能聚首，唤醒恨杀短箫声。——《思春辞》

12. 醉后清狂应不减，起拈花弹打鸣鸦。——《寄别》

13. 功有所不全，力有所不任，才有所不足。——《潜溪邃言》

14. 看院留黄鹤，耕云种紫芝。天下书读尽，人间事不知。——《题倪元镇耕云图》

读书种子

方孝孺

方正纯孝一鸿儒，
品行端庄才绝殊。[①]
尽节不屈忤朱棣，
惨被凌迟灭十族。

【注】

① 绝殊：突出。

【记】

方孝孺年幼时十分机警敏捷，两眼炯炯有神，每天读书超过一寸厚，乡亲们称他为“小韩愈”。方孝孺长大后拜大儒宋濂为师，为同辈人所推崇。

后经人推荐，方孝孺受到朱元璋召见后深受其赏识，朱元璋曾对太子朱标说：“这是一个品行端庄的人才，你应当一直用他到老。”朱允炆即位后，国家重大的政事都要向方孝孺咨询。朱允炆喜欢读书，每当碰上疑难问题，就召见方孝孺来为他讲解。燕王朱棣起兵南下，朝廷议定讨伐的诏令、檄文等，皆出自于方孝孺的手笔。

后来朱棣攻破南京，朱允炆自焚，方孝孺也被抓进了监狱。朱棣命令方孝孺为他起草即位诏书，方孝孺愤怒地把笔掷到地上，死也不肯听命于朱棣。恼羞成怒的朱棣把方孝孺车裂于街市，一代名儒当时年仅 46 岁。他的弟弟方孝友也与他一同赴刑场受死，方孝孺的妻子郑氏及两个儿子中宪、中愈事先自缢身亡，两个女儿跳进秦淮河溺死。

之前朱棣率军从北平出发时，他的得力助手、黑衣宰相姚广孝曾对他说："南京城攻下之日，方孝孺一定不会投降，但希望您不要杀他；杀了方孝孺，天下的读书种子就灭绝了。"对于杀掉方孝孺所造成的后果，胡适也曾这样说："此后明朝200年，再没有政治思想家。我国政治思想在14世纪以前，绝不逊于欧洲，但近500年来何以不振，这是由于方孝孺被杀的惨剧所造成的。"

方孝孺名句及故事欣赏

1. 蚯蚓霸一穴，神龙行九天。——《闲居感怀》

2. 凤随天风下，暮息梧桐枝。——《感怀》

3. 能探风雅无穷意，始是乾坤绝妙词。——《谈诗五首》

4. 今人未识昆仑派，却笑黄河是浊流。——《谈诗五首》

5. 食罢移床坐小亭，细看群蚁夺余腥。倦来莞尔成微笑，宇宙茫茫几废兴。——《次韵写怀会送叔贞之成都》

6. 欲寄一书无雁过，相期千古只一心。——《感旧》

7. 君子淡如水，岁久情愈真。小人口如蜜，转眼如仇人。——《逊志斋集》

8. 交善人者道德成，存善心者家里宁，为善事者子孙兴。——《柱铭》

9. 将兴之主，惟恐人之无言；将亡之主，惟恐人之有言。——《杂著·萎敬》

10. 人可以有德，而不可以恃其德；可以有才，而不可以恃其才。——《逊志斋·深虑论八》

11. 不安于小成，然后足以成大器；不诱于小利，然后可以立远功。——《赠林公辅序》

12. 谷应泰《明史纪事本末》

文皇谕曰:“我法周公辅成王耳！”孝孺曰:“成王安在？”文皇曰:“伊自焚死。”孝孺曰:“何不立成王之子？”文皇曰:“国赖长君。”孝孺曰:“何不立成王之弟？”文皇降榻劳曰:“此朕家事耳！先生毋过劳苦。”左右援笔札，又曰:“诏天下，非先生不可。”孝孺大批数字，掷笔于地，且哭且骂曰:“死即死耳，诏不可草。”文皇大声曰:“汝安能遽死。即死，独不顾九族乎？”孝孺曰:“便十族奈我何！”声愈厉。文皇大怒……九族既戮，亦皆不从，乃及朋友门生廖镛、林嘉猷等为一族，并坐，然后诏磔于市，坐死者八百七十三人，谪戍绝徼死者不可胜计。

被皇帝忌恨的人

高　启

才华高绝精诗篇，
厌恶朝政固辞官。[①]
返还青丘乐授业，[②]
绝弃名利欣治田。
上梁一文罹奇祸，
碎身八段死盛年。
孤高耿介已遭恨，
偏逢屠夫本凶残。

【注】

① 固：坚决。

② 高启曾隐居吴淞青丘，自号青丘子。

【记】

历史上为了精神自由和人格独立而付出生命代价的人不计其数，高启就是一个因孤高而招大祸的例子。1370 年秋，朱元璋拟委任高启为户部右侍郎（正三品，约相当于今日的财政部副部长）。不料高启却固辞不受，后被赐金放还。高启返青丘后，以教书治田自给。一切看来风平浪静，但一个违逆皇帝的人会有好下场吗？尤其恐怖的是，他违逆的是一个号称“中国第一屠夫”的残忍皇帝。

最终把高启送上刑场的是一篇《郡治上梁文》。时任苏州知府的魏观要建造办公大楼，便请高启这位隐居在此地的资深文人写了一篇文章。其中有“龙蟠虎踞”四字，朱元璋等人便“断章取义”，说此为歌颂张士诚，有谋逆之心，便借机处死了高启。据说高启死得很惨，活活的被腰斩成八段……被号称大清第一才子的赵翼推崇为“明代开国诗人第一”的高启，被一代伟人毛泽东称为“明朝最伟大的诗人”的高启，就这样悲惨地死去了，时年39岁。

嗜杀成瘾的朱元璋，除了对和他一起打天下的功臣下手狠毒之外，对手无缚鸡的文人也毫不手软。单说“明初四杰”：杨基被莫名其妙的罚做苦工，最后死在工所；张羽被糊里糊涂地绑起来扔到长江喂了鱼，尸骨无存；徐贲因“犒师不周”被处死。

这些血淋淋的惨案，从某种意义上是不是能够解释，大明300多年整个文学界没有出现一位真正意义上的大师的原因？

高启名句欣赏

1. 雪满山中高士卧，月明林下美人来。——《咏梅九首·其一》

2. 淡月微云皆似梦，空山流水独成愁。——《咏梅九首·其三》

3. 相逢莫学花无赖，明日分飞随路尘。——《与客饮西园花下》

4. 牛上唱歌牛下坐，夜归还向牛边卧。——《牧牛词》

5. 富老不如贫少，美游不如恶归。——《悲歌》

6. 每忆门前两候归，客中长夜梦魂飞。料应此际犹依母，灯下看缝寄

我衣。——《客中忆二女》

7. 长桥短桥杨柳，前浦后浦荷花。人看旗出酒市，鸥送船归钓家。风波欲起不起，烟日将斜未斜。——《如苏杂咏》

8. 江边茅屋风雨晴，闭门睡足诗初成。——《青丘子歌》

9. 屠沽往往有奇士，慎勿相轻闾里人。——《结客少年场行》

10. 横吹才听泪已流，寒灯照雨宿江头。凭君莫作关山曲，乱世人人易得愁。——《闻笛》

11. 明日寻君君莫违，共随游蝶弄晴晖。——《约诸君游范园看杏花》

12. 绿池芳草满晴波，春色都从雨里过。知是人家花落尽，菜畦今日蝶来多。——《春暮西园》

13. 一杯相属成知己，何必平生是故人。——《逢张架阁》

14. 彩霞深院花开处，明月高楼鹤去时。如今忽在他乡外，风雨寒窗两憔悴。——《客舍雨中听江卿吹箫》

15. 一坞绿杨鸡犬静，老来欣作太平人。——《和王耕云与愚庵倡和诗二首》

独留清白的名臣

于　谦

一生唯敬文天祥，
孤忠峻节耀辉光。①
力断群嚣存社稷，
奋击权竖振朝纲。
铲奸除恶招人短，
重义轻财流史长。
夺门之变衔冤死，②
邦国倾危谁扶匡？

【注】

① 峻节：高尚的节操。

② 夺门之变：又称南宫复辟，即下文石亨、徐有贞等人拥戴被朱祁钰囚禁在南宫的明英宗朱祁镇复位的政变。衔冤：无辜受罪，即“含冤”。

【记】

于谦少年时期即刻苦读书，志向高远。他敬佩仰慕文天祥的气节，悬文天祥像于座位之侧，几十年如一日。人家当官前呼后拥，尽显官威；于谦当官便服一套，瘦马一匹。但同僚并不以其为谦虚清廉，却说他坏了官场规矩。于谦看不起那些懦怯无能的大臣、勋臣、皇亲国戚，加上个性刚直，因此憎恨他的人很多。

土木堡之变后，英宗朱祁镇被俘，不少人主张迁都南京，但于谦力排众议，坚请固守。随后他以兵部尚书的身份全权负责京师防御，并推举明英宗的异母弟朱祁钰为皇帝，是为代宗。于谦和其他主战派官员最取得了京师保卫战的胜利，使明王朝转危为安。厥功至伟的于谦生活却简单俭朴，所居住的房子仅仅能够遮挡风雨。明代宗赐给他西华门的府第，他坚决推辞。景泰八年（1457）明代宗朱祁钰病重，石亨、徐有贞等人迎接朱祁镇恢复了帝位，立即把于谦逮捕入狱，并以谋反罪判处死刑。最后于谦被押往崇文门外，就在这座他曾拼死保卫的城池前被斩首，时年60岁。史载:“于谦之死，天下冤之！”明末文学家屠隆说:“于谦功固高于李纲，事更难于武穆（岳飞），其当世至人耶。”

据说被抄家的时候，于谦家里没有多余的钱财，只有正屋锁得严严实实。打开看时，只有朱祁钰当年赐给他的蟒袍、剑器等物。

于谦名句欣赏

1. 书卷多情似故人，晨昏忧乐每相亲。眼前直下三千字，胸次全无一点尘。活水源流随处满，东风花柳逐时新。金鞍玉勒寻芳客，未信我庐别有春。——《观书》

2. 春风秋月不相待，倏忽朱颜变白头。——《静夜思》

3. 题诗寄汝非无意，莫负青春取自惭。——《示冕》

4. 一片丹心图报国，两行清泪为思亲。——《立春日感怀》

5. 清风两袖朝天去，免得闾阎话短长。——《入京诗》

6. 粉身碎骨浑不怕，要留清白在人间。——《石灰吟》

7. 挽将天上银河水，散作甘霖润九州。——《望雨》

8. 但愿苍生俱饱暖，不辞辛苦出山林。——《咏煤炭》

9. 花开花落寻常事，未必皆因一夜风。——《落花吟》

10. 雨中红绽桃千树，风外青摇柳万条。借问春光谁管领，一双蝴蝶过溪桥。——《暮春客舍即景》

11. 人生由来不满百，安得朝夕事隐忧。——《静夜思》

12. 醉后狂歌惊宿雁，芦花两岸月苍苍。——《题画》

13. 涌金门外柳如烟，西子湖头水拍天。——《夏日忆西湖》

14. 黄花本是无情物，也共先生晚节香。——《过菊江亭》

15. 如何一别朱仙镇，不见将军奏凯歌。——《岳忠武王祠》

16. 村落甚荒凉，年年苦旱蝗。老翁佣纳债，稚子卖输粮。壁破风生屋，梁颓月堕床。那知牧民者，不肯报灾伤。——《荒村》

17. 离家自身寻常事，报国惭无尺寸功。——《春日客怀》

18. 拔剑舞中庭，浩歌振林峦。丈夫意如此，不学腐儒酸。——《处世若醉梦》

桃花庵主

唐　寅

少年闭门读史籍，
堂外街巷竟不识。
科场无端交晦运，
终生有愧远衙职。[①]
烟花丛中醉千场，
龙虎榜上居第一。
潦倒卖画兼鬻文，[②]
归去闲吟桃花辞。

【注】

① 衙职：官衙中的职役，这里代指官场。

② 鬻文：卖文，为人撰文而接受报酬。

【记】

唐寅出生在流水映小桥、画船伴雨眠的人间天堂苏州，父亲经商，家境殷实。唐寅自幼天资聪敏，熟读四书五经，且学习十分刻苦。据好友祝枝山回忆，唐寅“幼读书，不识门外街陌”，意思是唐寅小时候整天只知道闭门读书，连家门外的街道都不认识。

唐寅16岁秀才考试中第一名，轰动了整个苏州城，29岁到南京参加乡试，又中第一名解元。但是正当他踌躇满志，第二年赴京会试时，却因为一场离奇的科场舞弊案而下狱，后被罢黜为浙藩小吏，他本人深以为耻坚决不去就职，归家后夫妻失和，妻子改嫁。

才华出众、理想高远的唐伯虎落到这步田地，实在是出乎他本人及众人意料之外。面对命运的戏弄、人情的凉薄，他只能报之以狂放不羁、嫉俗愤世。唐寅刻了几枚印章，其中一枚是“江南第一风流才子”，以此来表明心迹。但又有谁能够真正理解，在唐寅这种放荡不羁的外壳之下掩藏的那颗敏感易碎之心？唐寅怀才不遇，仕途艰辛，穷困潦倒，靠卖画为生，常常呼酒买醉，狂歌长叹。晚境尤为凄凉，最后竟潦倒而死，年仅54岁。

“生在阳间有散场，死归地府又何妨。阳间地府俱相似，只当漂流在异乡。”一首绝笔诗，是否写尽了唐寅的愤俗厌世之情！

唐寅名诗名句欣赏

1. 桃花坞里桃花庵，桃花庵里桃花仙。桃花仙人种桃树，又摘桃花换酒钱。酒醒只在花前坐，酒醉还来花下眠。半醒半醉日复日，花落花开年复年。但愿老死花酒间，不愿鞠躬车马前。车尘马足贵者趣，酒盏花枝贫者缘。若将富贵比贫贱，一在平地一在天。若将贫贱比车马，他得驱驰我得闲。别人笑我太疯癫，我笑他人看不穿。不见五陵豪杰墓，无花无酒锄作田。——《桃花庵歌》

2. 不炼金丹不坐禅，不为商贾不耕田。闲来写就青山卖，不使人间造孽钱。——《言志》

3. 雨打梨花深闭门，孤负青春，虚负青春。赏心乐事共谁论，花下销魂，月下销魂。愁聚眉峰尽日颦，千点啼痕，万点啼痕。晓看天色暮看云，行也思君，坐也思君。——《一剪梅》

4. 李白能诗复能酒，我今百杯复千首。我愧虽无李白才，料应月不嫌我丑。我也不登天子船，我也不上长安眠。姑苏城外一茅屋，万树桃花月满天。——《把酒对月歌》

5. 海阔天空千怨解，知足常乐百愁休。

6. 草木枯荣归万象，人生皆在转轮中。

7. 平生不敢轻言语，一叫千门万户开。——《画鸡》

8. 立锥莫笑无余地，万里江山笔下生。——《无题》

9. 名不显时心不朽，再挑灯火看文章。——《夜读》

明文第一

归有光

自幼颖悟才过人，
童年丧母家道贫。
八度落榜高节守，
六十及第夙志存。[①]
矫世变俗慕循吏，[②]
剪凶除恶亲庶民。
讲学论道客常满，
素笔清淡简为文。

【注】

① 夙志：平素的志愿。

②“循吏”一词最早见于《史记》中的《循吏列传》，后为历代史书所承袭，即清正廉洁、奉法循理的官吏。

【记】

归有光自幼喜好读书，9 岁能作文，10 岁便写出了洋洋千言的《乞醯论》。后应童子试考了头名，一时被誉为才俊，但是此后归有光的命运却是越发困蹇不堪。他远涉千里参加三年一次的会试，竟然一连八次都是落第而归。其间他不仅失去了最心爱的长子，一年后又失去了任劳任怨的爱妻。然而，坎坷的生活却也磨炼了归有光深沉坚毅、不屈服于权势与恶运的性格。

虽然久困场屋，但归有光在仕途上却绝不走旁门左道。比如有位前辈对归有光十分欣赏，他深深惋惜于归有光的遭遇，几次“欲以旧谊招致之”，但归有光却从未去拜访过这位前辈。再如明穆宗身边一位十分受宠的宦官因慕归有光之名，让自己的侄子拜归有光为师，并几次让归有光进京私谒自己，都被归有光断然拒绝。

嘉靖四十四年（1565），年已六十的归有光第九次参加会试时终于中了个三甲进士。满腹诗文经义，一心想为国出力的归有光虽年已花甲，但壮志依旧未衰，他一心想学习两汉循吏做廉洁刚正之官。在治理长兴的短短两年中，他政绩颇著，深受百姓拥戴，但是这却招来豪强、大吏的不满。后来归有光在任所筑土室一间，整日躲在其中读书自娱。

有人说，归有光是一个能把苦难日子过成一首诗的人。

归有光名句欣赏

1. 庭有枇杷树，吾妻死之年所手植也，今已亭亭如盖矣。——《项脊轩志》

2. 三五之夜，明月半墙，桂影斑驳，风移影动，珊珊可爱。——《项脊轩志》

3. 借书满架，偃仰啸歌，冥然兀坐，万籁有声。——《项脊轩志》

4. 天下之事，因循则无一事可为，奋然为之，亦未必难。——《奉熊分司水利集并论今年水灾事宜书》

5. 自古设官职，事事有本原。所以置守令，无非惠元元。——《赠孙太仓》

6. 智而用私，不如愚而用公。——《庄氏二子字说》

7. 淡淡远天色，梅花带寒雨。溪回竹树交，风吹鸟雀起。日暮湖波深，苍茫白云里。——《碛砂寺》

8. 丈夫苟逢时，何必无大猷。叹我学禹贡，胸中罗九州。杖策空去来，令人笑白头。——《南旺》

9. 笑吾文章空磊落，垂老无成跨蹇驴。——《谈侍郎歌》

10. 老夫拥衾只匡坐，雪中日日看黄楼。——《黄楼行》

11. 向晚乘凉各归去，一天朗月浸沧浪。——《赏荷次韵》

12. 青灯夜雨十年前，今日书斋各黯然。不是故人无旧话，凄凉只说楚江边。——《李廉甫宪副书斋小酌》

13. 自种湖田供伏腊，万竿修竹满床书。——《又赠陆太学》

14. 奈何唐尧朝，不用贾生策。……去去勿复言，牧豕在大泽。——《壬戌南还作》

15. 嗟我亦何为，独叹往来频。封侯不可期，白日坐沉沦。——《沛县》

17. 经过兵燹后，焦土遍江村。满道豺狼迹，谁家鸡犬存。寒风吹白日，鬼火乱黄昏。何自征科吏，犹然复到门。——《甲寅十月纪事》

千秋词匠

汤显祖

书香门第气超凡，
总角闻道才足观。
权臣徇私戏科举，①
俊秀存志落孙山。②
仗义执言怒天子，
削职夺位放岭南。
致力善政反遭谤，
愤而辞禄归乡间。

【注】

① 指当进权臣张居正为循私而操纵科举一事，详见下文。

② 俊秀：才智杰出之人，此处指汤显祖。

【记】

汤显祖，明代戏曲家、文学家。他作为一个正直的知识分子，非常憎恶当时腐败的社会风气，并且以一己之力同与之生活的黑暗社会作抗争。

当朝首辅张居正要安排他的几个儿子取中进士，为了遮掩世人耳目，又想找几个有真才实学的人作陪衬。他打听到海内最有名望的举人无过于汤显祖等人，就派人去笼络他们。声言只要肯同宰相合作，就许显祖等人中头几名。但汤显祖先后两次果断地拒绝了这种交易。结果可想而知，而且，在张居正当权的年月里，他只能永远落第。但正因为如此，汤显祖以高尚的人格和洁白的操守，得到了海内人士的称赞。

中进士后，拒绝与执掌朝政的张四维、申时行合作，而是一面以诗词曲文同友人切磋唱和，一面研究学问，作书中蠹鱼。虽至夜半，常常书声琅琅不绝于口。在浙江遂昌任知县时，他去酷刑，修书院，下乡劝农，与青衿子秀切磋文字，终于使浙中这块偏僻贫瘠之地大为改观。不料这竟然也遭到了小人的中伤。汤显祖知道有人想赶走他，便不待别人攻击，49 岁时给吏部递了辞呈，不等批准便扬长而去。

汤显祖晚年自称“偏州浪士，盛世遗民”，说“天下事耳之而已，顺之而已”，后又以“茧翁”自号。

汤显祖名句欣赏

1. 原来这姹紫嫣红开遍，似这般都付与断井颓垣。良辰美景奈何天，赏心乐事谁家院！朝飞暮卷，云霞翠轩；雨丝风片，烟波画船。——《商调·皂罗袍》

2. 略知孔子三分礼，不犯萧何六尺条。——《牡丹亭》

3. 遍青山啼红了杜鹃，荼蘼外烟丝醉软。牡丹虽好，他春归怎占的先！闲凝盼，生生燕语明如剪，呖呖莺歌溜的圆。——《牡丹亭》

4. 沉鱼落雁鸟惊喧，羞花闭月花愁颤。——《牡丹亭》

5. 三分春色描来易，一段伤心画出难。——《牡丹亭》

6. 袅晴丝吹来闲庭院，摇漾春如线。——《牡丹亭》

7. 莺逢日暖歌声滑，人遇风情笑口开。——《牡丹亭》

8. 梦短梦长俱是梦，年来年去是何年。——《牡丹亭》

9. 天意秋初，金风微度，城阙外画桥烟树。——《牡丹亭》

10. 不入春园，怎知春色几许。——《牡丹亭》

12. 则为你如花美眷，似水流年。——《牡丹亭》

13. 待和你剪烛临风，西窗闲话。——《牡丹亭》

14. 一生痴绝处，无梦到徽州。——《游黄山白岳不果》

15. 池上映秋光，登临爱夕阳。镜中蒲柳色，衣上芰荷香。听雨初留屐，当风一据床。……坐看人世小，仙驭白云乡。——《秋日西池望二仙桥》

16. 幽意偶随春梦蝶，生涯真作武陵渔。——《遣梦》

17. 波光水鸟惊犹宿，露冷流萤湿不飞。——《江宿》

18. 青衫客散河桥柳，暮雨春归寒食天。定向林间呼小阮，荷湖新着钓鱼船。——《送费师之寄兆卿》

19. 天道到来那可说，无名人杀有名人。——《偶作》

东方游圣

徐霞客

耕读传家迷经志，
十五置身藏书楼。
虚名浮利抛度外，
孤杖芒鞋代车舟。[①]
寻秘探幽千劫过，
觅奇逐胜万里游。
一生劳顿死不恨，
了得夙愿复何求？

【注】

① 芒鞋：用植物的叶或杆编织的鞋子，泛指草鞋。

【记】

明朝弘治年间那场莫须有的科场舞弊案，江南两位好友徐经和唐寅受到了致命打击，唐寅从此变得消极颓废，徐经 35 岁便客死他乡。而徐经，便是被称为“千古奇人”的徐霞客的高祖，他的遭遇对徐氏后人不可能没有影响。

徐霞客的父亲徐有勉一生不愿为官，也不愿同权势交往，喜欢到处游览欣赏山水景观。受耕读世家的文化熏陶，徐霞客幼年好学，到处搜集没有见到过的书籍，只要看到好书，即使没带钱，也要脱掉身上的衣服去换书。少年就立下了“大丈夫当朝碧海而暮苍梧”的旅行大志。(“朝碧海，暮苍梧”出自吴承恩的《西游记》:“自古道，‘神仙朝游北海暮苍梧’。”意思是说早上还在碧海游玩，晚上瞬间又回转到了苍梧住宿)

万历三十六年(1608)，22岁的徐霞客头戴母亲为他做的远游冠，肩挑简单的行李，离开了家乡。从此，直到56岁逝世，他绝大部分时间都是在旅行考察中度过的。徐霞客当时主要靠徒步跋涉，连骑马乘船的时候都很少，还经常自己背着行李赶路。他寻访的地方，多是荒凉的穷乡僻壤，或是人迹罕至的边疆地区，曾数次遇到生命危险，尝尽了旅途的艰辛。

徐霞客一生足迹遍及今21个省、市、自治区，经过34年考察撰成的60万字的《徐霞客游记》，被称为“明末社会的百科全书”，人称其为世间“真文字、大文字、奇文字”。2011年，国务院把《徐霞客游记》的开篇之日(5月19日)定为中国旅游日。

徐霞客轶事典故

1. 湘江遇盗

徐霞客在游历考察过程中，曾经三次遭遇强盗，四次绝粮。湘江遇盗、跳水脱险的事，发生在他51岁时的第四次出游中。这次出游不久，就在湘江遇到强盗，行李、旅费被洗劫一空，人也险些丧命。在湘江水面被盗贼“刀戟乱戳”，但侥幸跳水逃命，而随行的静闻和尚为了保护经书和徐霞客的手稿等，受了两处致命伤。当时，有人劝徐霞客不如回去，并要资助他回乡的路费，但他却坚定地说：“我带着一把铁锹来，什么地方不可以埋我的尸骨呀！”徐霞客继续顽强地向前走去。没有粮食了，他就用身上带的绸巾去换几竹筒米；没有旅费了，就用身上穿的夹衣、袜子、裤子去换几个钱。徐霞客志在天下、踌躇满志，用坚强创造了那个时代知识分子新的活法。

2. 生死情谊感天动地

最让人动容的是徐霞客与静闻和尚的友谊。在《游记》中他240多次写到静闻。静闻一路随行，既是旅伴、向导，也是仆人、保安，佛心相吸，生死相托。湘江遇盗，静闻和尚挺身而出受了刀伤，到达南宁后一病不起。二人相约，徐公继续前行，静闻原地等候。临行前徐公专往崇善寺惜别，本已十分拮据的他留了些钱，托寺里僧人照顾静闻和尚。静闻自知来日无多，恐一去永诀，便讨得徐公的布鞋、茶叶等留作纪念。75天后徐公返回崇善寺，方知就在分别的第二天，静闻即长辞人世。徐公悲痛难已，一连写下六首《哭静闻禅侣》，“含泪痛君仍自痛，存亡分影不分关”“黄菊泪分千里道，白茅魂断五花烟”，可谓痛断肝肠。徐公遵从静闻的遗愿，背上他的骨灰匣，历时一年护送到静闻生前向往的鸡足山悉檀寺安放。

——2017年5月25日《人民日报》

大怪杰

金圣叹

惯将乖张掩孤独，
敢把疏狂笑庸俗。[①]
能文善诗评经典，
弃仕绝宦守本初。
命丧一出哭庙案，
恨遗六部才子书。
智慧灵气何所用，
无非杀鸡儆士族。[②]

【注】

① 疏狂：狂放不受约束。

② 儆：让人自己觉悟而不犯过错。

【记】

金圣叹原名金采，因为特别认同孔子的弟子曾点，而曾点因无意仕宦与向往自由为孔子所赞叹，金圣叹特为自己取字为“圣叹”。

金圣叹的最大贡献在于最早提高小说与戏曲的应有地位，并开创了细读文本的文学批评方法。后来毛宗岗评点《三国演义》，脂砚斋批点《红楼梦》等，都受到了金圣叹评点《水浒传》的很大影响。金圣叹一生评点过不少古人名著，曾以《离骚》、《庄子》、《史记》、杜甫的诗歌、《水浒》和《西厢》合称为天下“六才子书”。在他因为“哭庙案”被冤杀前，刚刚评点完了《水浒传》和《西厢记》。

顺治十八年（1661），吴县新任县令任维初为追收欠税鞭打百姓，激起苏州士人愤怒。三月初，金圣叹与一百多个士人到孔庙聚集，悼念顺治帝驾崩，借机发泄积愤，到衙门给江苏巡抚朱国治上书控诉任维初。朱国治下令逮捕其中十一人，以诸生倡乱抗税、惊动先帝之灵的罪名上报朝廷。清廷正有威慑江南士族之意，于是便逮捕金圣叹等七名士人在江宁会审，严刑拷问，后以叛逆罪判处斩首，并于七月十三日行刑，是为哭庙案。

刑场上，刚逾知天命之年的金圣叹泰然自若，昂然地向监斩索酒酣然畅饮，边酌边说：“割头，痛事也；饮酒，快事也；割头而先饮酒，痛快痛快！”

金圣叹名句欣赏

1. 莲子心中苦，梨儿腹内酸。——刑场诀别自题
2. 雨入花心，自成甘苦。水归器内，各现方圆。——自题
3. 流水今日，明月前身。——题佛经
4. 千古绝吟太白诗，大江东去学士词。——题书房
5. 真读书人天下少，不如意事古今多。——感题时势
6. 一个文官小花脸，三朝元老大奸臣。——题舅父钱谦益
7. 台榭如富贵，时至则有；草木知名节，久而后成。——题书斋

8. 大小子，上下街，走南到北买东西；少老头，坐睡椅，由冬至夏读春秋。——撰技巧联

9. 天上月圆，人间月半，月月月圆逢月半。今夜年尾，明朝年头，年年年尾接年头。——题时令年节

10. 消磨傲骨惟长揖，洗落雄心在半酣。——《评点西厢记》

11. 吾最恨人家子弟，凡遇读书，都不理会文字，只记得若干事迹，便算读过一部书了。——《读第五才子书法》

12. 天悲悼我地亦忧，万里河山带白头。明日太阳来吊唁，家家户户泪长流。——《七绝》

13.《史记》是以文运事，《水浒》是因文生事。以文运事，是先有事生成如此，却要算计出一篇文字来，虽是史公高才，也毕竟是吃苦事。因文生事即不然，只是顺着笔性去，削高补低都由我。——《读第五才子书法》

14. 雪夜闭门读禁书，不亦快哉；于书斋前多种芭蕉一二十本，不亦快哉；子弟背诵书烂熟，如瓶中泻水，不亦快哉；夏日于朱红盘中，自拔快刀，切绿沉西瓜，不亦快哉！……

灌隐主人

吴梅村

七录斋中得真知，
一度曾为崇祯识。
进退维艰逢国变，
行藏难定归故居。[①]
清廷强征复从仕，[②]
官场借命堪痛惜。[③]
万事忧危中心苦，[④]
寄言死后敛僧衣。

【注】

① 行藏：即行止。语出《论语·述而》：“用之则行，舍之则藏。”

② 从仕：做官。

③ 借命：苟且偷生。

④ 中心：心中，内心。

【记】

吴伟业，号梅村，出生于江苏太仓的一个读书人家中。7岁开始读家塾，14 岁能属文。著名学者张溥见到他的文章后非常欣赏，于是收吴伟业在其门下受业。《明史·张溥传》记载："张溥幼嗜学，所读书必手抄，抄已朗诵一过，即焚之，又抄，如是者六七始已。右手握管处，指掌成茧。冬日手皲，日沃汤数次。后名读书之斋曰'七录斋'。"吴伟业少年遇到这样一位治学严谨的老师，不能不说是他的幸运。

吴伟业 20 岁考中秀才，22 岁中举人，23 岁参加会试以第一名获隽（音 huò jùn，会试得中，亦泛指科举考试得中），廷试又以一甲第二名连捷。当时有人怀疑其中有舞弊之嫌，主考不得不将其会元原卷呈请御览，结果崇祯皇帝在试卷上批了"正大博雅，足式诡靡"八个大字方平物议（众人的议论，多指非议）。这使得吴伟业声名鹊起，吴伟业也因此对崇祯怀有一种刻骨铭心的知遇之感。明亡后的很多年，吴伟业在家乡太仓过着半隐居的生活，后慑于清廷淫威，碍于老母敦促，于 45 岁时被迫应诏北上京师任职。三年后以丁忧南还，从此不复出仕。

吴伟业年 64 而终，生前曾留下遗言："吾……实为天下第一大苦人，死后敛以僧袍，墓前立一圆石，题曰诗人吴梅村之墓。"有人据此推断其遗言暗含了《红楼梦》中石头的寓意，加上其他诸多证据，认为《红楼梦》的作者应为吴伟业。此系学术之争，有兴趣的读者可再详加研究。

吴梅村名句欣赏

1. 恸哭六军俱缟素，冲冠一怒为红颜。——《圆圆曲》

2. 旧巢共是衔泥燕，飞上枝头变凤凰。——《圆圆曲》

3. 前身合是采莲人，门前一片横塘水。——《圆圆曲》

4. 人生苦乐皆陈迹，年去年来堪痛惜。闻笛休嗟石季伦，衔杯且效陶彭泽。君不见白浪掀天一叶危，收竿还怕转船迟。世人无限风波苦，输与

江湖钓叟知。——《鸳湖曲》

5. 浮生所欠止一死，尘世无由识九还。我本淮王旧鸡犬，不随仙去落人间。——《过淮阴有感》

6. 一尺过江山，万点长淮树。——《生查子·旅思》

7. 误尽平生是一官，弃家容易变名难。——《自叹》

8. 柳叶乱飘千尺雨，桃花斜带一溪烟。——《鸳湖曲》

9. 我向花间拂素琴，一弹三叹为伤心。暗将别鹄离鸾引，写入悲风怨雨吟。——《听女道士卞玉京弹琴歌》

10. 玉关秋尽雁连天，碛里明驼路几千！夜半李陵台上月，可能还似汉宫圆？——《出塞》

11. 霸越亡吴计已行，论功何物赏倾城？西施亦有弓藏惧，不独鸱夷变姓名。——《一舸》

12. 闲窗听雨摊诗卷，独树看云上啸台。桑落酒香卢桔美，钓船斜系草堂开。——《梅村》

13. 白头风雪上长安，短褐疲驴帽带宽。辜负故园梅树好，南枝开放北枝寒。——《临清大雪》

14. 台上明月池，干叶金莲开。花花相映发，叶叶同根栽。——《清凉山赞佛诗》

明末清初三大思想家

黄宗羲、顾炎武、王夫之等三人，在明末清初社会激烈变革之际，提出了许多人本主义论点，是中国17世纪后半期社会进步思潮的代表。他们所倡导的如“反对君主专制，提高商人地位，重实践、轻理论的实用主义”等思想，虽然在后来君主集权严重的清朝并没有得到多大发展，但对于中国传统哲学的发展却具有重要意义。

中国思想启蒙之父

黄宗羲

遵父教导穷史经，
刑部大堂奋锥锋。
陷地崩天亡故土，
典家卖产抗大清。
乡野退居缘兵败，
新朝拒仕效子陵。[①]
讲学著述终晚岁，
茅屋数椽尽从容。

【注】

① 严光，字子陵，少有高名，与东汉光武帝刘秀同学，亦为好友。刘秀即位后，多次延聘严光，但他隐姓埋名，退居富春山。

【记】

黄宗羲的父亲黄尊素因弹劾魏忠贤而下狱，最终受尽酷刑而死。年仅19岁的黄宗羲袖藏铁锥，孤身赴京为父讼冤。当时崇祯已经登基，魏忠贤已经被处以极刑，他正赶上朝廷审问许显纯、崔应元等人。黄宗羲和他们对簿公堂时，在刑部大堂当场锥刺魏忠贤死党许显纯，刺得许显纯鲜血满身；并当众痛击崔应元，拔掉其胡须归祭父亲亡灵。此事在当时引起不小的震动，人称黄宗羲为“姚江黄孝子”，崇祯帝叹称他为“忠臣孤子”。

黄宗羲每天天刚亮就起床，孜孜不倦地披读史籍，直到深夜鸡叫头遍才休息。他把家中的藏书全部搬出细加研读，家中藏书读完后又到富有藏书的同乡家里亲自抄来苦读。几年功夫，他历览了明代十三朝的实录和二十一史，对本朝和古代的历史烂熟于心。

清军入关后，黄宗羲招募乡里子弟数百人组成“世忠营”，在余姚举兵抗清达数年之久。复国活动失败后，他退居山野，超然物外，坐看云卷云舒，著书以终，至死不仕清廷。黄宗羲虽然一生壮志未酬，但却留下了不朽的思想供后世景仰，被称为“华夏文化守夜人”。马叙伦称道黄宗羲是秦以后二千年间“人格完全，可称无憾者”的少数先觉之一。

黄宗羲名句欣赏

1. 学校之盛衰，关系天下之盛衰也。——《明夷待访录》

2. 锋镝牢囚取次过，依然不废我弦歌。死犹未肯输心去，贫亦岂能奈

我何！——《山居杂咏》

3. 墙角梅花五六树，窗前积雪两三峰。——《正月晦日同泽望至草庵与克归话旧》

4. 清气不容尘外虑，好诗多在月明中。花前闻鸟声偏乱，兵后持杯泪易浓。——《花朝宿石井》

5. 自古圣贤，盛德大业，未有不由学而成者也。

6. 天下之治乱，不在一姓之兴亡，而在万民之忧乐。——《原臣》

7. 爱其子而不教，犹为不爱也；教而不以善，犹为不教也。

8. 大丈夫行事，论是非，不论利害；论顺逆，不论成败，论万世，不论一生。何谓英雄？剑指苍穹，背负使命，这便是英雄。何谓英雄？行事磊落，形同日月，这又是英雄。何谓英雄？他们生而凡却又不甘于凡，所以他们生在世，活在时。

9. 西风飒飒卷平沙，惊起斜阳万点鸦。遥望竹篱烟断处，当年曾此看桃花。——《过塔子岭》

10. 年少鸡鸣方就枕，老人枕上待鸡鸣。转头三十余年梦，不道消磨只数声。

11. 慷慨赴死易，从容就义难。——《兵部左侍郎苍水张公墓志铭》

12. 学不至于乐，不可谓之学。——《宋元学案》

13. 养士为学校之一事，而学校不仅为养士而设也。——《学校》

14. 却道诗情多富贵，故教村落写荒寒。——《五朋二十八日书诗人壁》

清学开山始祖

顾炎武

风霜松柏质，[1]
开山一通儒。[2]
灯前抄通鉴，
马背诵典书。
匡时重节志，[3]
吊主轻远途。[4]
大义存忠孝，
恋明时一哭。[5]

【注】

① 松柏质：形容人拥有坚强的意志力。《世说新语·言语》记载："蒲柳之姿，望秋而落；松柏之质，经霜弥茂。"

② 通儒：指通晓古今、学识渊博的儒者。

③ 匡时：匡正时世；挽救时局。

④ 轻：把……看得很轻，即不以为意。

⑤ 时：时时，不时。

【记】

顾炎武自幼勤学，6 岁启蒙，10 岁开始读史书、文学名著，曾以过人的毅力手抄《资治通鉴》。他一生手不释卷，外出旅行时都用马、骡子载书跟随，途中在马背上默默诵读各种经典，有遗忘时就到客店中仔细认真地复习。

清军南下时，江南各地抗清义军纷纷而起，顾炎武果断地投笔从戎。昆山失守后，死难者多达4万之多，其生母何氏右臂被清兵砍断，两个弟弟被杀，顾炎武因城破时不在昆山侥幸得免。9天后，常熟陷落，顾炎武嗣母王氏绝食殉国，临终前嘱咐顾炎武要为大明尽忠守节。

明朝灭亡后，年仅32岁的顾炎武誓不损节，不为清朝服务，还参加了抗清复明的“复社”。他曾六次从家乡江苏昆山步行至南京明孝陵哭吊明朝开国皇帝朱元璋，往返数千里，不辞跋涉之苦。又在漂泊各地途中，两次到北京昌平长陵哭吊明成祖朱棣，六次到明思陵哭吊明代末帝朱由检。康熙年间，朝廷招揽明朝遗民，顾炎武则多次以死坚拒推荐。

顾炎武被称作是清朝“开国儒师”“清学开山始祖”，梁启超曾说：“我生平最敬慕亭林先生为人……他不但是经师，而且是人师。”顾炎武强调做学问必须先立人格，他说：“礼义廉耻，是谓四维。”他所提出的“天下兴亡，匹夫有责”这一口号，意义重大，影响深远。

顾炎武名句欣赏

1. 不廉则无所不取，不耻则无所不为。——《日知录》

2. 以兴趣始，以毅力终。

3. 万事有不平，尔何空自空。长将一寸身，衔木到终古。我愿平东海，身沉志不改。大海无平期，我心无绝时。呜呼！君不见西山衔木众鸟多，鹊来燕去自成窠。——《精卫》

4. 苍龙日暮还行雨，老树春深更著花。待得汉庭明诏近，五湖同觅钓鱼槎。——《又酬傅处士次韵》

5. 生无一锥土，常有四海心。——《大儒顾炎武》

6. 万事有不平，尔何空自苦。——《顾炎武诗选》

7. 有亡国，有亡天下。亡国与亡天下奚辩？曰：易姓改号，谓之亡国；仁义充塞，而至于率兽食人。人将相食，谓之亡天下。……保国者，其君其臣，肉食者谋之；保天下者，匹夫之贱，与有责焉耳矣。——《日知录》

8. 士大夫之无耻，是谓国耻。——《日知录》

9. 车中公子常虚左，上客侯生衣敝衣。人生富贵驹过隙，唯有荣名寿金石。——《秋风行》

10. 老柏摇新翠，幽花茁晚春。——《嵩山》

11. 天地存肝胆，江山阅鬓华。——《酬王处士九日见怀之作》

12. 十年天地干戈老，四海苍生痛哭深。——《海上》

13. 远路不须愁日暮，老年终自望河清。——《五十初度时在昌平》

14. 日知其所亡，月无忘其所能，可谓好学也已矣。

15. 吾辈所恃，在自家本领足以垂之后代，不必傍人篱落，亦不屑与人争名。——《与人札》

南岳遗民

王夫之

运乖逢乱局，
一生悲流离。
陷城亡至亲，
矢志战强敌。[①]
病榻重晚节，

荒山著书籍。
拒见清廷官，
至死头不低。

【注】

① 矢志：立下誓愿和志向，以示决心。

【记】

王夫之的父亲王朝聘当年国子监毕业时因拒绝贿赂选官，被罢选返乡。五年后在京城又坚决拒绝权相温体仁党羽的索贿，气愤之下撕毁荐帖，自誓不出“赇吏胯下以重辱先人”（赇吏：音 qiú lì，贪赃枉法的官吏）。有其父必有其子，张献忠所部攻克衡州，拘留王夫之的父亲为人质，王夫之果断刺伤自己的面部和手腕，假装受伤救出了父亲。

清军攻陷衡州，王夫之全家逃散，其父王朝聘、其叔王廷聘、二兄王参之及叔母在战乱中死亡，王夫之的父亲生前嘱其子女要抗清到底。明朝灭亡后，王夫之在家乡衡阳抗击清兵，失败后，隐居石船山著书立说，自称船山病叟，学者遂称之为船山先生。王夫之晚年身体不好，生活贫困，写作时连纸笔都要靠朋友周济。但他每日坚持著述，以至于腕不胜砚，指不胜笔。在他 71 岁时，湖南巡抚与衡州知州拜会，想赠送他些吃穿用品。王夫之拒而不见，礼物悉数退还，并写了一副对联以明志：“清风有意难留我，明月无心自照人。”这里“清”指清廷，“明”指明朝。王夫之借这副对联向世人表明了自己的晚节。

清代学者刘献廷称：“王夫之学无所不窥，于《六经》皆有说明。洞庭之南，天地元气，圣贤学脉，仅此一线。”王夫之的故居湘西草堂两边有对联一副：“世臣乔木千年屋，南国儒林第一人。”

王夫之名句欣赏

1. 景者情之景，情者景之情也。——《唐诗选评》

2. 君知否？雁字云沉，难写伤心句。——《绮罗香》

3. 以正治国，以奇用兵。——《道德经》

4. 方祭乃思敬，则必不能敬；方丧乃思哀，则必不能哀。

5. 善教者必有善学者，而后其教之益大，教者但能示以所进之之善，而进之之功，在人之自悟。

6. 数米计薪，日以挫其志气，仰视天而不知其高，俯视地而不知其厚，虽觉如梦，虽视如盲，虽勤动其四体而心不灵。

7. 文以意为先，意犹帅也；无帅之兵，谓之乌合。——《姜斋诗话》

8. 居其位，安其职，尽其诚而不逾其度。——《读通鉴论》

9. 六经责我开生面，七尺从天乞活埋。

10. 其上申韩者，其下必佛老。以申韩之术待下，以老庄之道待上，以申韩之权求治，以庄周之滑处乱。在上者指鹿为马，在下者难得糊涂。

11. 古所未有者，必有妄也；人所争夸者，必其诈也。

12. 垂虹疑饮双溪水，砌草新添一寸荑。不拟孤山闲放鹤，鹁鸠恰恰向人啼。——《雨余小步》

13. 严下吏之贪，而不问上官，法益峻，贪益峻，政益乱，民益死，国乃以亡。

14. 必为者，强物从我，求诸人者也。必不为者，断之自我，求诸己者也。君子之道，有必不为，无必为。小人之道，有必为，无必不为。

柳泉居士

蒲松龄

扬名县府道，
三榜俱第一。
乡试失科场，
富家做塾师。
道旁备茗饮，①
陋室书诡奇。②
笔耕数十载，
孤愤贯篇辞。

【注】

① 茗饮：指茶。

② 诡奇：诡异怪奇的事情。据说蒲松龄创作《聊斋志异》时，专门在家门口开了一家茶馆，请喝茶的人给他讲故事，讲过后可不付茶钱，听完之后他再作修改润色，最后写成此书。

【记】

蒲松龄出生于一个逐渐败落的中小地主兼商人家庭，19岁应童子试，接连考取县、府、道三个第一，名震一时，以后却屡试不第。为生活所迫，20多岁时他就回乡设馆，为人“代笔歌哭”或当“刀笔师爷”，过着半饥半饱的日子。也就是在此期间，他开始了《聊斋志异》的创作。他的好友张笃庆发现他因为写《聊斋志异》影响了科考，就写诗劝他，“聊斋且莫竞谈空”，但是蒲松龄不为所动。他在《聊斋自志》中说“集腋成裘，妄续幽明之录，浮白载笔，仅成孤愤之书”（浮白载笔：一面喝酒，一面写作，旧时比喻文人的雅量和才气。浮：罚人饮酒；白：指专用来罚酒的大杯；浮白：指喝酒和干杯；载笔：拿着笔）。

《聊斋志异》书成后，同乡好友王士禛十分推重，并为《聊斋志异》题诗：“姑妄言之姑听之，豆棚瓜架雨如丝。料因厌作人间语，爱听秋坟鬼唱诗。”蒲松龄因家贫无力印行，一直到他去世50多年之后，这部集志怪传奇小说之大成的优秀作品才得以刊刻行世。一经刊行，便被多家竞相翻印和模仿，纪昀的《阅微草堂笔记》便是在其影响下产生的一部笔记小说。

鲁迅先生说《聊斋志异》是“专集之最有名者”，此书已经同李杜诗、《红楼梦》等构成中国文学史上绵延不断的高峰。郭沫若先生为蒲松龄故居题联，“写鬼写妖高人一筹，刺贪刺虐入木三分”；老舍也曾做出如下评价：“鬼狐有性格，笑骂成文章。”

蒲松龄名句欣赏

1. 性痴则其志凝。故书痴者文必工，艺痴者技必良。世之落拓而无成者，皆自谓不痴者也。

2. 泪中为写相思字，写到相思泪转多。

3. 天下快意之事莫若友，快友之事莫若谈。

4. 置身青云无忘贫贱，此其所以神也。今日车中贵介，宁复识戴笠人哉?

5. 宴笑友朋多，患难知交寡。

6. 有志者，事竟成，破釜沉舟，百二秦关终属楚。苦心人，天不负，卧薪尝胆，三千越甲可吞吴。

7. 用我三生烟火，换你一世迷离。

8. 蝴蝶很美，终究飞不过沧海。山河拱手，为君一笑。待浮花浪蕊俱尽，伴君幽独。

9. 有心为善，虽善不赏；无心为恶，虽恶不罚。

10. 所以念君者，为百年，不为一夕。

11. 临风惆怅一登台，台下黄花次第开。名士由来能痛饮，世人元不解怜才。蕉窗酒醒闻疏雨，石径云深长绿苔。摇落寒山秋树冷，啼乌犹带月明来。——《九日望日怀张历友》

12. 有花有酒春常在，无烛无灯夜自明。——《聊斋志异》

13. 花面逢迎，世情如鬼。嗜痂之癖，举世一辙。——《聊斋志异》

14. 与世，心生厌倦；来生，还要相见。

15. 达人观之，生死一耳；何必生之为乐，死之为悲? ——《聊斋志异》

16. 旧向长堤缆画桡，秋来秋色倍萧萧，空垂烟雨拂横桥。斜倚西风无限恨，懒将憔悴舞纤腰，离思别绪一条条。——《浣溪沙》

清第一词人

纳兰性德

翩翩公子出豪门，
贵胄才气集一人。
宦海平步伴圣主，
孤芳致洁由本心。①
为诗精妙人传唱，
待友真诚士绕身。
慧极易伤寿不永，②
而立之年弃凡尘。

【注】

① 孤芳致洁：独自保持自己孤傲的性格和极其纯洁的本性。

② 慧极易伤：过于聪慧，则容易看透人情世故，体验更多的世态炎凉，劳心费神，容易伤身。

【记】

纳兰性德，字容若，大学士纳兰明珠长子。康熙深爱其才，纳兰性德22岁中进士后被康熙留在身边授三等侍卫，不久后晋升为一等侍卫，多次随康熙出巡。

但作为诗文艺术的奇才，纳兰性德淡泊名利，在内心深处厌恶官场的庸俗虚伪。他一生虽懂骑射好读书，却并不能在一等侍卫的御前职位上尽情挥洒满腔热情，因此他“身在高门广厦，常有山泽鱼鸟之思”。纳兰性德仗义疏财，对朋友极为真诚，和他结交者多为不肯落俗的江南布衣文人。纳兰性德敬重他们的品格和才华，当时许多想升官发财的名士才子也都喜欢围绕在他的身边。在大清帝国名利场中，纳兰性德是一个另类，他天赐富贵，满腹才气，生而多情，却为忧愁所伤。有人说他的一生，一半是坦途，一半是荆棘；坦途在身，荆棘在心。康熙二十四年（1685）暮春纳兰性德抱病与好友一聚，一醉一咏三叹，而后一病不起，七日后竟溘然而逝，年仅 30 岁。

纳兰词（纳兰性德的词）以“真”取胜，写景逼真传神，词风清新隽秀、哀感顽艳，颇近南唐后主。不但在清代词坛享有很高声誉，在整个文学史上也占有光彩夺目的一席之地。王国维《人间词话》称赞他：“以自然之眼观物，以自然之舌言情，初入中原未染汉人风气，北宋以来，一人而已。”

纳兰性德名句

1. 人生若只如初见，何事秋风悲画扇。等闲变却故人心，却道故人心易变。——《木兰词·拟古决绝词柬友》

2. 我是人间惆怅客，知君何事泪纵横，断肠声里忆平生。——《浣溪沙》

3. 山一程，水一程，身向榆关那畔行，夜深千帐灯。风一更，雪一更，聒碎乡心梦不成，故园无此声。——《长相思》

4. 一往情深深几许？深山夕照深秋雨。——《蝶恋花·出塞》

5. 浮生如此，别多会少，不如莫遇。——《水龙吟·再送荪友南还》

6. 一生一代一双人，争教两处销魂？相思相望不相亲，天为谁春！——《画堂春》

7. 半世浮萍随逝水，一宵冷雨葬名花。——《山花子》

8. 谁翻乐府凄凉曲，风也萧萧，雨也萧萧，瘦尽灯花又一宵。不知何事萦怀抱，醒也无聊，醉也无聊，梦也何曾到谢桥。——《采桑子》

9. 闲愁总付醉来眠，只恐醒时依旧到樽前。——《虞美人》

10. 谁念西风独自凉，萧萧黄叶闭疏窗，沉思往事立残阳。被酒莫惊春睡重，赌书消得泼茶香，当时只道是寻常。——《浣溪沙》

11. 回廊一寸相思地，落月成孤倚。背灯和月就花阴，已是十年踪迹十年心。——《虞美人》

12. 一别如斯，落尽梨花月又西。——《采桑子》

13. 不见合欢花，空倚相思树。——《生查子》

14. 辛苦最怜天上月，一昔如环，昔昔都成玦。——《蝶恋花》

千秋不变之人

郑板桥

三绝诗书画，
一生兰竹石。
勤民性难改，[1]
为政节不移。
请赈忤长上，[2]
归乡去官职。
百姓遮道哭，
更为建生祠。

① 勤民：尽心尽力于民事。

② 请赈：为民请命，要求赈济灾民。

【记】

郑板桥一生只画兰、竹、石，即所谓“有兰有竹有石，有节有香有骨”，他自称“四时不谢之兰，百节长青之竹，万古不败之石，千秋不变之人”。

郑板桥做官时情系百姓，与民同忧。在长达 12 年的官宦生涯中，他力求简肃，察看民情时从来不许鸣锣开道，不许打“回避”“肃静”的牌子。他经常身着便服，脚穿草鞋到乡下察访。即便夜间去查巡，也仅差一人提着写有“板桥”二字的灯笼引路。因为他常常微服私访，以致上司来视察工作时竟找不到他的影子。

54岁时郑板桥调任潍县，在潍县任上七年，竟有五年发生旱蝗水灾，生民涂炭，哀鸿遍野。他一面向朝廷据实禀报灾情，请求赈济，一面毅然决定打开官仓放粮救济灾民，自己则节衣缩食，为饥民捐出官俸。然而他这种为民请命的做法却忤逆了大吏，性格倔强的郑板桥愤然辞官，回到老家江苏兴化定居，这一年他61岁。

告别潍县时，他的全部行装仅有三头毛驴，一头是他自己的坐骑，垫以铺盖，一头驮的全部是书籍，另外一头则给他的书童乘坐。据传，郑板桥离开的那一天，潍县城内万人空巷。“百姓痛哭遮留，家家画像以祀”，后来潍县百姓又在县中海岛寺巷内建了生祠来纪念郑板桥。

郑板桥名句欣赏

1. 咬定青山不放松，立根原来破岩中。千磨万击还坚劲，任尔东西南北风。——《竹石》

2. 室雅何须大，花香不在多。

3. 酒能乱性，所以佛家戒之。酒能养性，所以仙家饮之。

4. 半饥半饱清闲客，无锁无枷自在囚。——《教馆诗》

5. 聪明难，糊涂难，由聪明而入糊涂更难——《难得糊涂》

6. 虚心竹有低头叶，傲骨梅无仰面花。

7. 一节复一节，千枝攒万叶。我自不开花，免撩蜂与蝶。——《竹》

8. 水流曲曲树重重，树里春山一两峰。茅屋深藏人不见，数声鸡犬夕

阳中。——《竹枝词》

9. 书从疑处翻成悟，文到穷时自有神。——《题扬州青莲斋》

10. 看月不妨人去尽，对花只恨酒来迟。——《沁园春》

11. 春风吹落枝头露，春雨湿透春海棠。——《春词》

12. 删繁就简三秋树，领异标新二月花。

13. 一庭春雨瓢儿菜，满架秋风扁豆花。

14. 衙斋卧听萧萧竹，疑是民间疾苦声。些小吾曹州县吏，一枝一叶总关情。——《墨竹图题诗》

15. 多读古书开眼界，少管闲事养精神。——《赠君谋父子》

16. 寂寂柴门秋水阔，乱鸦揉碎夕阳天。——《小廊》

17. 乌纱掷去不为官，囊橐萧萧两袖寒。写取一枝清瘦竹，秋风江上作渔竿。——《予告归里，画竹别潍县绅士民》

18. 不奋苦而求速效，只落得少日浮夸，老来窘隘而已。——《题画》

生于繁华，终于沦落

曹雪芹

出身豪门自风流，
富贵乡里堪温柔。
获罪抄府家道落，
典房卖田生计愁。
三代显赫据要津，[①]
十年辛劳写红楼。[②]
幼子夭殁残梦断，
忧痛而亡万事休。

【注】

① 要津：比喻显要的地位或官职。

②《红楼梦》第一回写道：“曹雪芹于悼红轩中披阅十载，增删五次，纂成目录，分出章回，则题曰《金陵十二钗》。”

【记】

曹雪芹的曾祖曹玺原本是内务府的包衣奴才（包衣奴才：满语，即“家奴”“奴仆”或“奴才”，处于满族社会的最底层），康熙出生后，曹玺的夫人孙氏被选作康熙的奶娘，曹玺便成了康熙的心腹。祖父曹寅16岁入宫作康熙御前侍卫，后任苏州织造、江宁织造，有“密折奏闻”的特权。康熙六次南巡，其中五次住曹寅家。曹寅和他的儿子曹颙、嗣子曹頫连任江宁织造近40年。曹雪芹早年在南京江宁织造府亲历了一段锦衣纨绔、富贵风流的生活。雍正即位后曹家因亏空获罪被抄家，从此一蹶不振。曹雪芹随家人迁回北京老宅，后又移居北京西郊，靠卖字画和朋友救济为生。敦诚《赠曹芹圃》诗云：“满径蓬蒿老不华，举家食粥酒常赊。”乾隆二十七年（1762），幼子夭亡，曹雪芹陷于过度的悲痛之中，卧床不起。第二年除夕，因贫病无医而逝，终年49岁。

刘诚龙曾有言：“富贵出文章，贫穷出文章，由贫穷转富贵难出大文章，难出好文章，由富贵转贫穷出大文章，出好文章。”从鲜花着锦之盛，一下子落入凋零衰败之境，使得曹雪芹深切地体验到了世态炎凉，他在隐居西山的十多年间，以坚韧不拔的毅力，“披阅十载，增删五次”，把自己的悲剧体验、诗化情感、探索精神以及创新意识，全部熔铸到了思想性和艺术性都极高的《红楼梦》一书里。

著名经学家周汝昌先生说：“曹雪芹的一生，是不寻常的，坎坷困顿而又光辉灿烂。他有老庄的哲思，有屈原的《骚》愤，有司马迁的史才，有顾恺之的画艺和‘痴绝’，有李义山、杜牧之风流才调，还有李龟年、黄幡绰的音乐、剧曲的天才功力……”

曹雪芹名句欣赏

1. 势败休云贵，家亡莫论亲。——《红楼梦·正册判词》

2. 滴不尽相思血泪抛红豆，开不完春柳春花满画楼。——《红豆曲》

3. 一朝春尽红颜老，花落人亡两不知！——《葬花吟》

4. 世事洞明皆学问，人情练达即文章。——《红楼梦》

5. 一畦春韭绿，十里稻花香。——《杏帘在望》

6. 偷来梨蕊三分白，借得梅花一缕魂。——《咏白海棠》

7. 假作真时真亦假，无为有处有还无。——《红楼梦》

8. 孤标傲世偕谁隐，一样花开为底迟。——《问菊》

9. 机关算尽太聪明，反算了卿卿性命！——《红楼梦》

10. 一年三百六十日，风刀霜剑严相逼。——《葬花吟》

11. 寒塘渡鹤影，冷月葬花魂。——《红楼梦》

12. 弱水三千只取一瓢饮，沧海万顷唯系一江潮。——《红楼梦》

13. 春恨秋悲皆自惹，花容月貌为谁妍。——《红楼梦》

14. 天尽头，何处有香丘？未若锦囊收艳骨，一抔净土掩风流。——《葬花吟》

15. 厚地高天，堪叹古今情不尽；痴男怨女，可怜风月债难偿。——《孽海情天对联》

16. 身后有余忘缩手，眼前无路想回头。——《红楼梦》

17. 茜纱窗下，我本无缘。黄土垅中，卿何薄命。——《红楼梦》

18. 焦首朝朝还暮暮，煎心日日复年年。——《红楼梦》

19. 字字看来皆是血，十年辛苦不寻常。——《回前诗》

20. 玉在椟中求善价，钗于奁内待时飞。——《红楼梦》

21. 一场幽梦同谁近，千古情人独我痴。——《红楼梦》

22. 入世冷挑红雪去，离尘香割紫云来。——《访妙玉乞红梅》

23. 一片砧敲千里白，半轮鸡唱五更残。——《香菱咏月》

24. 一从陶令评章后，千古高风说到今。——《咏菊》

随园老人

袁　枚

宦途从不避权奸，
生性孤傲难为官。
辞职奉亲乐自在，
就势取景置随园。
亦庄亦谐子不语，[①]
真情真性祭妹篇。[②]
来去由心访山水，
高寿终老小仓山。

【注】

① 子不语：为袁枚撰写的一部文言短篇小说集，《子不语》的书名本于《论语·述而》："子不语怪力乱神。"

② 祭妹篇：指袁枚为祭奠三妹素文而作的《祭妹文》，是我国古代文学史上的祭文珍品。

【记】

袁枚是个重视生活情趣的人，任江宁县令时，因喜爱金陵的灵秀之气，以三百金在小仓山下购得已经废弃的随园（旧为织造园，有人说这便是曹雪芹笔下的大观园）加以整治，因就势取景，故名为“随园”。《杂兴诗》这样描写随园景致：“造屋不嫌小，开池不嫌多。屋小不遮山，池多不妨荷。游鱼长一尺，白日跳清波。知我爱荷花，未敢张网罗。”随园四面无墙，每逢佳日，游人如织，袁枚亦任其往来，不加管制，更在门上撰联道：“放鹤去寻山鸟客，任人来看四时花。”

袁枚年轻时就喜欢山林之乐，但由于遵循“父母在，不远游”的信条，一直到他 65 岁（或说 67 岁）服丧完毕后，才开始了尽情的游历。68 岁游历黄山，69 岁游庐山、罗浮山、丹霞山、桂林、衡山，71 岁游武夷山，73 岁游江苏沭阳，77 岁二游天台山，79 岁三游天台山，80 岁又出游吴越之间，即便是 81 岁还出游吴江……要知道古代交通是个什么样子！难怪有人称赞他“八十精神胜少年，登山足健踏云烟”。

严迪昌《清诗史》对袁枚有极为精到的评价，总之一言为“不耐”：他不耐学书，字写得很糟；不耐仕宦，乞养时年仅 33 岁，后再铨选知县，未及一年复归……告别了官场上的袁县令，才有了文坛上的袁才子。袁枚的“不耐”是一种大智慧，他无牵无绊，无挂无碍，来去随心，优游自在，故而能活到 82 岁高寿。

袁枚名句欣赏

1. 爱好由来落笔难，一诗千改心始安。——《遣兴》

2. 明月有情还约我，夜来相见杏花梢。——《春日杂诗》

3. 江山也要伟人扶，神化丹青即画图。赖有岳于双少保，人间始觉重西湖。——《谒岳王墓》

4. 一双冷眼看世人，满腔热血酬知己。——《随园诗话》

5. 杨花不倚东风势，怎好漫天独自狂。——《偶作》

6. 不逢大匠材难用，肯住深山寿更长。——《大树》

7. 骑马莫轻平地上，收帆好在顺风时。——《示儿》

8. 七十犹栽树，旁人莫笑痴。古来虽有死，好在不先知。——《栽树自嘲》

9. 书味在胸中，甘于饮陈酒。——《遣怀杂诗》

10. 恩难酬白骨，泪可到黄泉。——《陇上作》

11. 竹性不耐杂，志在干青云。——《芟竹》

12. 读书好处心先觉，立雪深时道已传。——《随园诗话》

13. 须知极乐神仙境，修炼多从苦处来。——《箴作诗者》

14. 桂林天小青山大，山山都立青天外。——《游栖霞寺望桂林诸山》

15. 欧阳当日文名重，更要推敲畏后生。——《遣兴六首》

16. 作人贵直，而作诗文贵曲。——《随园诗话》

17. 莫嫌海角天涯远，但肯摇鞭有到时。——《新正十一日还山》

18. 看书多撷一部，游山多走几步，倘非广见博闻，总觉光阴虚度。——《随园诗话补遗》

19. 长绳难系日西沉，尽壁谁能买寸阴。

20. 天上若无难走路，世间哪个不成仙?

21. 诗者由情生者也，有必不可解之情，而后有必不可朽之诗。——《答敢园论诗书》

晚清中兴第一功臣

曾国藩

耕读传家遵祖训，
为政尚德多有邻。[①]
主推洋务师夷技，
力挽狂澜组湘军。
和而治家存孝悌，
严以律已重修身。
自拔流俗才绝世，[②]
晚清中兴一名臣。

【注】

①《论语·里仁篇》载："德不孤，必有邻。"

② 拔：超出。

【记】

曾国藩一生奉行为政以耐烦为第一要义，他的崛起对清王朝各个方面都产生了深远的影响。在他的倡议下，建造了中国第一艘轮船，建立了第一所兵工学堂，印刷翻译了第一批西方书籍，安排了第一批赴美留学生。

曾国藩是中国近代化建设的开拓者。

曾国藩有个著名的论断：天下官宦之家，一般只传一代就萧条了，因为大多是纨绔子弟；商贾之家，一般可传三代；耕读之家，也就是以治农与读书为根本的家庭，一般可兴旺五六代；而孝友之家，就是讲究孝悌、以和治家的家庭，往往可以绵延十代八代。曾国藩在“和以治家”的宗旨下还特别强调“勤以持家”。其子孙、曾孙，甚至玄孙里，有很多科学家、教育家和社会活动家。曾国藩一生的事业，修身才是他事业成功最重要的原因。他有一副对联这样写道：“大处着眼，小处着手。群居守口，独处守心。”曾国藩一生修身律己，以德求官，礼治为先，以忠谋政，在官场上获得了巨大的成功，受到了很高的赞誉。

毛泽东曾称赞他为地主阶级最厉害的人物，他说：“予于近人，独服曾文正。观其收拾洪、杨一役，完美无缺。”蒋介石称叹：“曾公乃国人精神之典范。”胡哲敷说：“五百年来，能把学问在事业上表现出来的，只有两人，一为明朝的王守仁，一则清朝的曾国藩。”

曾国藩名句欣赏

1. 行事不可任心，说话不可任口。

2. 不贪财，不失信，不自是，有此三省，自然人皆敬重。

3. 士有三不斗：毋与君子斗名，毋与小人斗利，毋与天地斗巧。——《曾国藩家书》

4. 悠悠疑忌之来，只堪付之一笑。

5. 第一要有志，第二要有识，第三要有恒。——《曾文正公全集》

6. 何必择地？何必择时？但自问立志之真不真耳！——《曾国藩家书》

7. 惟正己可以化人，惟尽己可以服人。

8. 功不独居，过不推诿。

9. 无实而享大名者必有奇祸。——《曾国藩家书》

10. 居有恶邻，坐有损友，借以检点自慎，亦是进德之资。

11. 治世以大德，不以小惠。

12. 马牛为人穿着鼻孔，要行则行，要止则止，不知世上一切差遣得我者，皆是穿我鼻孔者也。

13. 短不可护，护则终短。长不可矜，矜则不长。

14. 失意事来，治之以忍，方不为失意所苦。快心事来，处之以淡，方不为快心所惑。

15. 一个忍字，消了无穷祸患，一个足字，省了无限营求。

16. 有福不可享尽，有势不可使尽。

17. 遇棘手之际，须从耐烦二字痛下功夫。

18. 好便宜不可与共财，狐疑者不可与共事。

19. 说人之短，乃护己之短。夸己之长，乃忌人之长。皆由存心不厚，识量太狭耳。能去此弊，可以进德，可以远怨。——《曾国藩家书》

20. 受挫受辱之时，务须咬牙励志，蓄其气而长其智。

饮冰子

梁启超

少年登第实荣光，[1]
师投康门谋改良。
学贯中西开民智，
躬行天下救危亡。
联众上表拒和议，
讨袁护国奋辞章。[2]
晚年弃政攻学术，
一腔热血终难凉。

【注】

① 登第：登科，特指考取进士。

② 为反对袁世凯复辟，梁启超扛起了反袁大旗，他草拟的《护国讨袁檄文》，是影响中国近代历史的重要文献。

【记】

梁启超字卓如，号任公，又号饮冰室主人、饮冰子、哀时客等。“饮冰”一词源于《庄子·人间世》：“今吾朝受命而夕饮冰，我其内热与？”

意思是说我今天早上接受国君诏命到了晚上就得饮用冰水，恐怕是因为我内心焦躁担忧吧！当年，梁启超临危受命，变法维新，面对国家内忧外患的交煎，其内心之焦灼可想而知，如何解其“内热”？唯有“饮冰”方能得解。

梁启超一生致力于中国社会的改造，为了民族强盛和国家繁荣，竭力呐喊，四处奔走，付出了几乎全部心血。他晚年退出政治舞台转而以主要的精力从事文化教育和学术研究活动，被公认为中国历史上一位百科全书式的人物。

1926 年 3 月 8 日，梁启超因尿血症入住北京某知名医院。经透视发现其右肾有一黑影，但手术后梁启超却依然尿血，且查不出病源，遂被复诊为“无理由之出血症”。一时舆论哗然，嘲讽西医“拿病人当实验品，或当标本看”。梁启超毅然在《晨报》上发表文章公开为该医院辩护，并申明：“我盼望社会上，别要借我这回病为口实，生出一种反动的怪论，为中国医学前途进步之障碍。”三年后梁启超在该医院去世，终年 57 岁。

梁启超名句欣赏

1. 十年饮冰，难凉热血。——《饮冰室全集》

2. 男儿志兮天下事，但有进兮不有止，言志已酬便无志。——《志未酬》

3. 诗界千年靡靡风，兵魂消尽国魂空。集中什九从军乐，亘古男儿一放翁！——《读陆放翁集》

4. 辜负胸中十万兵，百无聊赖以诗鸣。谁怜爱国千行泪，说到胡尘意不平。——《读陆放翁集》

5. 献身甘作万矢的，著论求为百世师。——《自励》

6. 匆匆羽檄引归船，临别更悭一握缘。今生知否能重见，一抚遗尘一惘然。——《纪事》

7. 丈夫有壮别，不作儿女颜。风尘孤剑在，湖海一身单。——《壮别》

8. 相思树底说相思，思郎恨郎郎不知。树头结得相思子，可是郎行思妾时？——《台湾竹枝词》

9. 拍碎双玉斗，慷慨一何多。满腔都是血泪，无处着悲歌。三百年来王气，满目山河依旧，人事竟如何？百户尚牛酒，四塞已干戈。千金剑，万言策，两蹉跎。醉中呵壁自语，醒后一滂沱。不恨年华去也，只恐少年心事，强半为销磨。愿替众生病，稽首礼维摩。——《水调歌头·甲午》

10. 纵有千古，横有八荒。前途似海，来日方长。——《少年中国说》

11. 人生百年，立于幼学。——《论幼学》

12. 天下唯庸人无咎无誉。——《李鸿章传》

13. 誉满天下，未必不为乡愿；谤满天下，未必不为伟人。——《李鸿章传》

新史学的开山

王国维

课学何必慕虚衔，[①]
一生成就独卓然。
因恶八股弃科举，
曾为塾师归旧山。
经纶满腹贯宇内，
政事扰心悲时艰。
才高常为斗米困，
心冷自沉鱼藻轩。[②]

【注】

① 课学：考求学问。

② 鱼藻轩：颐和园中昆明湖旁边名为“鱼藻”的小亭子。

【记】

论样貌，王国维实在有点对不起观众：眼若死鱼，塌鼻，龅牙，面色微黄，皮肤凸凹不平，续着小胡子的脸上常年挂着一副玳瑁眼镜；矮个儿，穿着邋遢，一年四季套着不合时宜的粗旧衣服，玄色扎腰，瓜皮帽下扎着一条猪尾巴一样的小辫；生性忧郁，羸弱多病，声音喑哑且口吃得厉害。

但是，其貌不扬的王国维却是中国近现代相交时期一位享有国际声誉的著名学者，被郭沫若称为新史学的开山。他学无专师却能自辟户牖，他没有硕士、博士的头衔，却能在教育、哲学、文学、戏曲、美学、史学、古文学等领域筑起一座又一座学术里程碑。

然而，更让人难以料想的是，他的名字最终竟会和北京颐和园昆明湖鱼藻轩连在一起。1927 年 6 月 2 日，王国维早起盥洗完毕便到饭厅用早餐，餐后到达办公室，对毕业研究生的成绩很认真地进行了评定。随后他和研究院办公处的侯厚培共谈下学期招生事宜，且相谈甚久，言毕欲借洋二元，侯给了他五元钞票，王国维即走出办公室，随后雇了一辆人力车前往颐和园。吸完一根烟后，王国维决绝地跃身头朝下扎入水中，于园中昆明湖鱼藻轩自沉，时年 51 岁。事后人们在其内衣口袋内发现了遗书，短短数言却给了后人无尽的猜测："五十之年，只欠一死。经此世变，义无再辱。"

对于王国维之死，有人曾写诗道："鱼藻轩名意味长，各得其所本无妨。大清遗老殉文化，可晓缘何必此旁？"据有关资料记载，王国维自杀点的湖水很浅，那么王国维为什么还要在这个地方自沉？檀作文曾在《王国维为什么选在颐和园鱼藻轩自沉》一文做如下分析：因"鱼藻轩"之名出自《诗经·小雅·鱼藻》，"鱼藻"二字取自该诗首句"鱼在在藻"。"鱼在在藻"何意？毛公说："鱼以依蒲藻为得其性。"郑玄则说得更明白："藻，水草也。鱼之依水草，犹人之依明王也。"原来，《鱼藻》篇讲的不仅仅是鱼和水草的关系，更是臣和君的关系。因溥仪对秀才出身的王国维有知遇之恩。王国维死后，与其相交甚深的罗振玉、陈寅恪诸人皆认为其死因为"殉清"。

王国维名句欣赏

1. 最是人间留不住，朱颜辞镜花辞树。——《蝶恋花》

2. 万木沉酣新雨后，百昌苏醒晓风前。四时可爱唯春日，一事能狂便少年。——《晓步》

3. 从醉里，忆平生，可怜心事太峥嵘。——《鹧鸪天》

4. 试上高峰窥浩月，偶开天眼觑红尘，可怜身是眼中人。——《浣溪沙》

5. 西窗白，纷纷凉月，一院丁香雪。——《点绛唇》

6. 君看今日树头花，不是去年枝上朵。——《玉楼春》

7. 以我观物，故物皆着我之色彩。——《人间词话》

8. 路转峰回出画塘，一山枫叶背残阳。看来浑不似秋光。隔座听歌人似玉，六街归骑月如霜。客中行乐只寻常。——《浣溪沙》

9. 霜落千林木叶丹，远山如在有无间。——《浣溪沙》

10. 词以境界为最上，有境界，自成高格，自有名句。——《人间词话》

11. 古之成大事业大学问者，必经过三种之境界："昨夜西风凋碧树，独上高楼，望尽天涯路"，此第一境也；"衣带渐宽终不悔，为伊消得人憔悴"，此第二境也；"众里寻她千百度，蓦然回首，那人却在灯火阑珊处"，此第三境也。——《人间词话》

12. 诗人对宇宙人生，须入乎其内，又须出乎其外。入乎其内，故能写之；出乎其外，故能观之。——《人间词话》

教授之教授

陈寅恪

书香世家富贵身，
三百年间此一人。[①]
负笈千里行海外，[②]
盖世才名冠古今。
父因国难死大义，[③]
自为士节拒高薪。
避人牙慧四不讲，
学者本色守真纯。

【注】

① 著名历史学家，台大校长傅斯年称陈寅恪："陈先生的学问，近三百年来一人而已。"

② 负笈：指背着书箱，形容所读书之多，或指游学外地。

③ 在 1937 年七七事变爆发后，日军攻陷北京，陈寅恪的父亲陈三立表示绝不逃难。日伪当局想要招他出山任要职，陈三立呼唤佣人拿扫帚将登门游说之人逐出，从此五日不食，绝食殉国。

【记】

陈寅恪，中国现代最负盛名的集历史学家、古典文学研究家、语言学家、诗人于一身的百年难见的人物。祖父陈宝箴，曾任湖南巡抚，父亲陈三立是“清末四公子”之一、著名诗人。因其身出名门且又学识过人，在清华任教时被称作“公子的公子，教授之教授”。

陈寅恪是一位怪才，也是一位怪人，在外游学长达二十三年，先后就读于德国柏林大学、瑞士苏黎士大学、法国巴黎高等政治学校、美国哈佛大学等著名学府，但未曾获得一个学位，因为文凭在他眼里，不过是一张废纸而已。但他 36 岁便与梁启超、王国维一同应聘为清华研究院的导师，并称为“清华三巨头”。

陈寅恪讲课从不拾别人牙慧，他曾言：“前人讲过的，我不讲；近人讲过的，我不讲；外国人讲过的，我不讲；我自己过去讲过的，也不讲。现在只讲未曾有人讲过的。”因而，陈寅恪上课的教室，总是被坐得满满的，一半是学生，一半是慕名而来的老师，就连朱自清、冯友兰、吴宓那样的名教授也一堂不落地听他上课。

国民党败退时，特意派专机赴北京，第一批接走了两家人，一个是胡适家，另一个就是陈寅恪一家，可见其在当时国内外的地位。结果是，专机到广州后，胡适与陈寅恪却各奔东西。陈寅恪进入了当时的岭南大学，同机的胡适则远走海外。

陈寅恪名句欣赏

1. 一生负气成今日，四海无人对夕阳。——《忆故居》

2. 读史早知今日事，看花犹是去年人。梦回锦里愁如海，酒醒黄州雪作尘。——《吴氏园海棠》

3. 世外文章归自媚，灯前啼笑已成尘。

4. 春宵絮语知何意，付与劳生一怆神。——《红楼梦新谈》

5. 烛照已非前夕影，枝空犹想去年人。——《己丑送春》

6. 弦箭文章苦未休，权门奔走喘吴牛。自由共道文人笔，最是文人不自由。——《阅报戏作二绝》

7. 幸得梅花同一笑，岭南已是八年留。——《丙申六十七岁初度晓莹置酒为寿赋此酬谢》

8. 千古文章孤愤在，初春节物万愁生。——《甲戌人日谒杜工部祠》

9. 文章我自甘沦落，不觅封侯但觅诗。——《论再生缘》

10. 天赋迂儒自圣狂，读书不肯为人忙。

11. 思想而不自由，毋宁死耳。——《王观堂先生挽词并序》

12. 小穷，则以诗相勉。索居，则以诗相慰。同处，则以诗相娱。——《元白诗笺证稿》

13. 生而为人，如果思想不能自由，人格不能独立，与刍狗有何区别？

14. 中国之人，下愚而上诈！

15. 五等爱情论：

一等，情之最上者，世无其人，悬空设想而甘为之死，

如《牡丹亭》之杜丽娘是也。

二等，与其人交识有素而未尝共衾枕者次之，如宝、黛是也。

三等，曾一度枕席而永久纪念不忘，如司棋与潘又安。

四等，又次之，则为终身夫妇而无外遇者。

五等，最下者，随处结合，惟欲是图，而无所谓情矣。

民族魂

鲁　迅

家道中落识炎凉，
父殁早孤倍凄伤。
弃医从文化愚昧，
执笔作剑战暴强。
犀角烛怪勇呐喊，[①]
孤身荷戟独彷徨。[②]
更兼书法好笔力，
直攀魏晋逾宋唐。[③]

【注】

① 犀角烛怪：借以赞美诗文的深刻。烛：照。《晋书·温峤传》："峤旋武昌，至牛渚矶，水深不可测，世云其下多怪物，峤遂毁犀角而照之。须臾，见水族覆灭，奇形怪状。"

② 鲁迅《彷徨·题辞》中写道："两间余一卒，荷戟独彷徨。"

③ 鲁迅在思想和文学上的巨大影响，使得人们往往忽略他的书法成就。郭沫若曾称其书法"远逾宋唐，直攀魏晋"。

【记】

鲁迅 12 岁的时候，祖父周福清因为科举舞弊案被革职，并被判“斩监候”入狱 8 年，此后周家每年必须花费大笔资金使周福清得以活命，因为此事周氏家道开始衰落。案发后，鲁迅的父亲周伯宜也被革去秀才身份，伤痛之余常常借酒消愁，后为病魔缠身，又为庸医所误，三年后去世，死时年仅 36 岁。

当时鲁迅只有 15 岁，他在《呐喊》自序中记叙了父亲病重的情况：“我从一倍高的柜台外送上衣服或首饰去，在侮蔑里接了钱，再到一样高的柜台上给我久病的父亲去买药……然而我的父亲终于日重一日地亡故了。”此时的鲁迅切实地感受到了人间的凉薄：“有谁从小康人家而坠入困顿的么，我以为在这途路中，大概可以看见世人的真面目。”

鲁迅以小说创作起家。1918 年在《新青年》发表的《狂人日记》是中国现代白话小说的开山之作。1923 年和 1926 年分别出版《呐喊》《彷徨》两个短篇小说集。随着社会形势的变化，鲁迅由创作小说转向杂文写作。他说：“我的取材，多采自病态社会的不幸的人们中，意思是在揭出病苦，引起疗救的注意。”毛泽东曾对鲁迅作出高度评价：“鲁迅的骨头是最硬的，他没有丝毫的奴颜和媚骨，这是殖民地半殖民地人民最为宝贵的性格。”

鲁迅名句欣赏

1. 寄意寒星荃不察，我以我血荐轩辕。——《自题小像》

2. 寂寞新文苑，平安旧战场。两间余一卒，荷戟独彷徨。——《彷徨·题辞》

3. 度尽劫波兄弟在，相逢一笑泯恩仇。——《题三义塔》

4. 横眉冷对千夫指，俯首甘为孺子牛。躲进小楼成一统，管他冬夏与

春秋。——《自嘲》

5. 忍看朋辈成新鬼，怒向刀丛觅小诗。吟罢低眉无写处，月光如水照缁衣。——《无题》

6. 勇者愤怒，抽刃向更强者；怯者愤怒，却抽刃向更弱者。——《华盖集》

7. 暴君的臣民，只愿暴政暴在他人的头上，他却看着高兴，拿“残酷”做娱乐，拿“他人的苦”做赏玩，做慰安。——《暴君的臣民》

8. 不要借了“天下无公理，无人道”这些话，遮盖自暴自弃的行为。——《恨恨而死》

9. 他们是羊，同时也是凶兽，但遇见比他更凶的凶兽时便现羊样，遇见比他更弱的羊时便现凶兽样。——《忽然想到》

10. 优胜者固然可敬，但那虽然落后而仍非跑至终点不止的竞技者和见了这样的竞技者肃然不笑的看客，乃正是中国将来的脊梁。——《这个与那个》

11. 专制者的反面就是奴才，有权时无所不为，失势时奴性十足。——《谚语》

12. 爱夜的人要有听夜的耳朵和看夜的眼睛，自在暗中，看一切暗。——《夜颂》

主要参考文献

［1］司马迁．史记［M］．北京：北京出版社，2006.

［2］班固．汉书［M］．北京：中华书局，2007.

［3］司马光．资治通鉴［M］．北京：光明日报出版社，2007.

［4］毕沅．续资治通鉴［M］．北京：线装书局，2009.

［5］刘义庆．世说新语［M］．北京：燕山出版社，2009.

［6］房玄龄．晋书［M］．北京：中华书局，2010.

［7］蒋一葵．尧山堂外纪［M］．学识斋，1868.

［8］刘昫等．旧唐书［M］．北京：国家图书馆出版社，2014.

［9］欧阳修、宋祁．新唐书［M］．北京：中华书局，1975.

［10］辛文房．唐才子传［M］．上海：古典文学出版社，1957.

［11］计有功．唐诗纪事［M］．上海：上海古籍出版社，2013.

［12］陈振．宋史［M］．上海：上海人民出版社，2003.

［13］柯维骐．宋史新编［M］．台湾：新文丰出版社，1974.

［14］曹道衡．中国文学家大辞典［M］．北京：中华书局，1996.

［15］张廷玉．明史［M］．北京：中华书局，1974.

［16］钱穆．中国文学史［M］．成都：天地出版社，2015.

［17］赵尔巽．清史稿［M］．北京：中华书局，1997.

［18］南炳文、白新良主编．清史纪事本末［M］．上海：上海大学出版社，2006.

［19］何龄修、张捷夫．清代人物传稿·上编·第七卷［M］．北京：中华书局，1994.

［20］张君劢．新儒家思想史［M］．北京：中国人民大学出版社，2006.

中国文人的模样

在当下，“文化”是一个经常会被人提及的话题。一聊起中国文化，我们通常会不自觉地想到孔孟老庄的思想、李杜韩柳的诗文以及欧阳苏辛的歌赋等。从某种意义上说，为我们创造了灿烂文化的中国文人，已然成为中国文化的特殊符号。他们生前的生存状态、人生遭际及人格操守等，也一直为人们津津乐道。尽管中国文化博大精深，尽管中国文人生活的环境各有不同，但总的说来，在他们内心起主导作用的一直是“儒家的进取精神”和“老庄的逍遥文化”。

文人的担当

以孔孟思想为基础的儒家文化讲担当，讲进取，讲责任，讲奉献。受这种文化熏陶的中国文人以天下为己任，把“修身、治国、平天下”作为自己的终生追求。他们通达时能够秉正至公，励志笃行；失意时能够守善固穷，甚至以身殉道。屈贾忠君爱国，韩柳革弊政怀黎民，苏辛体贴民众疾苦、关注民族命运等，无不显示了在儒家思想影响下读书人的担当与坚毅，这样的勇士在古代可谓比比皆是。

刘禹锡便是一个始终不曾绝望的斗士，他以浪子之身被朝廷流放至“巴山楚水凄凉地”二十三年，却依然唱出了“沉舟侧畔千帆过，病树前头万木春”的时代最强音。尽管因参与“永贞革新”被贬，备受小人诬陷，他仍然在《浪淘沙》中自信地说："莫道谗言如浪深，莫言迁客似沙沉。千淘万漉虽辛苦，吹尽狂沙始到金。"

范仲淹因秉公直言屡遭贬斥，好友梅尧臣曾劝他少说话、少管闲事以免招惹更大的麻烦。范仲淹作《灵乌赋》回复朋友，说自己"宁鸣而死，不默而生"，尽显为民请命的凛然大节。作为宋学开山与士林领袖，他倡导的"先忧后乐"思想，更是为儒家思想的进取精神树立了一个新的标杆。

苏轼，一位胸怀天下却在政治上专和当权人物唱反调的人，在他出为杭州通判时，表兄文与可曾有《送行诗》相赠："北客若来休问事，西湖虽好莫吟诗。"但生而正直敢言的苏轼会闭口吗？看到新政不便于民时他便作诗讥刺新政，看到旧党不遗余力打击新党并尽废新法后他又具文反对旧党。因此，他既不见容于新党又见弃于旧党，虽有宰辅之才，一生却有十余年在被贬谪之中度过。

只活了短短38岁的宋人张孝祥，刚走上仕途就上疏为岳飞鸣冤，他的朋友考虑到他的人身安全，劝他不要锋芒太露。张孝祥当即回答："无锋无芒，我举进士干什么？有锋有芒却要藏起来，我举进士干什么？知道秦桧当政我怕他，我举进士干什么？"三问连发，可谓酣畅淋漓，尽显古代读书人的铮铮铁骨。

文人的逍遥

和孔孟崇尚阳刚不同，老庄尚阴守拙，坚持无为而为，讲求安时处顺。他们亲近自然，敬畏生命，外面或许褐衣裹身，内心却美洁无比。邦国越是无道，时局越是艰难，越发能显示出这种精神的惊人魅力。魏晋时期的竹林名士，或才高傲世，或离经叛道，或装疯卖傻，或自损名节，各以不同的方式生活于自己创造的世界里。作为封建社会中的文人，其存在的意义在于，当他们对当下的官僚集团失望之后，便会果断地和这个集团决裂，各以一种自以为是的方式过着任性自适的生活。

唐朝诗人陆龟蒙举进士不第后隐居松江甫里，自己在山下经营茶园，每年收取租茶后，自煮，自斟，自品，自饮，自给，自足，陶陶乎其乐无穷。他还经常携带书籍、茶具、笔墨、钓具等泛舟往来于太湖之中，真可谓“江上悠悠人不问，十年云外醉中身”。

有着“梅妻鹤子”之称的林和靖性情孤高自好，不慕荣利，曾漫游江淮间。后隐居杭州西湖孤山，终生不仕不娶，唯喜植梅养鹤，自谓“以梅为妻，以鹤为子”。常自驾一小舟遍游西湖诸寺庙，与高僧诗友相往还。他布衣终身，长期以湖山为伴，二十余年足迹不到城市。与家中童子约定：每逢客至，便纵鹤放飞，自己见鹤必棹舟归来。“野兴几多寻竹径，风情些小上茶楼”，“最爱晚天吟枕上，好云遥耸数峰长”：好不闲适自在的生活！

“汉书下酒”的苏舜钦乐以山水为伴，曾以四万贯钱买下废园进行修筑，傍水造亭，因感于“沧浪之水清兮，可以濯吾缨；沧浪之水浊兮，可以濯吾足”，为其亭题名为“沧浪亭”，自号沧浪翁，并作《沧浪亭记》以明志。沧浪亭石柱上的对联道出了其中情趣：“清风明月本无价；近水遥山皆有情。”他的生活舒适得令人羡慕：“北轩凉吹开疏竹，卧看青天行白云”，“树阴满地日当午，梦觉流莺时一声”。

袁枚任江宁县令时，以三百金在小仓山下购得废园重新加以整治，因就势取景，故名为“随园”。《杂兴诗》这样描写随园景致：“造屋不嫌小，开池不嫌多。屋小不遮山，池多不妨荷。游鱼长一尺，白日跳清波。知我爱荷花，未敢张网罗。”随园四面无墙，每逢佳日，游人如织，袁枚亦任其往来，不加管制，他在门上撰联道：“放鹤去寻山鸟客，任人来看四时花。”

朱敦儒的一首《西江月》，可谓把古代士人的这种情怀写到了极致："日日深杯酒满，朝朝小圃花开。自歌自舞自开怀。且喜无拘无碍。青史几番春梦，黄泉多少奇才。不须计较与安排。领取而今现在。"

孔孟与老庄两种不同价值的冲突，有时会导致士大夫们处于矛盾的境遇之中：陶渊明既欲济天下，又不甘为五斗米折腰；王维既要返璞归真，又想在政治上有所作为；大谢小谢既舍不得放下衮衮公服，又想远离残酷甚至带血的现实；孟浩然隐居襄阳鹿门山，田园牧歌式的自由生活并不能消除他"端居耻圣明"的遗憾。在这种矛盾情况下唯一能使人心灵得以救赎的，或许便是老庄思想，或者也可以说，人们在现实生活中所感受到的苦累，最终要靠老庄思想来纾解。因此李泽厚说："中国文人的外表是儒家，但内心永远是庄子。"

文人的勤奋

司马迁忍诟著书，用了18年时间，终于完成了《史记》这一史界之丰碑；班固著继承父志著成《汉书》则前后历时25年。白居易聪颖过人，读书仍然十分刻苦，他在《与元九书》中说自己"昼课赋，夜课书，间又课诗，不遑寝息矣，以至于口舌生疮，手肘成胝，既壮而肤革不丰盈，未老而齿发早衰白"。李贺白日骑驴觅句，晚上回去后则探囊整理，焚膏继晷，十分刻苦，太夫人见他如此刻苦，禁不住心疼地说："是儿要当呕出心乃已耳！"李商隐10岁左右父亲去世，他和母亲、弟妹们生活非常贫困，作为长子，他便过早地背负上了撑持门户的责任，为别人抄书挣钱以贴补家用。

这也正如苏轼《晁错论》一文所说："古之立大事者，不惟有超世之才，亦必有坚忍不拔之志。"

"千古伯乐"欧阳修幼年丧父，母亲郑氏用荻秆在沙地上教他读书写字。欧阳修自幼刻苦勤奋，常从城南李家借书抄读，往往书不待抄完，便已能成诵。他一生笔耕不辍，晚年还经常拿出自己年轻时写的文章来修改。夫人心疼地规劝道："这么大岁数了，还费这个心。难道还是小孩子，怕先生骂你吗？"欧阳修笑道："不怕先生骂，却怕后生笑。"他曾对同僚谢绛说："我平生所作的文章，多半是在'三上'，即马上、枕上、厕上。"

"大器晚成"的苏老泉27岁始发愤读书，"尽烧曩时所为文数百篇，取《论语》《孟子》《韩子》及其他圣人、贤人之文，而兀然端坐，终日以读之者七八年矣"。他发誓读书未成熟之前，不写任何文章。他48岁时带着苏轼苏辙进京应试，谒见翰林学士欧阳修。欧阳修十分赞赏老泉的文章，并极力向朝廷推荐，苏洵文名因而大盛。

"温国公"司马光做事用功，刻苦勤奋，"日力不足，继之以夜"。在他退居洛阳编撰《资治通鉴》的19年时间里，从发凡起例至删削定稿，他都亲自动笔，不假他人之手。他在《进资治通鉴表》中说："臣今筋骨癯瘁，目视昏近，齿牙无几，神识衰耗，旋踵而忘。臣之精力，尽于此书。"

这样的事例还可以举出很多。

"集诸儒之大成"的朱熹晚年病情恶化，在生命垂危、左眼已瞎、右眼几乎完全失明的情况下，却以更加旺盛的精力加紧整理残篇。明朝晚期文学家张溥幼年嗜学，所读书必手抄，抄完朗诵过后即焚之，又抄，如是者六七遍才会停下来，留下了"七录七焚"的佳话。以至于右手握笔处，指掌成茧。"中国思想启蒙之父"黄宗羲，每天天刚亮就起床孜孜不倦地披读史籍，直到深夜鸡叫头遍才休息。他把家中的藏书全部搬出细加研读，家中藏书读完后又到富有藏书的同乡家里亲自抄来苦读。"清学开山始祖"顾炎武自幼勤学，曾以过人的毅力手抄《资治通鉴》。他一生手不释卷，外出旅行时都用马、骡子载书跟随，途中在马背上默默诵读各种经典，有遗忘时就到客店中仔细认真地复习。"南岳遗民"王夫之晚年身体不好，生活贫困，写作时连纸笔都要靠朋友周济，但他每天坚持著述，以至腕不胜砚，指不胜笔。

每当重新阅读这些故事，总会禁不住感慨万千。我们每每惊叹于古人取得的巨大成就，艳羡于他们貌似与生俱来的才气，但事实却正如有人歌颂孔子时所说的那样：天下哪里有什么“天纵之圣”，只不过是不得不负重前行！

文人的初心

唐朝著名边塞诗人高适因不忍“鞭挞黎庶”和不甘“拜迎官长”，任封丘县尉三年后便毅然辞去官职客游长安。岑参做了两年半嘉州刺史，54岁左右毅然辞职，一心一意要当个官游诗人。才高气盛的王之涣不愿为了衡水主簿的卑职而折腰，加上受人诬陷，便愤然辞官，此后在家赋闲15年。北宋著名现实主义诗人梅尧臣在京任职时，足迹“不登权门”，即使对于当时官拜京兆尹的好友欧阳修，他也不愿前往其家。

自从陶渊明挂冠辞官、义无反顾地走上田园之后，从古至今，他这种固守寒庐、超凡脱俗的人生哲学便为很多文人所赞赏。苏东坡一生把陶渊明当成良师益友，他曾这样评价陶渊明：“欲仕则仕，不以求之为嫌；欲隐则隐，不以去之为高。饥则叩门而乞食；饱则鸡黍以迎客。古今贤之，贵其真也。”人生在世，最可贵者便是在琐碎甚至严酷的现实中保持其“真性”，这真性，便是历经千难万险亦不为世俗所沾染的“初心”。

王安石在生活上不拘小节，常常衣裳肮脏，须发纷乱，仪表邋遢。苏洵曾经这样描述他：“衣臣虏之衣，食犬彘之食，囚首丧面而谈诗书。”但王安石的品行却是让任何人——不论是他的朋友还是他的敌人——都十分敬佩的。他一生质朴、节俭、博学多才，在当时士大夫中有着极高的威望，他曾经位居宰相，但却从不坐轿子、不纳妾、死后无任何遗产，这种高风亮节古今中外几人能比？

因《落梅》一诗中有“东风谬掌花权柄，却忌孤高不主张”一句而被谏官指控为“讪谤当国”，刘克庄被罢职后坐废乡野长达10年之久。但是他不仅始终没有屈服，相反却先后写了一百三十余首咏梅诗词以示抗议。其中《病后访梅九绝》一诗曰：“梦得因桃数左迁，长源为柳忤当权。幸然不识桃并柳，却被梅花累十年。”

杨万里立朝刚正，遇事敢言，一生视仕官富贵如敝履。他在做京官时，就预先准备好了回家的盘缠锁于卧室箱中，时刻准备弃官归乡。又告诫家人不许置办物品，以免离职回乡时为其所累。他为官清正廉洁，从不以士大夫自居，不扰百姓，不贪钱物。江东转运副使任满时有余钱万缗，他全弃之于官库，一文不取而归。而后退居南溪之上，自家仅有一隅老屋可避风雨。大明才子解缙赞曰：“文章足以盖一世，清节足矣励万世。”

“臣心一片磁针石，不指南方不肯休”的文天祥被元朝俘虏后，忽必烈敬重其才华与人品，把宰相的位置空了三年之久以等待他的归服，并于至元十九年十二月八日（1282年12月8日）召见他，亲自苦口婆心地劝其归降。面对元朝不可一世的最高统治者，文天祥的回答掷地有声：“我是大宋的宰相，国家灭亡了，我但愿一死足矣！”“孔曰成仁，孟曰取义，唯其义尽，所以仁至。读圣贤书，所学何事？而今而后，庶几无愧。”这是48岁的文天祥留在衣带中的绝命诗，现在读起仍能感觉一股凛然豪气扑面而来。

“要留青白在人间”的于谦少年时期即刻苦读书，志向高远。他敬佩仰慕文天祥的气节，便悬挂文天祥像于座位之侧，几十年如一日。人家当官前呼后拥，尽显官威；于谦当官便服一套，瘦马一匹。尽管当时很多官官认为他这样做坏了官场规矩，但是于谦本人却乐此不疲。

号称“明文第一”的归有光九岁能文，一时被誉为才俊，但是此后的科考竟然一连八次都落第而归。虽然久困场屋，但归有光却绝不走旁门左道。有位前辈对他十分欣赏，几次“欲以旧谊招致之”，归有光却从未去拜访过这位前辈。明穆宗身边一位十分受宠的宦官因慕归有光之名，让自己的侄子拜归有光为师，并几次让归有光进京私谒自己，都被归有光断然拒绝。

曾经身为明朝首辅的张居正要安排他的几个儿子取中进士，为了遮掩世人耳目，又想找几个有真才实学的人作为陪衬。他打听到海内最有名望的举人无过于汤显祖等人，就派人前去笼络，声言只要肯合作，保证其中头几名。但有“千秋词匠”之称的汤显祖先后两次果断地拒绝了这种交易。结果可想而知，在张居正当权的年月里，他只能永远落第。

郑板桥做官时情系百姓，察看民情时从来不许鸣锣开道，不许打“回避”“肃静”的牌子。他经常身着便服，脚穿草鞋到乡下察访，即便夜间去查巡，也仅差一人提着写有“板桥”二字的灯笼引路。在潍县任上时，境内发生旱蝗水灾，生民涂炭，哀鸿遍野。他一面向朝廷据实禀报灾情，请求赈济，一面毅然决定打开官仓放粮，自己则节衣缩食，为饥民捐出官俸。郑板桥辞官告别潍县时，他的全部行装仅有三头毛驴，一头是他自己的坐骑，垫以铺盖，一头驮的全部是书籍，另外一头则给他的书童乘坐。据史料记载，郑板桥离开的那一天，潍县城内万人空巷，“百姓痛哭遮留，家家画像以祀”。

这些读书人以其高尚的人格和洁白的操守，得到了海内人士的称赞。作为正直的知识分子，他们非常憎恶当时腐败的社会风气，可是不少情况下他们几乎是以一己之力同与之生活的黑暗社会相抗争，从中则更见其品格之坚毅，人格的伟大。

文人的情趣

历代文人中更不乏逸闻趣事，这些故事或现以风雅，或现以气骨，或现以情趣，或现以风范……阅读他们的故事，从中可以窥见这些人平时难得一见的生活情怀，字里行间可尽现其舒展和洒脱。

素怀“致君尧舜”大志的杜甫，为实现自己的政治理想，不得不“朝扣富儿门，暮随肥马尘”，但最终也未能实现自己的宏伟抱负。他的笔下虽然也有过“白日放歌须纵酒，青春作伴好还乡”的无限喜悦与兴奋，但其一生基本上过得很落魄。然而少年杜甫却十分顽皮：“忆年十五心尚孩，健如黄犊走复来。庭前八月梨枣熟，一日上树能千回。”

谁会想到？曾写出“春潮带雨晚来急，野渡无人舟自横”的著名诗人韦应物，早年却是一个民间恶霸。他出身名门望族，年纪轻轻就当上了唐玄宗的侍卫。由于这种特殊的身份，韦应物年少时干尽了坏事。他在诗《逢杨开府》中写道：“少事武皇帝，无赖恃恩私。身作里中横，家藏亡命儿。朝持樗蒲局，暮窃东邻姬。司隶不敢捕，立在白玉墀。”因为他的纨绔、无赖和霸道，这个时期的韦应物可谓臭名远扬。安史之乱后，唐玄宗逃到了蜀地，韦应物随之失去了职位，韦氏家族也在动乱时遭到了杀戮。失势后的韦应物痛改前非，开始立志读书，从一个富贵无赖子弟一变而成为忠厚仁爱的儒者，“身多疾病思田里，邑有流亡愧俸钱”，一派仁者忧时爱民的心肠，感动着后世无数读者。

“千古第一才女”李清照生于书香门第，她小小年纪便文采出众。18岁与大她3岁的赵明诚结婚，婚后生活安定幸福。两人都喜好读书，每次饭后烹茶闲聊时喜欢用比赛的方式决定饮茶的先后，一人问某典故出自哪本书哪一卷的第几页第几行，对方答中则先喝，可是由于赢者往往太过开心，反而将茶水洒了一身，于是便有了“赌书泼茶”的千古佳话。

苏舜钦当年住在岳父家里时，每天黄昏时边读书边饮酒，动辄一斗。岳父对此深感疑惑，就派人前去偷偷观察。当时苏舜钦正在读《汉书·张良传》，当他读到张良行刺秦始皇抛出的大铁椎只砸中秦始皇的随从车辆时，便拍案叹息道："真可惜呀！没有打中。"于是满满喝了一大杯酒。读到张良说："自从我在下邳起义后，与皇上在陈留相遇，这是天意让我遇见陛下呀！"他又拍案叹道："君臣相遇，如此艰难！"又喝下一大杯酒。岳父杜祁公听说后不禁大笑道："有这样的下酒物，一斗不算多啊！"

因写出"意足不求颜色似，前身相马九方皋"而受到宋徽宗击节称赏的陈与义，高宗时官至参知政事（副宰相），为国事竭忠尽智，呕心沥血，待人接物谦虚谨慎。他向朝廷推荐和提拔了很多官吏，但从来不向外人透露这些事情，更不向被推荐、提拔的人提出任何要求。在士大夫阶层中具有很高的威望，朝臣们大多愿意向他坦露心迹或请求他指点迷津。

被称作"公子的公子，教授之教授"的陈寅恪是一位怪才，在外游学长达二十三年，先后就读于德国柏林大学、瑞士苏黎士大学、法国巴黎高等政治学校、美国哈佛大学等著名学府，但未曾获得一个学位，因为文凭在他眼里，不过是一张废纸而已。但他 36 岁便与梁启超、王国维一同应聘为清华研究院的导师，并称为"清华三巨头"。陈寅恪讲课从不拾别人牙慧，他曾言："前人讲过的，我不讲；近人讲过的，我不讲；外国人讲过的，我不讲；我自己过去讲过的，也不讲。现在只讲未曾有人讲过的。"因而，陈寅恪上课的教室，总是被坐得满满的，一半是学生，一半是慕名而来的老师，就连朱自清、冯友兰、吴宓那样的名教授也一堂不落地听他上课。

文人的无奈

董仲舒三年不窥园，志向高远却才大难伸；蔡邕文学、书法、音乐俱工却悲惨地身死监牢之中。郦道元不遗余力地打击不法豪强，57 岁时被陷害致死；陈子昂 42 岁时受奸人武三思陷害冤死狱中。初唐四杰的遭遇一个比一个凄惨，唐代诗坛三李更是才高难为世用……可以说，一部中国文学史，很大程度上便是一部中国文人的失意史。

20多岁便凭文才出名的皮日休第二次参加考试时，主考官礼部侍郎郑愚极为欣赏他的诗文，还没有发榜时，他就派人请皮日休到自己府衙里座谈。郑愚原以为皮的诗文如此出众，人也应该长得眉清目秀。但事实上皮日休的左眼角下塌，远远看去，简直就像“独眼龙”一般。出乎意料的郑愚此时不由半开玩笑半当真地说道：“您的学识可谓才高八斗，学富五车，只是您仅有一只眼睛，那真是太可惜了呀！”皮日休听后不禁大为恼火，当即便反唇相讥，代价是他的成绩从较高的位置被排在了最后一名。

皮日休的悲剧固然和他耿介的性格有关，但中国文人的悲剧多数情况下却是由他们生活的时代造成的。

辛弃疾，这位把洗雪国耻、收复失地作为自己毕生事业的勇士，却无端蒙受谗劾，一生备受排挤。42岁时辛弃疾来到上饶兴建带湖新居，并对家人说：“人生在勤，当以力田为先。”因此，他把带湖庄园取名为“稼轩”，并以此自号“稼轩居士”。在这里，他度过了近20年的闲居生活。但这种游山逛水、饮酒赋诗、闲云野鹤般的生活又如何是他的企求？一支羊毫软笔，又如何能写尽他一腔的悲愤？

被誉为“明朝开国文臣之首”的宋濂性情慎密，在宫中问对的话绝对不会告诉别人。朱元璋向他问起大臣的好坏时，宋濂也只举出那些好的大臣来应对。生性多疑的朱元璋也不由对宋濂大为赞颂：“宋濂事朕19年，未尝有一言之伪，说一人之短，非止君子，抑可谓贤矣。”然而谁料就是这么一位终生恭谨之人，晚年却因长孙宋慎牵连胡惟庸案而导致一家遭祸。后经马皇后及太子朱标力保，宋濂虽免于一死，却也被流放茂州，并于途中病逝夔州。

历史上为了精神自由和人格独立而付出生命代价的人不计其数，高启便是一个因孤高而招大祸的例子。朱元璋拟委任高启为户部右侍郎，不料高启却固辞不受。然而一个违逆皇帝的人会有好下场吗？尤其恐怖的是，他违逆的是一个号称“中国第一屠夫”的残忍皇帝。后来高启被朱元璋以谋逆之名处死，年仅 39 岁。据说高启死得很惨，活活的被腰斩成八段。

嗜杀成瘾的朱元璋，对手无缚鸡的文人动起手来毫不手软。单说“明初四杰”，除高启外，杨基被莫名其妙的罚做苦工，最后死在工所；张羽被糊里糊涂的绑起来扔到长江喂了鱼，尸骨无存；徐贲因“犒师不周”被处死。

有其子必有其父，永乐帝朱棣的所作所为和其父老朱的残酷真有一比。当年他带兵攻破南京后，建文帝朱允炆不知所终。朱棣命令方孝孺为他起草即位诏书，但方孝孺愤怒地把笔掷于地上，死也不肯听命。恼羞成怒的朱棣把年仅 46 岁的方孝孺车裂于街市，并残忍地诛其十族。对于杀掉方孝孺所造成的后果，胡适曾这样说：“此后明朝 200 年，再没有政治思想家。我国政治思想在 14 世纪以前，绝不逊于欧洲，但近 500 年来何以不振，这是由于方孝孺被杀的惨剧所造成的。”

有人说，中国古代文人不过是被统治者视为呼之即来、挥之则去的御用“跟班”，是被权力拥有者视为用得着时便用上一用，用不着时便随手丢掉的“抹布”。手中握有生杀予夺大权的所谓统治者或许真有这种心理，但作为一个读书人，他们所信奉的是“穷则独善其身，达则兼济天下”，因为这关乎他们的自我修养和生存价值。修身要靠儒家的立身准则，更有赖于老庄的处世哲学，因为修身的关键在于“修心”。作为文人，一生能否通达，除了自身的素质之外，往往更多地制约于外在的环境。生活于元朝的知识分子，其地位仅仅比乞丐高一点（元朝按职业把全国人分为十等，即“一官、二吏、三僧、四道、五医、六工、七匠、八娼、九儒、十丐”），手中无权无势又备受歧视的读书人，他们能做的也只能是“独善其身”而已。生活于明朝的文人多数情况下连“独善其身”都做不到，兼济天下则更是无稽之谈。

因此，就对待文人的态度这一点来说，元朝是无赖的，明朝是残暴的，唯有宋朝，确切来讲应该是北宋时期，确实称得上是知识分子的天堂。因为宋太祖赵匡胤在深藏于太庙密室的誓碑上写下了这样一行字：“不得杀士大夫及上书言事人。”这种做法是空前绝后的，焚书坑儒的秦嬴政做不到，以儒冠为尿壶的刘邦做不到，酷爱读书写诗的曹操做不到，甚至有着宽广胸怀的李世民也没有做到。宋太祖这种做法更是高瞻远瞩的，也因为这一规定，才使得宋朝很多具有真才实学且人格高尚的读书人进入了朝堂，他们协助皇帝让大宋走向了中国文明的巅峰。

我们不否认“国家不幸诗家幸，赋到沧桑句便工”这一说法的合理性，在文化屈从权威的传统背景下，我们更不奢望每个读书人都能够做到“诗意地栖居”，我们期望的是不同时期的文人都能生活在一个相对和谐的环境中，成长为他们应有的模样，活出他们应有的尊严，而不是疲于奔命、朝不保夕，更不应“避席畏闻文字狱，著书都为稻粱谋”。